FORSCHUNGSBERICHT DES LANDES NORDRHEIN-WESTFALEN

Nr. 3022 / Fachgruppe Wirtschafts- und Sozialwissenschaften

Herausgegeben vom Minister für Wissenschaft und Forschung

Diplom-Volkswirt Hans R. Tieben

Forschungsstelle für allgemeine
und textile Marktwirtschaft
an der Universität Münster
Direktor: Prof. Dr. Ernst Helmstädter

Die Entwicklung des Haustextilienmarktes der Bundesrepublik Deutschland bis 1985

Springer Fachmedien Wiesbaden GmbH 1981

CIP-Kurztitelaufnahme der Deutschen Bibliothek

Tieben, Hans R.:
Die Entwicklung des Haustextilienmarktes der Bundesrepublik Deutschland bis 1985 [neunzehnhundertfünfundachtzig] / Hans R. Tieben. - Opladen : Westdeutscher Verlag, 1981.

(Forschungsberichte des Landes Nordrhein-Westfalen ; Nr. 3022 : Fachgruppe Wirtschafts- u. Sozialwiss.)

ISBN 978-3-531-03022-7

NE: Nordrhein-Westfalen : Forschungsberichte des Landes ...

Ursprünglich erschienen bei Westdeutscher Verlag GmbH, Opladen 1981

Gesamtherstellung: Westdeutscher Verlag

ISBN 978-3-531-03022-7 ISBN 978-3-663-19791-1 (eBook)

DOI 10.1007/978-3-663-19791-1

V O R W O R T

Haustextilien führten in der Textilindustrie über Jahrzehnte hinweg ein Schattendasein. Die Konsumenten kauften Haus-, Bett- und Tischwäsche unter dem Aspekt des Zweckkonsums. Bei Haushalts- bzw. Familiengründungen wurden Grundausstattungen angeschafft, die möglichst ein Leben lang halten sollten.

Doch gegen Ende der 60er Jahre interessierte sich der Verbraucher für mehr Farbe bei seinen Haustextilien, und die ehedem klassische weiße Ware verlor immer mehr an Boden. Diese farbmodische Belebung bescherte den Haustextilien herstellenden Zweigen der deutschen Textilindustrie vorübergehend kräftige Wachstumsimpulse.

Diesen Entwicklungen und Tendenzen geht die vorliegende Arbeit mit Hilfe ökonometrischer Methoden nach und versucht, die zukünftigen Entwicklungen zu prognostizieren.

Es wird ein differenziertes Bild des Haustextilienmarktes, von der Angebots- wie der Nachfrageseite, für den Zeitraum von 195o bis heute dargestellt. Der Verfasser zeigt die Probleme dieser Branche auf, die seit Jahren mehr und mehr unter Importdruck geraten ist, den sie auch in Zukunft nicht durch steigende Exporte zu kompensieren imstande sein wird. Demnach dürfte die inländische Produktion an Haus-, Bett- und Tischwäsche, trotz steigender Nachfrage nach Haustextilien im Inland, in den nächsten Jahren weiter schrumpfen.

Für die deutschen Produzenten von Haus-, Bett- und Tischwäsche sowie den damit befaßten Handel ist die vorliegende Untersuchung sicherlich von beträchtlichem direkten Interesse. Darüber hinaus liefert sie ein Beispiel für die Anwendungsmöglichkeiten ökonometrischer Analyse- und Prognoseverfahren auf die speziellen Fragestellungen eines konkreten textilen Teilmarktes.

Münster, im Dezember 198o

Prof. Dr. E. Helmstädter

Inhalt

Verzeichnis der Übersichten

Seite

Verzeichnis der Schaubilder

Seite

Seite

Verzeichnis der Tabellen

Abkürzungsverzeichnis

AABKL	Auftragseingang, Ausland, in der deutschen Bekleidungsindustrie
AATEX	Auftragseingang, Ausland, in der Textilindustrie
a.a.O.	am angegebenen Ort
Abb.	Abbildung
Anm.	Anmerkung
Besch.	Beschäftigte
Betr.	Betriebe
BVE	Bevölkerungsentwicklung
BW	Bettwäsche
CPR	Privater Verbrauch
DW	Durbin-Watson-Test
EHES	Anzahl der Eheschließungen
EWP	Anzahl der Erwerbspersonen
EWT	Anzahl der Erwerbstätigen
EXP	Export
F	F-Test
f.	folgende (Seite)
ff.	fortfolgende (Seiten)
FATM	Forschungsstelle für allgemeine und textile Marktwirtschaft an der Universität Münster
HBTW	Haus-, Bett- und Tischwäsche
HHPR	Anzahl der privaten Haushalte
HOTEL	Anzahl der Beherbergungsbetriebe
HOTBETT	Anzahl der Fremdenbetten in den Beherbergungsbetrieben
HOTUEB	Anzahl der Fremdenübernachtungen in den Beherbergungsbetrieben
Hrsg.	Herausgeber
HW	Hauswäsche
i.d.R.	in der Regel
IMP	Import
KQ	Kleinste-Quadrate (-Schätzverfahren)
m.E.	mit Einschränkungen
ML	Maximum-Likelihood (-Schätzverfahren)
nom.	nominal

NSP	Nettosozialprodukt
o.a.	oben angegeben
OECD-EXP	gesamter Export der OECD-Länder
OECD-NETPROD	Nettoproduktion der OECD-Länder
p.a.	per annum, jährlich
PRODHBTW	Produktion Haus-, Bett- und Tischwäsche
Qm, qm	Quadratmeter
R^2, r^2	Bestimmtheitsmaß
S.	Seite
SB, Schaub.	Schaubild
StaBuA	Statistisches Bundesamt
STCK, Stck	Stück
t	Zeit
T	T-Test
To, to	Tonnen
Tab.	Tabelle
TEHA	Warenabsatz } im Textileinzelhandel mit Haus- und Bettwäsche
TEHB	Warenbeschaffung } im Textileinzelhandel mit Haus- und Bettwäsche
TSD, tsd	Tausend
TW	Tischwäsche
Übers.	Übersicht
Vgl.	Vergleiche
WaRa	Wachstumsrate, Veränderungsrate
WBST	Bestand an Wohnungen
WGBB	Wohngebäudebau
Y	Volkseinkommen
YCAP	Pro -Kopf-Einkommen
YVERF	Verfügbares Einkommen
ZAPS	Zeitreihen-Analyse-Programmsystem (Basic/ Tektronix)
z.B.	zum Beispiel
z.T.	zum Teil
z.Zt.	zur Zeit
Ø	im Durchschnitt, durchschnittlich

1 Problemstellung, Ziel, Gang und Ergebnisse der Untersuchung

Zu Beginn der 7oer Jahre sah man in textilen Fachzeitschriften und den Schaufenstern der Textilgeschäfte Bestrebungen der Textilwirtschaft deutlich werden, aus dem Standardprodukt Haus-, Bett- und Tischwäsche einen modisch beeinflußten Gebrauchsartikel zu machen.

War man bisher immer der Meinung gewesen, daß Haushaltswäsche dem Bereich der Zweckkonsumartikel zuzurechnen sei, die normalerweise als Brautausstattung und danach nur noch im Sinne von Ersatzkäufen für abgenutzte Ware angeschafft wird, so versuchte man nun über den Weg von weißer zu farbiger Wäsche, über Modeeffekte den Absatz zu erhöhen.

Einzelne Produkte dieses Bereiches hatten einen deutlichen Produktionszuwachs zu verzeichnen, z. B. stieg die Produktion von Handtüchern aus Frottiergewebe von 1963 bis 1971 und die Herstellung von Bettüchern von 1967 bis 1973 um 5o %. Das Produktionsvolumen bei Bettbezügen nahm von 1963 bis 1971 um das Vierfache zu.

So stellte sich zum einen die Frage nach den Ursachen dieser Entwicklung und zum anderen, ob in der Zukunft mit einer Fortsetzung dieser Expansion gerechnet werden kann.

Ziel der vorliegenden Untersuchung ist es, diesen Fragen nachzugehen und rückliegende Entwicklungen und Strukturen sowie zukünftige Erwartungen quantitativ zu beschreiben.

Ein weiteres Ziel dieser Arbeit soll sein, die vorhandenen theoretischen Grundlagen der langfristigen Prognoserechnung auf die Fragestellung eines Teilmarktes der Textilwirtschaft anzuwenden.

Zunächst werden wir ein Branchenbild der Haushaltstextilienindustrie skizzieren. Wir geben hier einen zusammenfassenden Überblick über Betriebe, Betriebsgrößen, Produktionsentwicklung und Faktoreneinsatz in diesem Wirtschaftszweig.

Anschließend stellen wir im Abschnitt 2.2. die Entwicklung der Produktion von Haushaltstextilien nach Warengruppen und Rohstoffzusammensetzung dar.

Im Abschnitt 2.3 wird dann der Außenhandel mit Haushaltstextilien und im nächsten Abschnitt 2.4 der Handel mit Haus-, Bett- und Tischwäsche vorgestellt. Im Kapitel 2.5 diskutieren wir die Entwicklung der Determinanten der Nachfrage nach Haushaltstextilien.

Im dritten Abschnitt wird versucht, eine Prognose des Marktes für Haus-, Bett- und Tischwäsche zu erstellen. Zu diesem Zweck wurde ein ökonometrisches Modell konstruiert, das aus 1o Gleichungen mit 1o endogenen und 8 exogenen Variablen besteht.

Die exogenen Variablen wurden mit Trendfunktionen extrapoliert. Das Modell besitzt eine rekursive Struktur.

Die Ergebnisse dieser Untersuchung können wir wie folgt zusammenfassen:

- Die Anzahl der Betriebe und der Beschäftigten ging drastisch zurück.
- Die Arbeitsproduktivität stieg teilweise erheblich.
- Die Produktionszeitreihen waren durch die aus der übrigen Textilwirtschaft bekannten saisonalen Schwankungen ebenso gekennzeichnet wie durch die Rezessionseinbrüche 1967 und 1974.
- Insgesamt gesehen ist das Produktionsvolumen an Haus-, Bett- und Tischwäsche nach sehr wachstumsintensiven Jahren (ab 1967) seit etwa 1972 stagnierend bis rückläufig.

- Der Außenhandel ist gekennzeichnet durch kräftige Defizite.
- Eindeutig ist die Rohstoffsituation: Im 29-jährigen Beobachtungszeitraum erwiesen sich Haushaltstextilien als Domäne der Baumwolle, deren Rohstoffanteil über die ganzen Jahre fast 9o % betrug.

Die eingangs beschriebene Expansion des Haushaltstextilienmarktes war nur von vorübergehender Dauer.

Die inländischen Hersteller werden wegen der starken Auslandskonkurrenz von der nur noch schwachen Expansion der Nachfrage nicht mehr erreicht.

Im einzelnen bietet sich folgendes Bild:

- Der Absatz im Textileinzelhandel mit Haus-, Bett- und Tischwäsche wird von 1978 bis 1985 um insgesamt 1o,2 % real anwachsen, d. h. durchschnittlich jährlich um 1,4 %.
- Die Importe an Haus-, Bett- und Tischwäsche werden ihren Druck auf das Inland weiter verstärken, denn sie werden bis 1985 um insgesamt 41,9 % steigen, was eine durchschnittliche reale Wachstumsrate von 5,1 % per annum bedeutet.
- Der Export an Haushaltswäsche wird den Importdruck auf die inländische Produktion nicht kompensieren können, denn er wächst real nur um 1,19 % im Jahresdurchschnitt, i. e. insgesamt 8,7 % bis 1985.
- Die inländische Produktion an Haus-, Bett- und Tischwäsche wird demzufolge abnehmen müssen: Sie schrumpft real um etwa 3 % im Jahresdurchschnitt resp. um insgesamt ca. 2o % bis 1985.

2 Die Entwicklung des Haushaltstextilienmarktes in der Bundesrepublik Deutschland

In diesem Abschnitt wird zunächst ein Bild der Branchenstruktur skizziert. Es folgt eine Untersuchung der einzelnen Warengruppen dieses Marktes und ihrer Rohstoffzusammensetzung. Nach der Darstellung des Außenhandels mit Haus-, Bett- und Tischwäsche wird der Handel mit Haushaltstextilien beschrieben. Abschließend werden die Determinanten der Nachfrage nach Haushaltstextilien diskutiert.

Hierbei zeigte sich, daß dieser Markt durch unterschiedliche Entwicklungen gekennzeichnet ist.

So schrumpfte die Anzahl der Betriebe und Beschäftigten dieser Branche kräftig, während die Produktion und die Produktivität teilweise erheblich wuchsen.

Die Haushaltstextilien erwiesen sich als Domäne der Baumwolle, die hier kaum durch Chemiefasern ersetzt wurde, wie in vielen anderen textilen Produktionsbereichen zu beobachten war. Der Außenhandel ist durch kräftig steigende Importe gekennzeichnet. Allein von 197o bis 1978 veränderte sich die Relation der Importmengen zu den Exportmengen von 2:1 auf 3:1. Auch verdeutlicht eine Betrachtung der Entwicklung der Durchschnittspreise im Außenhandel, daß zunehmend Billigware eingeführt wird.

Die Determinanten der Nachfrage zeigten ebenfalls uneinheitliche Entwicklungen.

So gehen z. B. die Bevölkerungszahlen seit Mitte der 7oer Jahre und die Anzahl der Eheschließungen bereits seit Beginn der 6oer Jahre zurück, während gleichzeitig die Zahl der privaten Haushalte ständig anwächst.

2.1 Ein Branchenbild der Haushaltstextilienindustrie

2.1.1 Zum Begriff "Haushaltstextilienindustrie"

Zu den Haushaltstextilien zählen Meterware für Haus-, Bett- und Tischwäsche sowie abgepaßte und genähte Fertigartikel aus diesem Bereich.

Es werden folgende Stufen der Stoffherstellung unterschieden:

Stoffherstellung (Meterware) für

- Heimtextilien
- Haushaltstextilien
- Textile Bodenbeläge
- Bekleidung
- Sonstige Konsumtextilien
- Industrielle Textilien

Eine Einordnung in die Textilwirtschaft ist im folgenden Schaubild dargestellt.

Unsere Untersuchung wurde dadurch erschwert, daß es in der Statistik eine "Haushaltstextilienindustrie" nicht gibt. Die uns interessierenden Betriebe zählen vielmehr zum Teil zur Textilindustrie und zum Teil zur Bekleidungsindustrie. Die Stoffherstellung wird in der Textilindustrie und die Produktion der Endprodukte in der Bekleidungsindustrie erfaßt.

Schaubild 1: Einordnung der Haushaltstextilien in die Textilwirtschaft[1]

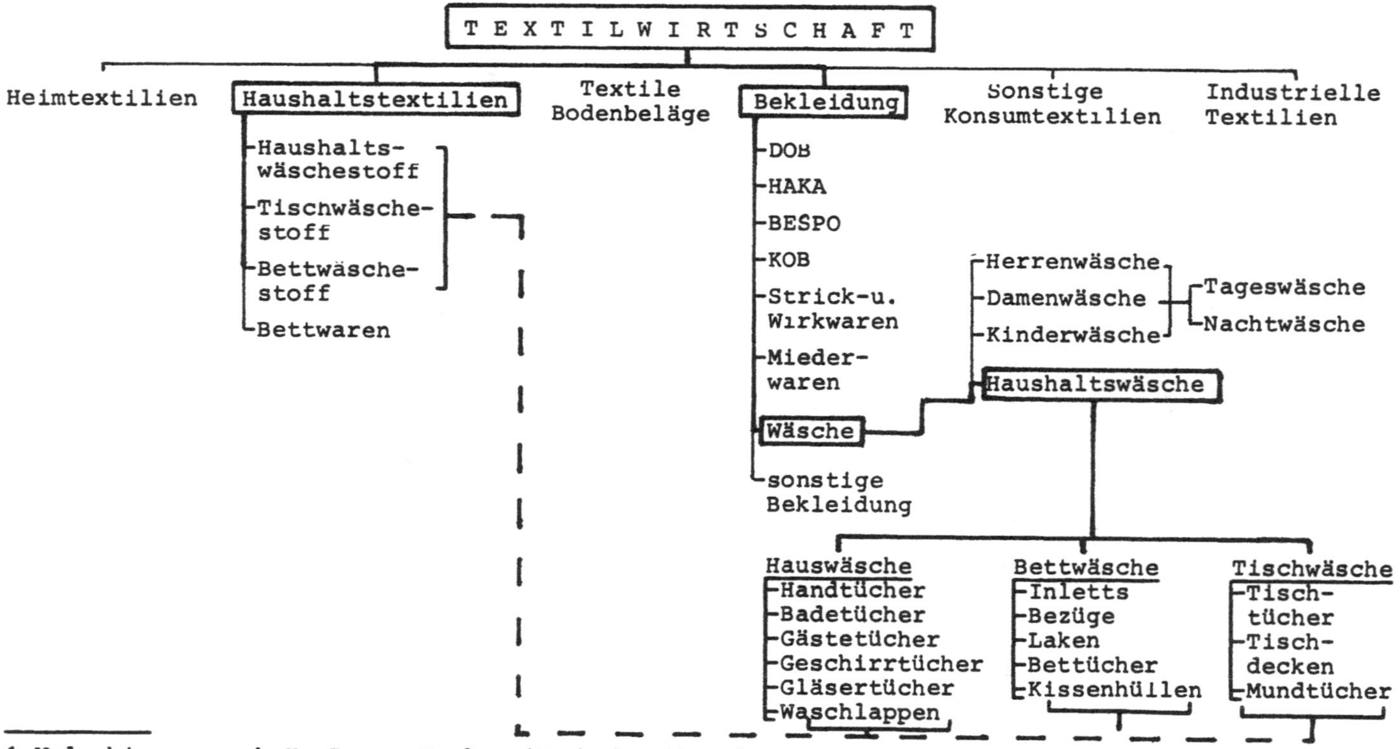

1 Vgl. hierzu auch H. Bauer Verlag (Marktforschung), Der Markt für HAKA in der BRD, Hamburg 197o, S. 4.

Da in der Statistik explizit keine Branche für Haushaltstextilienherstellung existiert, ist man gezwungen, auf andere Art und Weise zumindest zu annähernden Aussagen über derartige Produktionsstätten zu gelangen.

Wie sich bei der Betrachtung der Rohstoffarten bei der Herstellung von Haus-, Bett- und Tischwäschestoff zeigt[1], sind die Rohstoffarten Baumwolle und Leinen derartig dominierend, daß es unter dem Aspekt der Branchenstruktur angeraten schien, die Baumwoll- und Leinenwebereien der Bundesrepublik Deutschland einer näheren Betrachtung zu unterziehen.

Aus dem Bereich der Bekleidungsindustrie wird die Wäscheindustrie untersucht. In der Statistik wird unter diesem Begriff nicht nur Haus-, Bett- und Tischwäsche verstanden, vielmehr zählen andere Wäscheproduktgruppen von Tages- und Nachtwäsche bis zur Sterbewäsche ebenso dazu. Aus diesem Grund können die im folgenden dargestellten Überlegungen auch nicht für Haus-, Bett- und Tischwäsche ausschließlich gelten.

2.1.2 Anzahl der Betriebe und ihre Größenstruktur

Zu Anfang der 5oer Jahre, als die deutsche Wirtschaft alle Anstrengungen unternahm, das durch den Krieg verlorene Terrain wiedergutzumachen, wurden 1951 insgesamt 571 Baumwollwebereien ausgewiesen. Von da an nahm die Zahl der Baumwollwebereien beständig ab, bis im Jahre 1978 nur noch 218 Betriebe registriert wurden[2].

Insgesamt betrug der Rückgang der Betriebsstätten fast zwei Drittel.

---

1 vgl. hierzu Kap. 2.2.3

2 vgl. Tab. 1 - 4

SCHAUBILD 2 : INDEX DER ANZAHL DER BAUMWOLLWEBEREIEN (BW), LEINENWEBEREIEN (L) UND BETRIEBE DER WAESCHEINDUSTRIE (W);
INDEX 1970 = 100

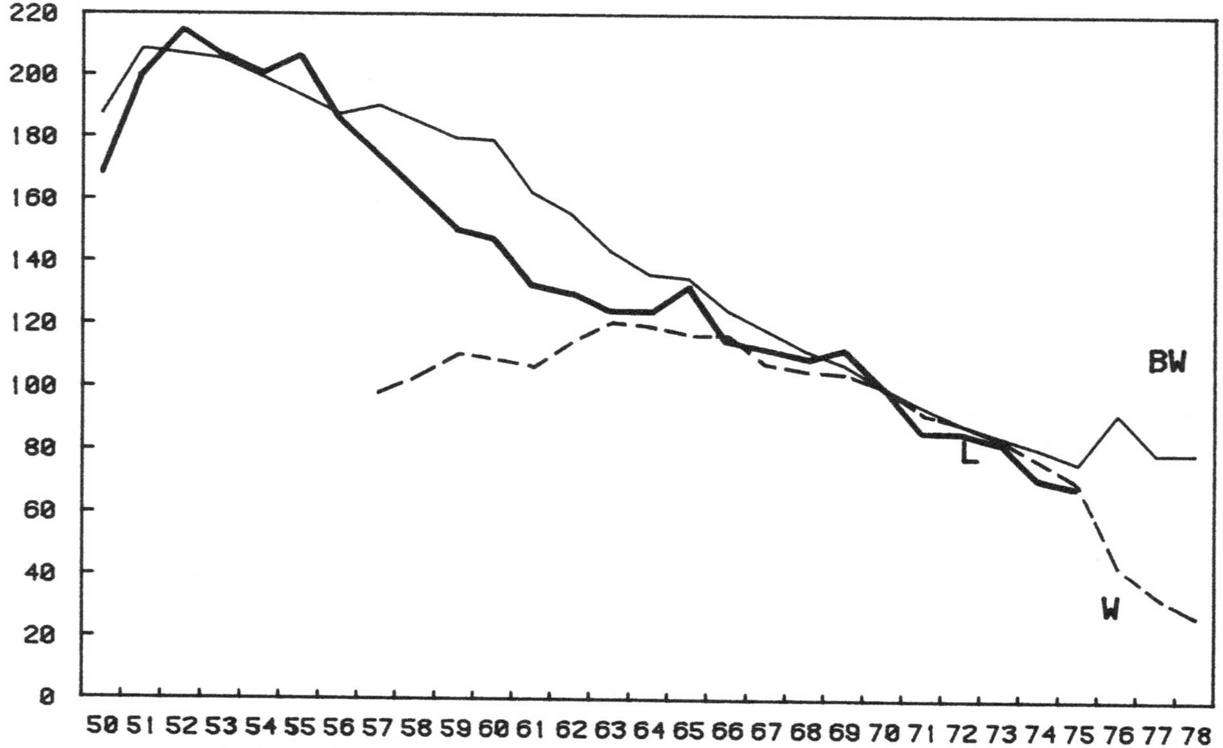

QUELLE: GESAMTVERBAND TEXTIL, DIE TEXTILINDUSTRIE IN DER BR DEUTSCHLAND
ANM.: AB 1976 GEHOERT DIE LEINENWEBEREI ZUR BAUMWOLLWEBEREI

FATM

Noch stärker reduzierte sich die Anzahl der Leinenwebereien: So blieben von den 73 Betrieben im Jahre 1952 nur noch 23 im Jahre 1978 übrig[1]. Hier betrug der Rückgang mehr als zwei Drittel.

Eine ähnliche Entwicklung zeigte sich auch in der Wäscheindustrie. In der Statistik erst ab 1956 ausgewiesen, sank die Zahl der Produktionsstätten von 726 auf 2o1 im Jahre 1978, nachdem 1963 der Höchstwert von 895 Wäschebetrieben erreicht worden war. Hieran gemessen ist der Rückgang um mehr als drei Viertel der höchste der hier betrachteten drei Sparten.

Betrachtet man nun die Betriebe nach Größenklassen, so zählte man 1954

- 3o5 Baumwollwebereien mit 1o bis 99 Beschäftigten und 11.863 Arbeitnehmern
- 193 Baumwollwebereien mit 1oo bis 499 Beschäftigten und 43.782 Arbeitnehmern
- 48 Baumwollwebereien mit 5oo u. mehr Beschäftigten und 48.426 Arbeitnehmern.

Die Anzahl der Baumwollwebereien mit weniger als 1oo Beschäftigten ging von da ab stetig zurück, bis sie 1975 noch 89 betrug[2].

In den Größenklassen von 1oo bis 499 trat ein Rückgang der Betriebe von maximal 2o2 im Jahre 1957 auf 98 im Jahre 1975 ein. Ebenso sieht das Bild in den Betrieben mit über 5oo Arbeitnehmern aus. Der Höchststand betrug hier 57 im Jahre 1957 und der in stetiger Rückwärtsbewegung erreichte Tiefpunkt liegt im Jahre 1978 mit 22 Arbeitsstätten. Also auch hier mehr als eine Halbierung der Betriebe.

---

1 Ab 1976 wird die Leinenweberei nicht mehr ausgewiesen; die Zahlen dieser Branche sind der Baumwollweberei zugeschlagen worden.

2 1976 steigt die Zahl auf 12o; jedoch incl. Leinenwebereien.

Noch deutlicher zeigt sich dieses Bild in den Leinenwebereien: Im Jahre 1955 existierten 46 Leinenwebereien und 1975 waren es nur noch 16 Betriebe mit 1o - 99 Beschäftigten.

In den beiden anderen Größenklassen war 1975 überhaupt keine Leinenweberei mehr vorhanden. Von den 2 Betrieben mit mehr als 5oo Mitarbeitern im Jahre 1954 schloß der letzte 1958 seine Tore, und von den 21 Unternehmen mit 1oo bis 499 Beschäftigten im Jahre 1954 existierte nach 1972 keines mehr. 1975 hatten die Leinenwebereien derartig an Bedeutung verloren, daß sie in der Statistik seit 1976 mit den Baumwollwebereien ausgewiesen werden.

Eine vergleichbare Entwicklung konnte auch in der Wäscheindustrie beobachtet werden.

Betrachtet man die Größenklassen der Wäschehersteller, so kommt man zu dem Schluß, daß es sich um eine Branche handelt, die durch kleine und mittlere Betriebsgrößen gekennzeichnet wird. Während die Textilindustrie durch zum Teil spektakuläre Konzentrationsprozesse von sich Reden machte, ist im Laufe von 28 Jahren von den 13 Wäschebetrieben des Jahres 1956 im Jahre 1974 keiner mehr existent, der 5oo und mehr Beschäftigte aufweisen würde.

Von den 154 Betrieben mit 1oo bis 499 Arbeitnehmern im Jahre 1956 waren 1978 noch 8o Produktionsstätten vorhanden: Es wurden also 48 % der Betriebe abgebaut.

Auch die unterste der hier betrachteten Betriebsgrößenklassen, 1o bis 99 Beschäftigte, mußte deutliche Einbußen hinnehmen: Von 559 Betrieben wuchs dieser Teil der Wäschebranche 1963 auf 7o2 Betriebe an, wovon 1978 noch 121 Betriebe bestanden. Gegenüber 1957 bedeutet dieser Stand von 1978 einen Rückgang um 78 % und gegenüber 1963 ca. 8o %.

SCHAUBILD 3 : BETRIEBSBEREITER MASCHINENBESTAND IN DER BAUMWOLLWEBEREI SOWIE AUTOMATIONSGRAD

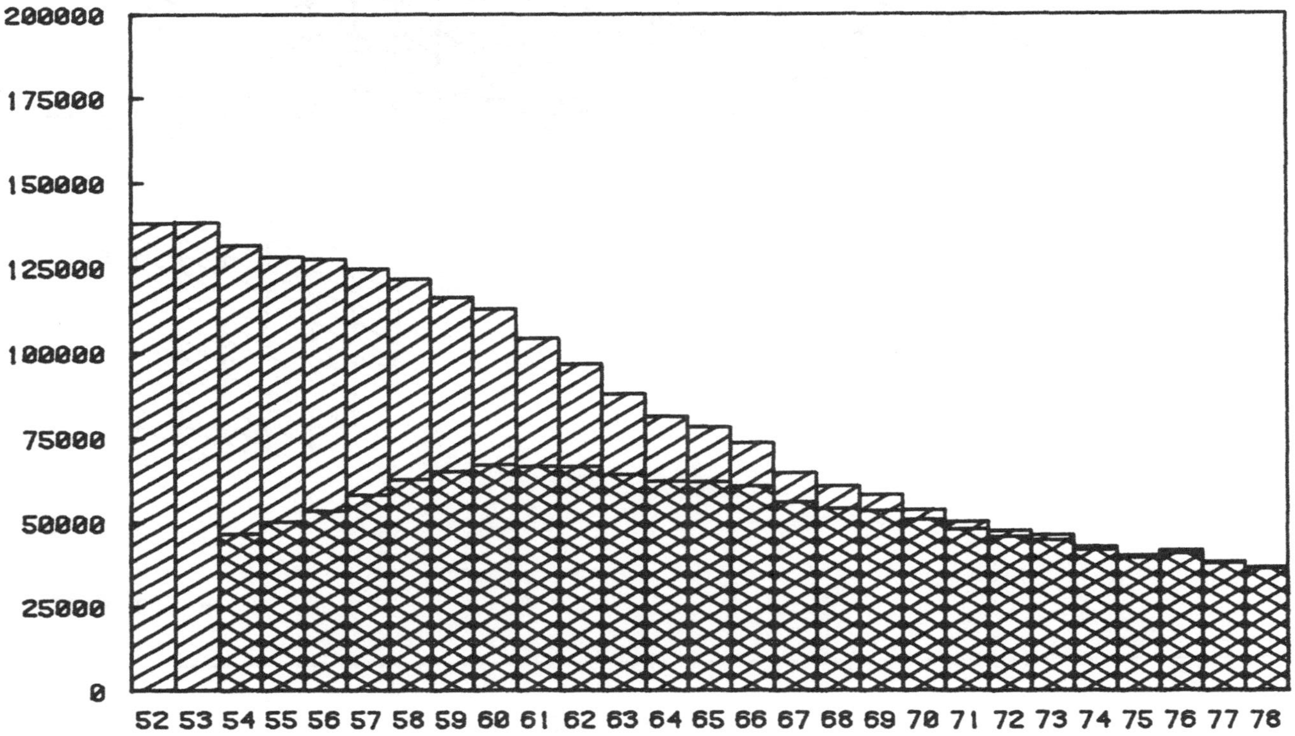

QUELLE: Gesamttextil, Die Textilindustrie der Bundesrepublik Deutschland im Jahre 19.., Frankfurt, versch. Jahrg.; Anm.: vgl. Tabelle 5

FATM

SCHAUBILD 4 : BETRIEBSBEREITER MASCHINENBESTAND IN DER LEINENWEBEREI SOWIE AUTOMATIONSGRAD

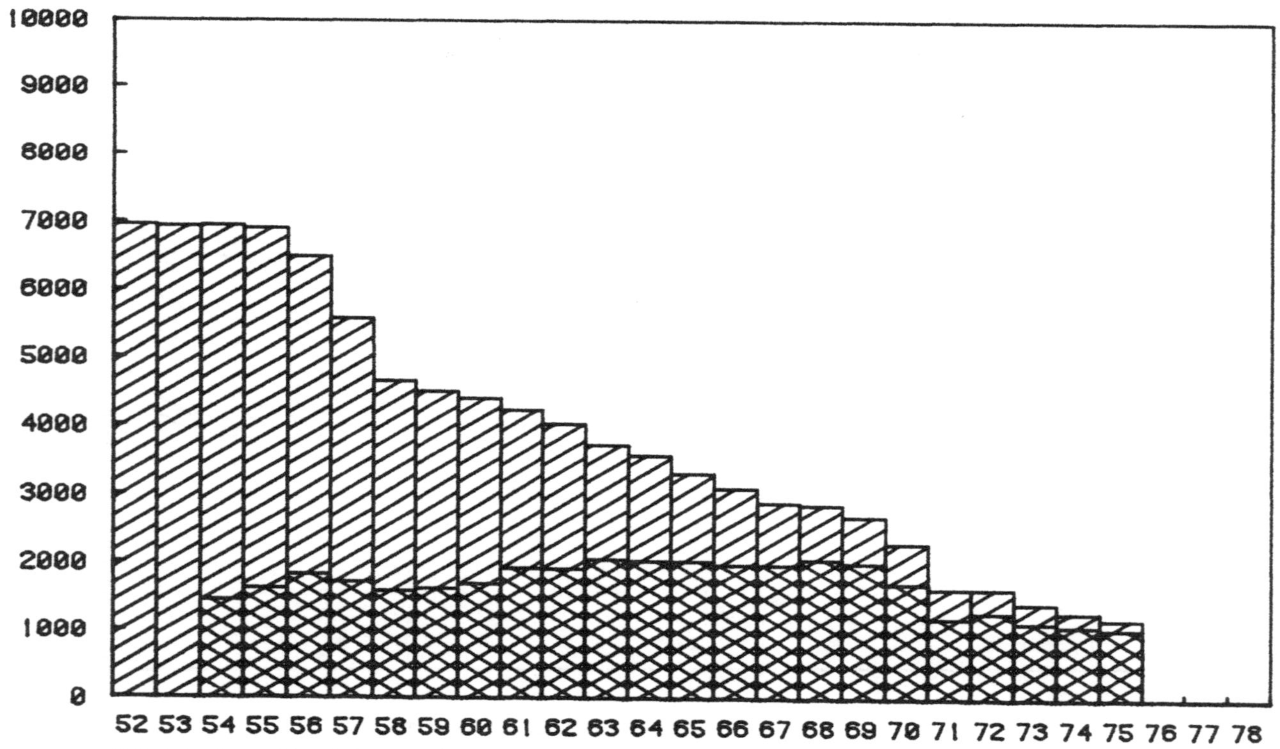

QUELLE: Gesamttextil, Die Textilindustrie der Bundesrepublik Deutschland im Jahre 19.., Frankfurt, versch. Jahrg.; Anm.: vgl. Tabelle 6

FATM

2.1.3 Kapitaleinsatz

Nachdem im vorigen Kapitel die Betriebsgrößenstruktur und die Entwicklung der Anzahl von Betrieben der Baumwoll- und Leinenwebereien sowie der Wäscheindustrie skizziert wurde, soll in den folgenden Abschnitten erläutert werden, wie die Entwicklung des Produktionsmitteleinsatzes, Kapital und Arbeit, verlief.

Zunächst einige Erläuterungen zum Kapitaleinsatz.

Um hierzu exakte Aussagen machen zu können, benötigen wir Angaben über die Anlageinvestitionen in diesen drei Textilsparten. Die Statistik weist aber unter dem Titel 'Bruttoanlageinvestitionen' ausschließlich Zahlen für die gesamte Textilindustrie bzw. Bekleidungsindustrie aus. In dieser hoch aggregierten Form können diese Angaben aber für die vorliegende Untersuchung kaum von Nutzen sein. Daher werden hilfsweise Betrachtungen angestellt, indem der Bestand an betriebsbereiten Maschinen aufgezeigt wird[1].

Übersicht 1: Betriebsbereite Maschinen in der Baumwoll- und Leinenweberei; Anzahl und Automationsgrad

Jahr	Baumwollweberei		Leinenweberei	
	Anzahl	davon Automaten in v. H.	Anzahl	davon Automaten in v. H.
1952	138.15o	-	6.956	-
1955	128.1oo	39,2	6.9oo	23,4
196o	112.757	6o,o	4.4oo	38,3
1965	78.248	79,3	3.3o8	61,6
197o	53.625	94,8	2.292	74,4
1975	4o.349	98,3	1.185	87,6
1978	36.52o	99,o		

Anm.: Bis 196o Automaten = Voll- und Anbauautomaten; ab 1976 Baumwollweberei incl. Leinen-, Grobgarn- und Schwerweberei
Quelle: siehe Tab. 5 und 6

1 vgl. Tab. 5 und 6

Wie aus der obigen Übersicht deutlich wird, hat der Maschinenbestand an betriebsbereiten Webstühlen seit 1952 kräftig abgenommen.

In der Baumwollweberei betrug der Rückgang bis 1978 fast drei Viertel (73,4 %) und in der Leinenweberei mehr als vier Fünftel (83 %).

Im gleichen Zeitraum war aber zu beobachten, daß der Automationsgrad in der Baumwollweberei auf fast 1oo % und in der Leinenweberei auf knapp 9o % anstieg.

Die Erhöhung des Anteils der Webautomaten läßt den Schluß zu, daß beachtliche Investitionen getätigt worden sind, um das technologische Niveau dieser Webereien auf den jeweils neuesten Stand zu bringen.

Um die Bedeutung des Automationsgrades noch besser veranschaulichen zu können, müßten zusätzliche Aussagen über die Entwicklung von Maschinenbedienungsquoten gemacht werden. Also Angaben darüber, wieviele Webstühle von einem Weber 195o und wieviele 1978 im Durchschnitt bedient wurden.

Bedauerlicherweise sind in der Statistik keine derartigen Ausweise vorhanden. Auch erschien es nicht sinnvoll, durch Quotientenbildung von Maschinenbestand und Anzahl der Beschäftigten derartige Durchschnittszahlen zu berechnen. Einerseits gibt die Anzahl der ausgewiesenen betriebsbereiten Webstühle nicht die tatsächliche Kapazitätsauslastung an, andererseits kann man aus der Anzahl der insgesamt Beschäftigten nicht eindeutig die tatsächlichen 'Weber' herausfiltern, da in der Beschäftigtenzahl das gesamte Betriebspersonal vom Lehrling über den Mitarbeiter der Hilfsbetriebe bis zum Verwaltungsangestellten enthalten ist.
Außerdem ist noch zu berücksichtigen, daß ein unterschiedliches Produktionsprogramm - ob Massenproduktion oder Spezialitätenherstellung - sicherlich auch unterschiedliche Maschinenbedienungsquoten mit sich bringt.

Aussagen über Kapitaleinsatz oder Maschinenbestand in der Wäscheindustrie konnten nicht erstellt werden, da ein genügend disaggregierter Ausweis in der Statistik fehlt.

2.1.4 Beschäftigte

Noch deutlichere Rückgänge als bei der Zahl der Betriebe sind bei den Beschäftigten in den Baumwoll-' und Leinenwebereien sowie in der Wäscheindustrie zu beobachten[1] .

Im ersten Jahr unseres Beobachtungszeitraums beschäftigten die Baumwollwebereien etwas mehr als 1oo.ooo Menschen.
1957 waren es bereits 112.ooo Personen, aber seit 1958 ging die Entwicklung beständig rückwärts.
1961 wurde mit noch gut 1oo.ooo Beschäftigten der Stand von 195o wieder erreicht, und 1978 bestanden nur noch 44.ooo Arbeitsplätze in den Baumwollwebereien. Somit existierten 1978 nur noch 44 % bzw. 39 % der Arbeitsplätze in den Baumwollwebereien gemessen an den Jahren 195o bzw. 1957.

Vergleichbare Entwicklungen zeigten auch die Arbeitsplätze in der Leinenweberei.
195o fanden 7.1oo Personen dort Arbeit, 1952 waren es ca. 7.6oo, danach wurden jedoch immer mehr Stellen abgebaut, bis 1978 nur noch 1.75o existierten.
Absolut gesehen ist dieser Rückgang an Arbeitsplätzen bei weitem geringer als in der Baumwollweberei, jedoch relativ betrachtet entspricht er einem Stellenabbau um 75,4 % bzw. 76,9 % gemessen an den Jahren 195o bzw. 1952.

Auch in der Wäscheindustrie zeigte sich diese Entwicklung. Fanden dort 1957 ca. 6o.ooo Menschen Arbeit, so waren es drei Jahre später schon fast 68.ooo Personen. Dieser Höchstwert wurde nahezu beibehalten bis zum Jahre 1963. Danach erfolgte jedoch auch in dieser Sparte ein kontinuierlicher Abbau der Arbeitsplätze, bis 1978 nur etwa 19.5oo Beschäftigte gezählt wurden. Bezogen auf die Jahre 1957 bzw. 196o waren 1978 insgesamt 67,5 % bzw. 71,2 % weniger Menschen in der Wäscheindustrie beschäftigt.

---

1 vgl. hierzu Tab. 8 u. 1o

2.1.5 Produktion und Produktivität

Um zu Aussagen über die Entwicklung der Produktivität der Baumwollwebereien, Leinenwebereien und Wäschehersteller zu gelangen, müssen Erörterungen über die Produktion von Haushaltstextilien, die erst im weiteren Verlauf der Arbeit detailliert betrachtet wird, vorweggenommen werden.

Wie man in den Kapiteln über die Produktion von Haushaltstextilien im weiteren Verlauf dieser Betrachtungen sehen wird, sind während der 29 Jahre der hier zugrunde gelegten Betrachtungsperiode die Produktionsmengen teilweise erheblich gestiegen. Dabei scheint es angeraten, das Verhältnis von sinkenden Betriebszahlen sowie Beschäftigtenzahlen und steigenden Produktionsdaten näher zu untersuchen[1] .

Wie bereits im vorigen Kapitel dargestellt, sank die Anzahl der Beschäftigten in den Baumwollwebereien permanent seit 1957 um über die Hälfte von 112.o5o Arbeitnehmern auf 44.116 im Jahre 1978. In dieser Zeit reduzierte sich die Produktionsmenge der Baumwollweber nur von 1.594 Mio qm auf 1.224 Mio qm, also um annähernd 25 %. Betrachtet man nun die Arbeitsproduktivität, d. h. Produktionsmenge pro Arbeitnehmer, so ist diese seit 195o ständig gestiegen, von 1o,9 auf 27,8·1.ooo qm/Besch. im Jahre 1978. Dargestellt als Indexreihe (197o = 1oo) bedeutet das einen Anstieg von 54,1 (195o) auf 136,9 (1978), bzw. fast eine Verdreifachung.

---

1 vgl. hierzu Tab. 8 bis 1o

SCHAUBILD 5 : INDEX DER ARBEITSPRODUKTIVITAET IN DER BAUMWOLLWEBEREI (BW), IN DER LEINENWEBEREI (L) UND IN DER WAESCHEINDUSTRIE (W); INDEX 1970 = 100

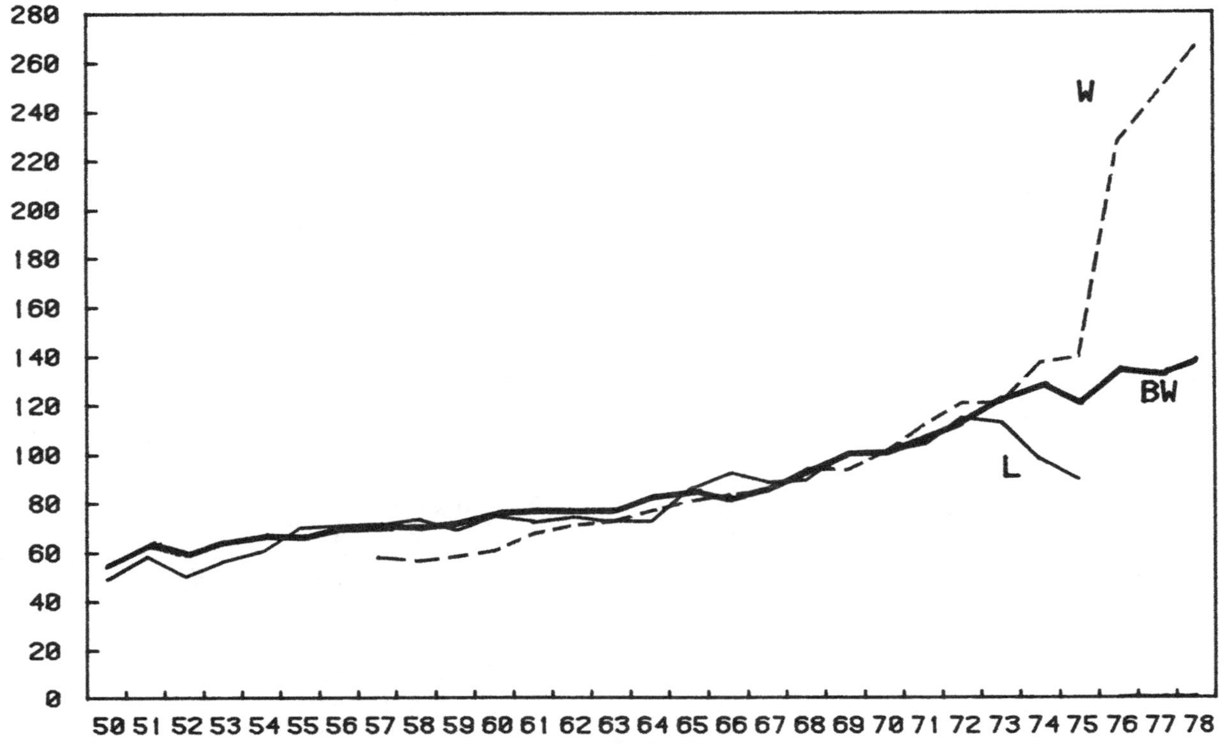

QUELLE: STABUA, FACHSERIE D, REIHE 4; SOWIE BUNDESVERB. D. BEKL.-IND., D. BEKL.-IND. I. D. BR DEUTDCHL.; ANM.: AB 1976 GEHOERT LEINENWEB. ZU BAUMWOLLW.

FATM

Analog lassen sich diese Betrachtungen auf die Situation in der deutschen Leinenweberei übertragen. Die Beschäftigtenzahlen gingen seit 195o mit mehr als 7.ooo Arbeitnehmern fast fortlaufend zurück, bis 1975 ein Beschäftigtenstand von 1.75o Personen erreicht war, also ein Rückgang von mehr als drei Viertel. In demselben Zeitraum schrumpfte die Produktion um beinahe die Hälfte, während die Produktivität, gemessen in produzierter Menge pro Arbeitnehmer, auf mehr als den doppelten Wert anstieg. Erstmals 1973 wurde ein Abschwung dieser Kennzahl eingeleitet: Der Produktivitätsindex (197o = 1oo), der von 48,7 (195o) auf 113,6 (1972) angestiegen war, sank bis 1975 auf 88,4, also um fast ein Viertel in nur vier Jahren.

In der Wäscheindustrie beginnt der statistische Ausweis erst mit dem Jahr 1957, in dem 6o.o6o Beschäftigte einen Umsatz[1] von 967,3 Mio DM bzw. 1.154,2 Mio DM (zu Preisen von 197o) erwirtschafteten.

---

1 Wegen der starken Heterogenität der in der Wäscheindustrie erzeugten Produkte war es nicht möglich, diese zu einer einheitlichen Menge zusammenzufassen. Während für einen Teil der Produkte Angaben über die erzeugte Menge in Tonnen lauten, werden sie für andere Produktarten ausschließlich in Stück angegeben. Aus diesem Grunde mußte hilfsweise bei der Ermittlung der Produktivität der Umsatz in TSD DM als Bestimmungsgröße dienen. Die in der Fachstatistik ausgewiesenen, nicht preisbereinigten Umsätze wurden dann mit Hilfe der Indices der Erzeugerpreise (197o = 1oo) nach folgendem Verfahren deflationiert:

$$(U_{LP} : EPR_{IND}) \quad 1oo = U_{PK} \qquad (1)$$

wobei U_{LP} = Umsatz zu laufenden Preisen

EPR_{IND} = Erzeugerpreisindex (hier: Index 197o = 1oo)

U_{PK} = Umsatz zu konstanten Preisen (hier: zu Preisen von 197o)

Nach Durchführung dieser Rechenoperationen kann der solchermaßen preisbereinigte Umsatz als Ersatz für eine Produktionsvolumengröße angesehen und als Hilfsmittel zur Bestimmung der Produktivität herangezogen werden.

Wie bereits im vorigen Kapitel dargestellt wurde, sank die Beschäftigtenzahl seit 1963 um ca. 8o % bis zum Jahre 1978, während jedoch der Umsatz zu laufenden Preisen stetig anstieg, abgesehen von der Rezession 1967 und 1974 bis ein Wert von 2.652,8 Mio DM (1978) erreicht wurde. Zu Preisen von 197o zeigt der Umsatz einen anderen Verlauf: Gleichmäßig steigend erreichte er 1966 einen Höchstwert von 1.751,o Mio DM, um danach, verursacht durch die Rezessionen, zwei Abschwünge einzuleiten, von denen er sich erst 1978 mit 1.762,6 Mio DM erholt hatte.

Im Jahre 1957 wurden in der Wäscheindustrie pro Beschäftigten ein preisbereinigter Umsatz[1] von 19.22o DM erwirtschaftet. Diese Produktivität konnte analog zu den Entwicklungen der Produktivität in der Baumwoll- und Leinenweberei ebenso in der Wäscheindustrie stetig gesteigert werden. Dank technischen Fortschritts und Rationalisierungsmaßnahmen erreichte die Produktivität der Wäscheindustrie im Jahre 1974 bereits einen Wert von 46.o2o DM/Arbeitnehmer und hatte sich 1978 mit 89.47o DM/Arbeitnehmer wiederum nahezu verdoppelt.

---

1 Die Produktivität wird hier mit Hilfe der vorher näher erläuterten Hilfsgröße "Umsatz zu Preisen von 197o" wie folgt bestimmt:

(2) $$\frac{U_{LP} \quad 1oo}{EPR_{IND}} : BA = PRoD \text{ (DM/Arbeitnehmer)}$$

oder vgl. Gleichung (1):

(3) $$U_{PK} : BA = PRoD \text{ (DM/Arbeitnehmer)}$$

wobei U_{LP} = Umsatz zu laufenden Preisen

U_{PK} = Umsatz zu konstanten Preisen (hier: Zu Preisen von 197o)

EPR_{IND} = Erzeugerpreisindex (hier: Index 197o = 1oo)

PRoD = Produktivität (Dimension: DM pro Arbeitnehmer)

2.1.6 Zusammenfassung: Branchenstruktur

Anzahl der Betriebe:
Die Anzahl der Baumwollwebereien ist von 571 (max. 1951) gesunken auf 218 (1978); der Rückgang beträgt über 6o %.

Von der Höchstzahl der Leinenwebereien, 73 im Jahre 1952, existieren 1975 nur noch 23. Das bedeutet eine Schrumpfung um fast 7o %.

Die Zahl der Wäschehersteller sank von 895 (1963; Höchstwert) auf 2o1 (1978); hier beträgt die Verringerung fast 8o %.

Betriebsgrößenklassen:
Die Struktur der Baumwollwebereien ist von mittelgroßen Betrieben (1oo - 5oo Beschäftigte) und Großbetrieben (über 5oo Beschäftigte) gekennzeichnet. 195o und 1978 waren etwas mehr als 1o % aller Baumwollweber in Kleinbetrieben (1o - 99 Beschäftigte) beschäftigt und gut je 4o % in Mittel- und Großbetrieben.

Die Leinenweberei setzt sich aus kleinen und mittelgroßen Betrieben zusammen. Der letzte Großbetrieb wurde 1958 ausgewiesen. 1972 gehörten von 29 Leinenwebereien 21 der kleinen und 8 der mittleren Kategorie an, und von den in diesem Jahr annähernd 2.6oo Beschäftigten waren ca. 4o % in Kleinbetrieben und 6o % in mittleren Betrieben angestellt. 1975 wurden einzig noch 16 Kleinbetriebe ausgewiesen und ab 1976 entfiel der Ausweis ganz.

Ähnlich sieht auch die Struktur der Wäschehersteller aus: Der letzte Großbetrieb wurde 1973 ausgewiesen, und von den 2o1 Betrieben des Jahres 1978 gehörten über 6o % in die Kategorie der Kleinbetriebe und fast 4o % zu den mittelgroßen Unternehmen, während jedoch von den insgesamt ca. 2o.ooo mit der Wäscheherstellung beschäftigten Personen 3o % in der kleinen und 7o % in der mittleren Betriebsgrößenklasse zu finden sind.

Kapitaleinsatz

Investitionsangaben für diese drei Sparten werden in der Statistik nicht ausgewiesen. Lediglich zum Maschinenbestand der Baumwoll- und Leinenwebereien kann gesagt werden, daß die Anzahl der betriebsbereiten Webstühle von 1952 bis 1978 in der Baumwollweberei um fast drei Viertel und in der Leinenweberei bis 1975 um fast vier Fünftel zurückging. Im gleichen Zeitraum stieg jedoch der Automationsgrad von 39 % bzw. 23 % auf fast 1oo % bzw. 9o % an. Diese Entwicklung impliziert eine sehr kräftige Investitionstätigkeit.

Anzahl der Beschäftigten:

In allen drei Industriezweigen wurde der Personalbestand deutlich abgebaut. In der Baumwollweberei begann die Verringerung der Arbeitsplätze 1957 (112.o5o Beschäftigte), von denen 1978 noch knapp 44.ooo bzw. 4o % existierten.

Noch deutlicher verminderten sich die Arbeitsplätze der Leinenweber: Von 1952 bis 1975 wurden 77 % der Arbeitsplätze abgebaut, so daß von ehemals ca. 7.6oo Beschäftigten noch 1.75o im Jahre 1975 in der Leinenweberei Arbeit fanden.

In den Betrieben der Wäscheindustrie verloren von 67.299 Personen im Jahre 1963 etwa 7o % ihren Arbeitsplatz, denn 1978 standen nur noch 19.528 Menschen in der Wäscheindustrie in Lohn.

Produktivität:

In der Baumwollweberei sank, wie in der Leinenweberei und Wäscheindustrie, die Anzahl der Beschäftigten, während die Produktionsmenge stieg bzw. gleichblieb. Die Produktivität, Produktionsmenge pro Arbeitnehmer, stieg in 29 Jahren von 1o,9 Tsd qm/Arbeitnehmer auf 27,8 Tsd qm/Arbeitnehmer, also um 155 %.

Die Leinenwebereien erhöhten ihre Produktivität von 4,6 Tsd qm/Arbeitnehmer (195o) auf 1o,8 Tsd qm/Arbeitnehmer im Jahre

1972, was einen Zuwachs von 133 % bedeutet. 1973/74 wurde jedoch ein Produktivitätsrückgang eingeleitet, denn 1974 wurden pro Arbeitnehmer nur noch 9,2 Tsd qm und 1975 nur noch 8,4 Tsd qm Leinengewebe produziert.

Die Wäschehersteller konnten in den 18 Jahren von 1957 bis 1978 einen Produktivitätszuwachs (hier: Umsatz in DM pro Arbeitnehmer)[1] von 19.22o DM/Arbeitnehmer auf 89.47o DM/Arbeitnehmer verbuchen, was einer Steigerung von ca. 365 % entspricht.

In der Entwicklung der drei betrachteten Branchen kommt deutlich zum Ausdruck, daß die Baumwoll- und Leinenwebereien sowie die Wäschehersteller auf Grund von technischem Fortschritt und von Rationalisierungsmaßnahmen innerhalb von 29 Jahren bei deutlichem Rückgang von Betriebsstätten und Arbeitsplätzen wesentliche Produktionssteigerungen erzielen konnten.

2.1.7 Vergleich mit anderen Industrien

Im folgenden soll kurz skizziert werden, wie sich die Produktion von Haushaltstextilien im Vergleich mit der gesamten Industrie sowie der Textil- und Bekleidungsindustrie entwickelt hat[2].

Bezugnehmend auf das Basisjahr 197o betrug der Index der industriellen Nettoproduktion der gesamten Industrie (ohne Bau und Energie) im Jahre 195o 23.o. Mit Ausnahme der Rezessionsjahre 1966/67 und 1974/75 näherte er sich relativ beständig dem Höchststand von 118,9 im Jahre 1978.

---

1 vgl. hierzu Kap. 2.1.5

2 vgl. hierzu Tab. 1o

Ähnlich verlief der Index der industriellen Nettoproduktion der Textilindustrie von 37,7 im Jahre 195o bis zum Höchststand von 1o8,1 im Jahre 1973 bzw. 1o5,1 in 1978. Die Indexwerte der industriellen Nettoproduktion der Bekleidungsindustrie betrugen im Vergleich dazu 26,4 im Jahre 195o und 1o7,4 im Jahre 1972, um dann bis 1978 auf 87,1 zurückzugehen.

Wenn man nun den Verlauf des Index der gesamten industriellen Nettoproduktion als Durchschnitt annimmt, so haben die Indices der Textil- und Bekleidungsindustrieproduktion einen überdurchschnittlichen Verlauf genommen. Sie haben höhere Zuwächse aber auch tiefere Einbrüche während der Rezession 1967 und 1974 und ein deutliches Absinken ab 1975 gegenüber der Gesamtindustriereihe zu verzeichnen, verhalten sich also insgesamt sehr konjunkturreagibel.

Unterstellt man eine relativ gleichverlaufende Entwicklung von Netto- und Bruttoproduktionswert, kann man den vorhandenen Produktionswert der in der Bekleidungsindustrie hergestellten Haushaltstextilien als Nettoproduktionswert ansehen. Es zeigt sich deutlich ein unterdurchschnittliches Wachstum dieses Industriezweiges bis zum Jahre 1962, das dann ab 1963[1] bis 1966 überdurchschnittlich zunahm. Danach folgt, bedingt durch die allgemeine wirtschaftliche Rezession 1966/67, ein Einbruch, von dem sich die Haushaltstextilienproduktion erst 197o wieder erholt, um dann aber mit weit über dem Durchschnitt liegenden Zuwächsen aufwarten zu können (1978 = 137,5).

---

1 Es ist jedoch zu berücksichtigen, daß durch den geänderten Ausweis der Bundesstatistik ab 1963 ein Strukturbruch vorliegt, der die Kontinuität der Zeitreihe nicht gewährleistet. Zur Absicherung derartiger Hypothesen wurden Strukturbruchtests durchgeführt, die in Kapitel 3.1 dieser Arbeit näher erläutert werden. Im folgenden wird jeweils im laufenden Text auf Strukturbrüche hingewiesen, was bedeutet, daß auf Grund von Strukturbruchtests mit sehr hoher Sicherheitswahrscheinlichkeit derartige Strukturbrüche nachgewiesen worden sind.

SCHAUBILD 6 : INDEX D. IND. NETTOPROD. D. GESAMTEN IND. (OHNE BAU U. ENERGIE), D. TEXTILIND (TEX), D. BEKL.-IND. (BEK) U. DER I. D WAESCHEIND. HERGEST. HBTW; INDEX 1970 = 100

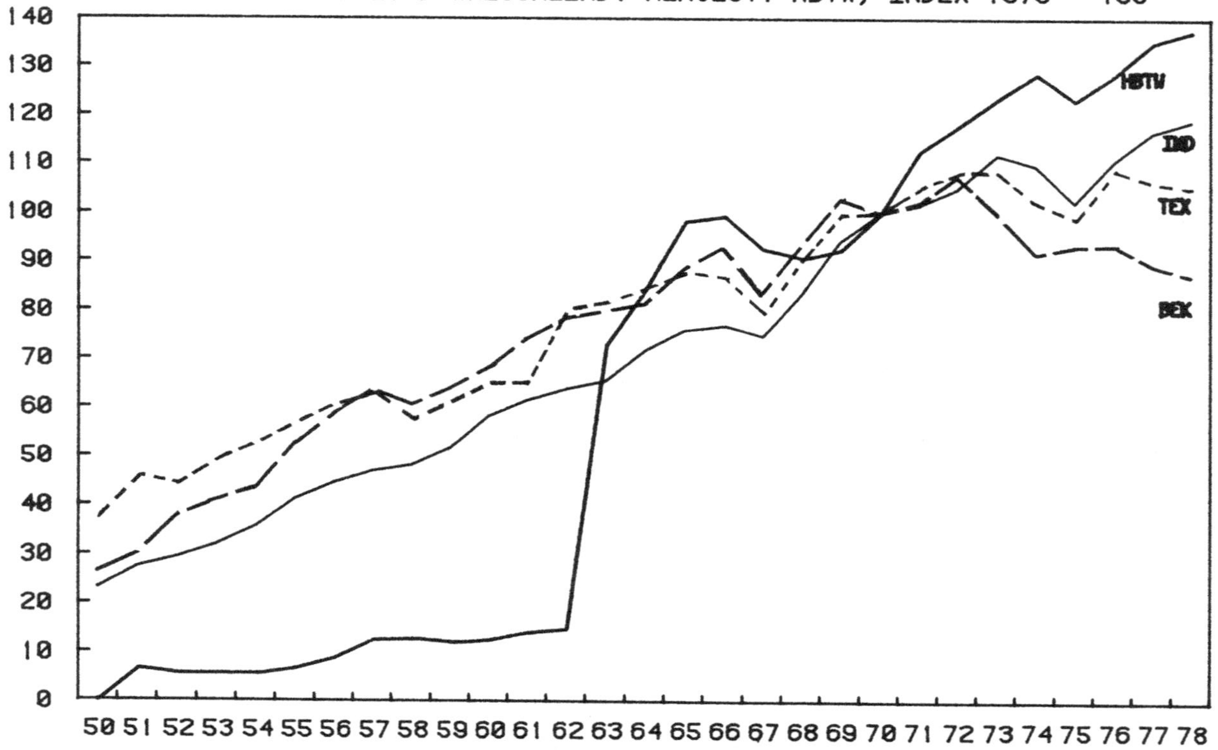

QUELLE: STABUA, FACHSERIE D, REIHEN 2 UND 3, SOWIE BUNDESVERBAND D. BEKLEIDUNGS-INDUSTRIE, DIE BEKLEIDUNGSIND. IN DER BR DEUTSCHLAND

FATM

Es läßt sich also sagen, daß der Bereich der Haus-, Bett- und Tischwäscheproduktion seit dem Jahre 197o als wachstumsintensiv angesehen werden kann, wenn man den kurzfristigen Einbruch von 1975 auf 123,o einmal vernachlässigt.

2.2 Die Produktion von Haushaltstextilien nach Warengruppen

2.2.1 Meterware

Unter diesem Titel wird die mengen- und wertmäßige Produktion von Stoffen (Meterware) betrachtet, die in der Textilindustrie, und zwar in den Webereien, für die Weiterentwicklung zu Haus-, Bett- und Tischwäsche erstellt wird.

Hierbei wird im einzelnen unterschieden nach

- Haus-, Bett- und Tischwäschestoff
- Frottiergewebe (Schlingengewebe)
- Inlett
- Matratzendrell
- Steppdeckenoberstoff

Obwohl der Verband der Heimtextilien-Hersteller Schlaf- und Reisedecken zum Bereich der Heimtextilien zählt[1], werden sie bei den folgenden Betrachtungen nicht ausgeklammert, da sie nach Meinung des Verfassers dieser Arbeit zum einen in den Bereich der Bettwäsche i.w.S. gehören und zum anderen auf Grund einer vom Verfasser durchgeführten Stichprobe in 1o Warenhäusern in Münster und Umgebung in 8 Fällen in der Abteilung für Bett- und Hauswäsche geführt wurden.

---

1 vgl. hierzu: Verband der Deutschen Heimtextilien-Industrie in Zahlen, Wuppertal 1975, S. 11 und S. 73 ff.

2.2.1.1 Haus-, Bett- und Tischwäschestoff

Wie aus der folgenden Übersicht zu ersehen ist, hat sich während des Betrachtungszeitraums von 195o bis 1974 die Produktionsmenge um 35 % und der Produktionswert[1] um 9o % erhöht, wobei die Tendenz der Produktionsmenge seit Beginn der 7oer Jahre rückläufig ist, während der Produktionswert steigt[2]. 1978 hat die Produktionsmenge fast wieder das Ausgangsniveau von 195o erreicht, nämlich 175 Mio qm, während der Wert ab 1976 ebenfalls kräftig gesunken ist, sich aber gegenüber 195o nominal um fast zwei Drittel erhöht hat.

Übersicht 2: Die Produktion von Haus-, Bett- und Tischwäschestoff
Menge in Mio qm, Wert in Mio DM, Ø-Wert/qm

JAHR	MENGE	WERT	Ø-WERT JE QM
195o	17o,9	384,6	2,25
1955	225,5	477,7	2,12
196o	312,8	685,8	2,19
1965	286,4	673,9	2,35
197o	244,4	586,o	2,4o
1975	215,8	698,o	3,23
1978	175,6	636,5	3,62

Quelle: Siehe Tab. 11 u. 12, sowie eigene Berechnungen

---

1 Unter Produktionswert wird hier und in allen folgenden Zeitreihen immer der nominelle Wert verstanden. Preisbereinigungen wurden nicht vorgenommen, um anhand der verschiedenartigen Entwicklungen von Mengen und Werten jeweils einen Preisanstieg oder Preisverfall ersehen zu können.

2 Vgl. Tab. 11 u. 12

DIE PRODUKTION VON HAUS-, BETT- UND TISCHWAESCHESTOFF, 1950-78

Schaubild 7: In 1.000.000 QM

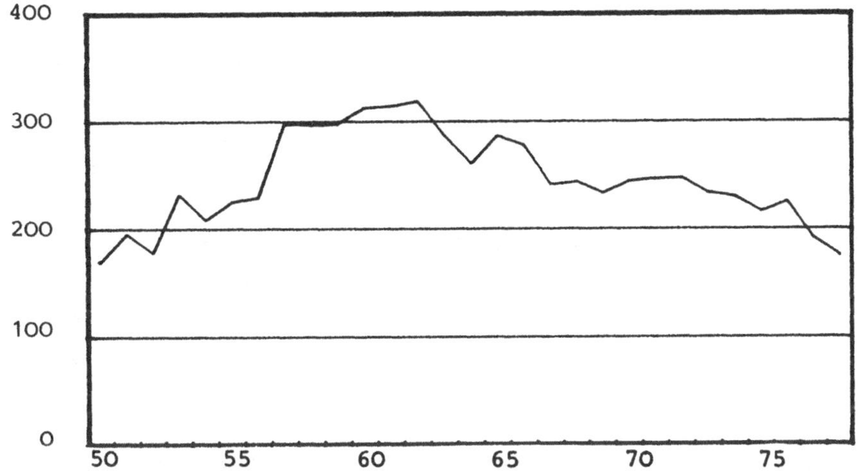

Quelle: StaBuA, D-3 FATM

Schaubild 8: In 1.000.000 DM

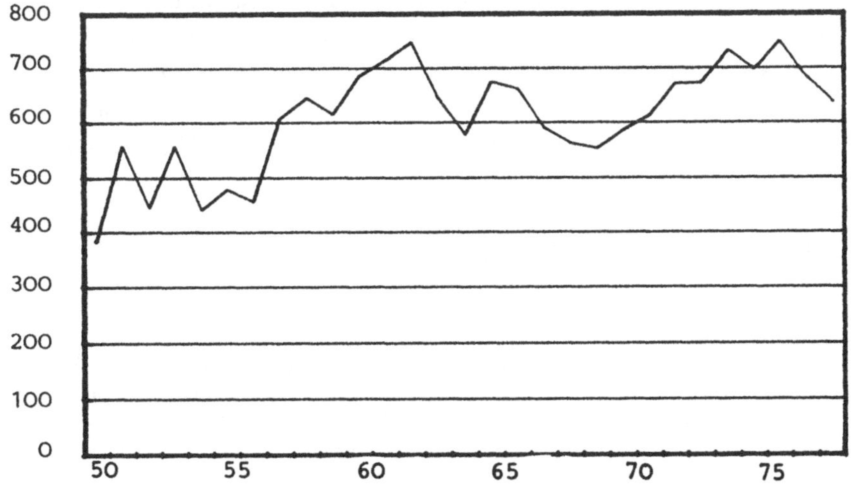

Quelle: StaBuA, D-3 FATM

Während von 195o bis 1962 die Mengen- und Wertentwicklung gleichermaßen anstieg - der Wert betrug in dieser Periode in der Regel etwa das Doppelte der Menge - setzt sich dieses Verhalten nach 1963 nicht so deutlich fort. Ab diesem Zeitpunkt steigt der Wert im Verhältnis zur Menge, wie das sehr deutlich ab 1972 zu beobachten ist: Während die Produktionsmenge rückläufig ist, steigt der Wert weiter an; es muß also ein deutlicher Preisanstieg erfolgt sein, unter der Voraussetzung einer unveränderten Mengenstruktur. Analog hierzu sinkt der Wert ab 1976 auch nicht so schnell wie die Menge.

Ein Vergleich der Durchschnittswerte pro qm zeigt ein relativ konstantes Niveau für die ersten 2o Jahre des Beobachtungszeitraumes. Erst seit Beginn der 7oer Jahre steigen die durchschnittlichen Preise pro qm an, 1974 werden erstmals 3,oo DM/qm überschritten, um 1978 bereits 3,62 DM/qm zu erreichen.

Unterstellt man eine konstante Mengenstruktur, so ist ab 197o eine deutliche Teuerung zu beobachten. Wird jedoch ein relativ ausgeglichenes Wert/Mengen-Verhältnis angenommen, so muß man davon ausgehen, daß sich die Mengenstruktur verändert hat.
Einen eindeutigen Schluß lassen die o. a. Angaben nicht zu, da Ausweise über die Mengenstruktur in der Statistik nicht zu finden sind. Man kann nur vermuten, daß sich hier der Trend nach qualitativ höherwertiger Ware bemerkbar macht, der auch in anderen Bereichen der Textil- und Bekleidungsindustrie zu beobachten ist.

Die quartalsweisen, saisonalen Schwankungen[1, 2] sind nahezu

---

1 vgl. Tab. 11 u. 12

2 Hier ist anzumerken, daß im 4. Quartal 1953 mit einer Produktionsmenge von 94,2 Mio qm und einem -wert von 265,8 Mio DM Werte in der amtlichen Statistik ausgewiesen werden, die in dieser Größenordnung offensichtlich zu hoch sind, was besonders deutlich aus der graphischen Darstellung hervorgeht.
Bei mehrmaliger Überprüfung muß man zu dem Schluß kommen, daß dem amtlichen Ausweis dieses Quartals offensichtlich ein Rechen- oder Erhebungsfehler zu Grunde liegt, da eine derartige Produktionssteigerung von einem Quartal zum folgenden bzw. vorhergehenden um annähernd 1oo % einzig ist und andere Gründe als die o.a. trotz intensiven Suchens durch den Verfasser nicht zu einer angemessenen Erklärung dieses Phänomens führten.

symptomatisch für den gesamten Betrachtungszeitraum[1]. Am Gesamtergebnis des Jahres 195o mit 17o,9 Mio qm bzw. 384,1 Mio DM waren in der Rangfolge das 4. Quartal mit 48,5 Mio qm bzw. 131,4 Mio DM, das 1. Quartal mit 47,2 Mio qm bzw. 87,6 Mio DM, das 3. Quartal mit 39,1 Mio qm bzw. 9o,4 Mio DM und das 2. Quartal mit 36,1 Mio qm bzw. 72,2 Mio DM beteiligt.

2.2.1.2 Frottiergewebe (Schlingengewebe)

Bei den folgenden Aussagen zur Produktion von Frottiergewebe muß darauf hingewiesen werden, daß es sich um kein Produkt handelt, das ausschließlich zu Haushaltstextilien verarbeitet wird. Denn es gibt viele weitere Verwendungsmöglichkeiten oder Weiterverarbeitungsarten für Schlingengewebe im Heimtextilienbereich (z. B. Duschvorhänge, Badezimmermatten), im Möbelbereich (z. B. als Bezugsstoffe für Sitzmöbel), im Bekleidungssektor, und zwar im Gebiet der Berufs- und Sportbekleidung (BESPO), (z. B. Bademäntel, Trainingsbekleidung, Tages- und Nachtwäsche, Hemden), um nur die wichtigsten zu nennen.

Da in der Wäscheindustrie keine exakten Grenzen im statistischen Sinne nach der Weiterverarbeitung gezogen werden können, sind auch keine definitiven Aussagen darüber möglich, wie groß der für Haushaltstextilien verwandte Frottiergewebeverbrauch effektiv ist.

Ausgewiesen wird Frottiergewebe erstmals in der amtlichen Statistik im Jahre 1953 mit einer Menge von 21,5 Mio qm und einem Wert von 1oo,9 Mio DM[2], wobei die typischen saisonalen Schwankungen in der Produktion auch hier wieder deutlich werden.

---

1 Diese Saisonschwankungen sind bei nahezu sämtlichen in dieder Arbeit betrachteten Produktionszeitreihen vorhanden, wie man aus dem Tabellenteil und den Abbildungen dieser Arbeit ersehen kann.

2 vgl. hierzu Tabellen 13 u. 14.

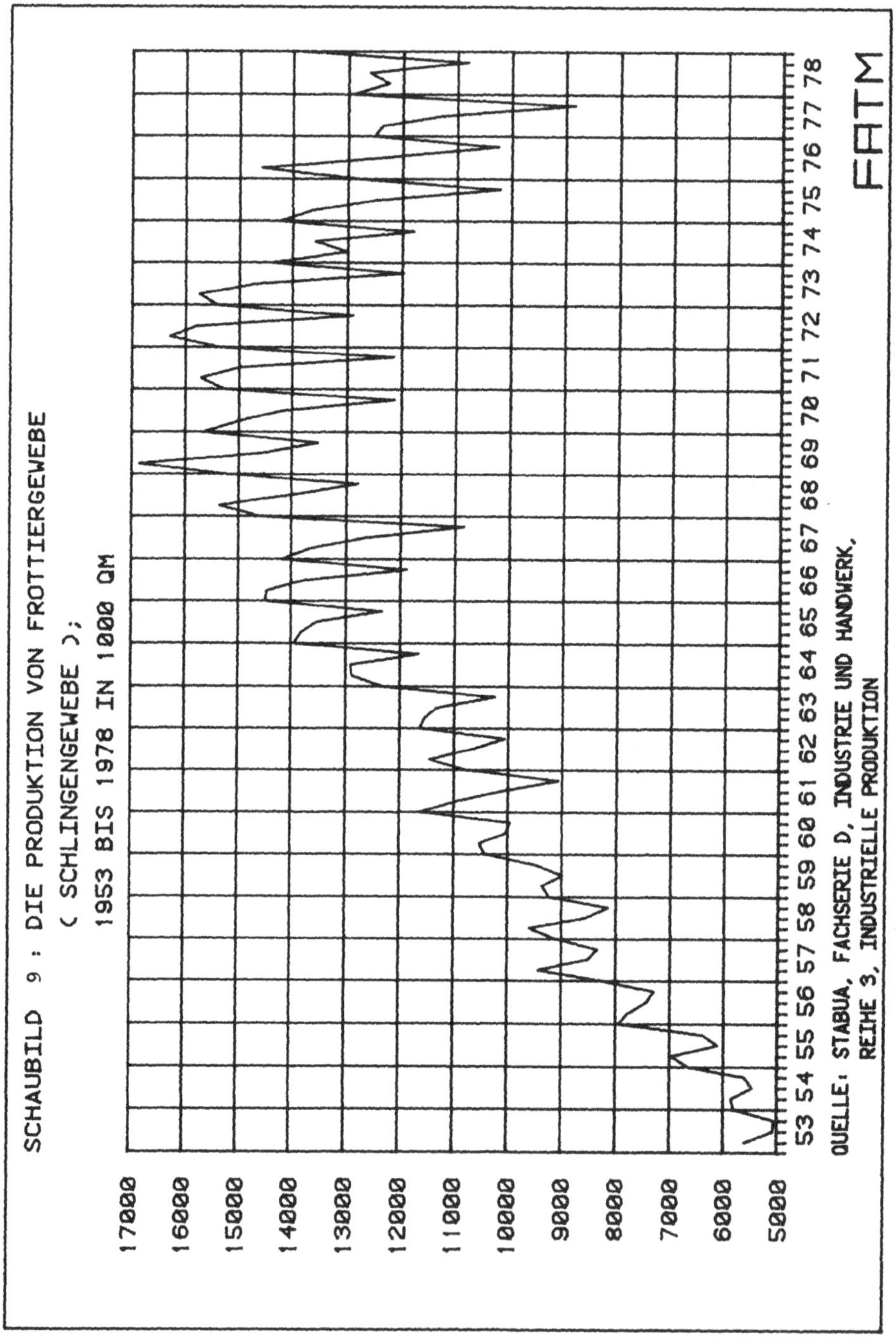
SCHAUBILD 9 : DIE PRODUKTION VON FROTTIERGEWEBE
(SCHLINGENGEWEBE);
1953 BIS 1978 IN 1000 QM
17000
16000
15000
14000
13000
12000
11000
10000
9000
8000
7000
6000
5000
53 54 55 56 57 58 59 60 61 62 63 64 65 66 67 68 69 70 71 72 73 74 75 76 77 78
QUELLE: STABUA, FACHSERIE D, INDUSTRIE UND HANDWERK,
REIHE 3, INDUSTRIELLE PRODUKTION
FATM

SCHAUBILD 10 : DIE PRODUKTION VON FROTTIERGEWEBE
(SCHLINGENGEWEBE);
1953 BIS 1978 IN 1000 DM

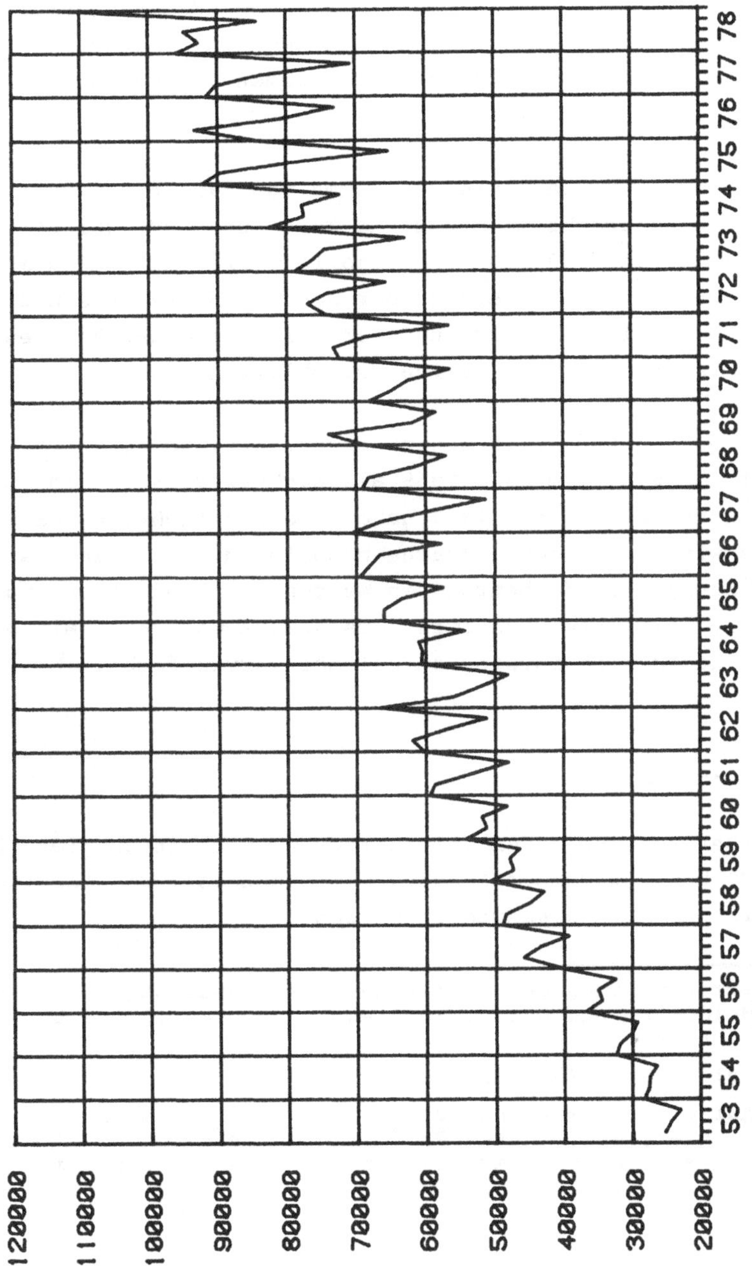

QUELLE: STABUA, FACHSERIE D, REIHE 3, INDUSTRIELLE PRODUKTION
ANM.: 1953 SCHAETZWERTE

FATM

Die Produktion stieg in Wert und Menge bis zum Jahre 1972 an, hier wurden 6o,3 Mio qm bzw. 295,4 Mio DM realisiert, um danach in eine mengenmäßige Abwärtsbewegung überzugehen (1974: 52,6 Mio qm). Die Frottierwerte nahmen dagegen weiter zu, bis 1978 384,6 Mio DM erreicht waren.

Während des Betrachtungszeitraums von 1953 bis 1978 traten nur leichte Einbrüche in Menge und Wert auf, und zwar strukturbruchbedingt 1963 und 197o[1] sowie während der allgemeinen wirtschaftlichen Rezession der Jahre 1966/67. Ansonsten zeichnete sich in Menge und Wert ein ständiger Anstieg ab, der erst ab 1973/74 auseinanderzuklaffen beginnt.

Wurden 1953 noch 21,5 Mio qm produziert, so waren es 1974 bereits 52,6 Mio qm bzw. 1969 als Höchstwert 6o,5 Mio qm; die Menge hatte sich bis 1969 nahezu verdreifacht, um dann bis 1978 wieder auf das 2,3fache abzusinken. Zu Anfang der Betrachtungsperiode betrug die wertmäßige Produktion 1oo,9 Mio DM und 1978, als Höchstwert des Zeitraums, 384,6 Mio DM; der Wert hatte sich inzwischen beinahe vervierfacht.

2.2.1.3 Inlett

Die Betrachtungen der Inlettproduktion beginnen hier mit dem Jahr 1952, da vorher Inlett, Matratzendrell und Markisenstoff zusammen ausgewiesen werden[2].

---

1 Strukturbruch der Zeitreihen durch Änderung des StaBuA - Melde-Nr. und Ausweis-Systems, wie a.a.O. bereits erläutert.

2 vgl. hierzu Tabellen 15 u. 16

Auf die Betrachtung von Markisenstoff wird im folgenden verzichtet, weil dieses Produkt nach Meinung des Verfassers dem Bereich der Raumausstattung angehört und damit dem Heimtextiliensektor.

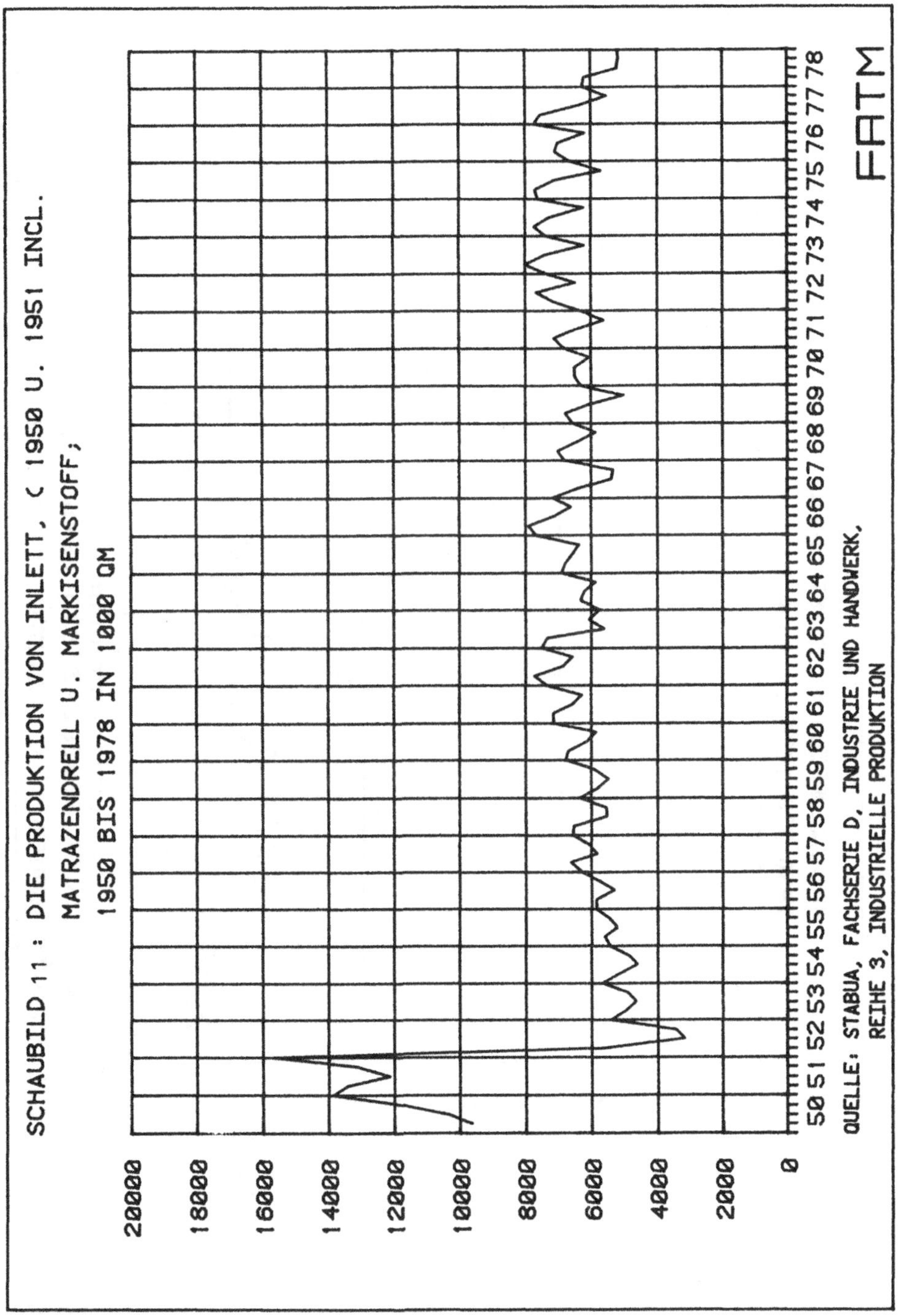
SCHAUBILD 11 : DIE PRODUKTION VON INLETT, (1950 U. 1951 INCL.
MATRAZENDRELL U. MARKISENSTOFF;
1950 BIS 1978 IN 1000 QM
20000
18000
16000
14000
12000
10000
8000
6000
4000
2000
0
50 51 52 53 54 55 56 57 58 59 60 61 62 63 64 65 66 67 68 69 70 71 72 73 74 75 76 77 78
QUELLE: STABUA, FACHSERIE D, INDUSTRIE UND HANDWERK,
REIHE 3, INDUSTRIELLE PRODUKTION
FATM

SCHAUBILD 12 : DIE PRODUKTION VON INLETT, (1950 U. 1951 INCL.
MATRAZENDRELL U. MARKISENSTOFF);
1950 BIS 1978 IN 1000 DM

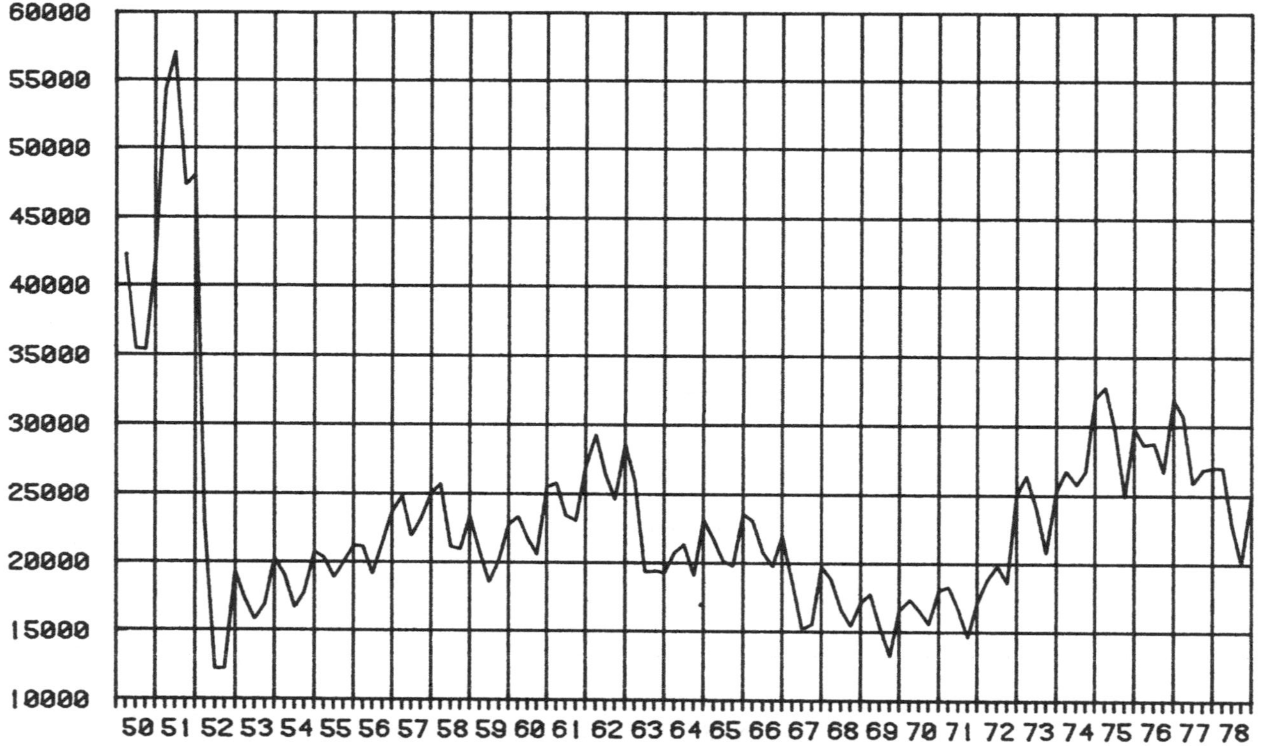

QUELLE: STABUA, FACHSERIE D, REIHE 3, INDUSTRIELLE PRODUKTION
ANM.: 1950 SCHAETZWERTE

FATM

Auch hier findet man die typischen saisonalen Schwankungen in der Produktion und die Einbrüche in den Jahren 1963 (Strukturbruch)[1] und 1966/67 bzw. 1974/75 (Rezession) wieder.

Ansonsten bewegt sich der Trend in dieser Produktionsreihe von 1952 mit 66,6 Mio DM stetig bis zu seinem Höchstwert im Jahre 1974, der mit 111,2 Mio DM nicht ganz das Doppelte des Anfangswertes der Zeitreihe beträgt. Ab 1976 wird der Produktionsrückgang eingeleitet, der 1978 (94,7 Mio DM) noch anhielt. Die mengenmäßige Entwicklung zeigt ein anderes Bild: Von 1952 mit 17,6 Mio qm stieg die Produktion bis zu den Höchstwerten von fast 29 Mio DM in den Jahren 1962, 1966, um dann jeweils wieder leicht abzusinken. Danach erfolgte ein sanfter Anstieg und ab 1972 bis 1974 eine Stagnation, allerdings mit ganz leichter Abwärtstendenz. Ebenso wie beim Wert begann dann 1976 der Rückschritt, bis die Produktion im Jahr 1978 mit 21,7 Mio qm wieder auf dem Niveau von 1954/55 angelangt war.

Die Entwicklung der Inlettproduktion zeigt in diesen Betrachtungen zum ersten Mal, daß von 1952 bis 1974 die mengenmäßige und wertmäßige Bewegung nahezu gleich verlaufen ist, denn sowohl der Wert als auch die Menge haben sich in dieser Periode jeweils um das 1,6fache erhöht, bzw. um fast 6o %. Jedoch an 1976 zeigt der Trend in Produktionswert und -menge deutlich nach unten, wobei die Menge schneller sinkt als der Wert.

2.2.1.4 Matratzendrell

Verglichen mit der Produktion von Inlett zeigt sich bei der Entwicklung der Matratzendrellherstellung der Jahre 1952 bis 1978[2] ein völlig anderes Bild der Fabrikationsentwicklung.

---

1 Da die vorher bereits erwähnten Strukturbrüche im folgenden noch des öfteren erscheinen werden, soll jedesmal auf eine Fußnote verzichtet werden.

2 vgl. hierzu Tabellen 17 u. 18

Zuzüglich zu den Produktionsrückgängen der Jahre 1967 und 1974 (Rezession) und 1963 sowie 197o (Strukturbruch) hat die Matratzendrellherstellung seit 1961 einen Rückwärtstrend zu verzeichnen. Die Ursachen hierfür sind nicht eindeutig zu bestimmen. Es kann nur vermutet werden, daß die Nachfrage nach Matratzendrell verstärkt durch Importe befriedigt wurde. Diese Annahme kann jedoch nicht bewiesen werden, da die Außenhandelsstatistik im Ausweis von Meterware nur nach Rohstoffzusammensetzung und nicht nach Verwendungszwecken unterscheidet.
Da der Produktion von Matratzendrell ein relativ einfaches Produktionsverfahren zugrunde liegt, kann als Erklärung für den Rückgang der inländischen Produktion durchaus unterstellt werden, daß die Einfuhren aus Billigpreisländern mit Massenfertigung hier einen starken Einfluß ausüben.

Die Produktion betrug 1952 mit 55,5 Mio DM über 1961 mit 77,4 Mio DM im Jahre 1974 nur noch 45,6 Mio DM, war damit also von 1955 bis 1974 um fast ein Fünftel bzw. 17,8 % gesunken. Allerdings deutet sich seit1972/73 wieder eine leichte Aufwärtsbewegung an, die bis 1978 anhält (42,4 Mio DM), wenn man den rezessionsbedingten, kurzen Einbruch von 1974/75 vernachlässigt. Ähnlich verlief die Entwicklung der Produktionsmenge: 1952 waren es 2o,8 Mio qm, die stetige Vorwärtsbewegung erreichte 1961 mit 33,9 Mio qm ihren Höhepunkt, um dann nahezu gleichförmig auf das Minimum im Jahre 1978 mit 13,4 Mio qm zurückzugehen, d. h.: Eine Abnahme um mehr als ein Drittel gegenüber 1952.

Auch hier läßt sich wieder beobachten, daß seit Mitte der 7oer Jahre die Produktionsmengen zurückgehen, während die Werte oder Preise zumindest stabil bleiben.

SCHAUBILD 13: DIE PRODUKTION VON MATRAZENDRELL;
1952 BIS 1978 IN 1000 QM

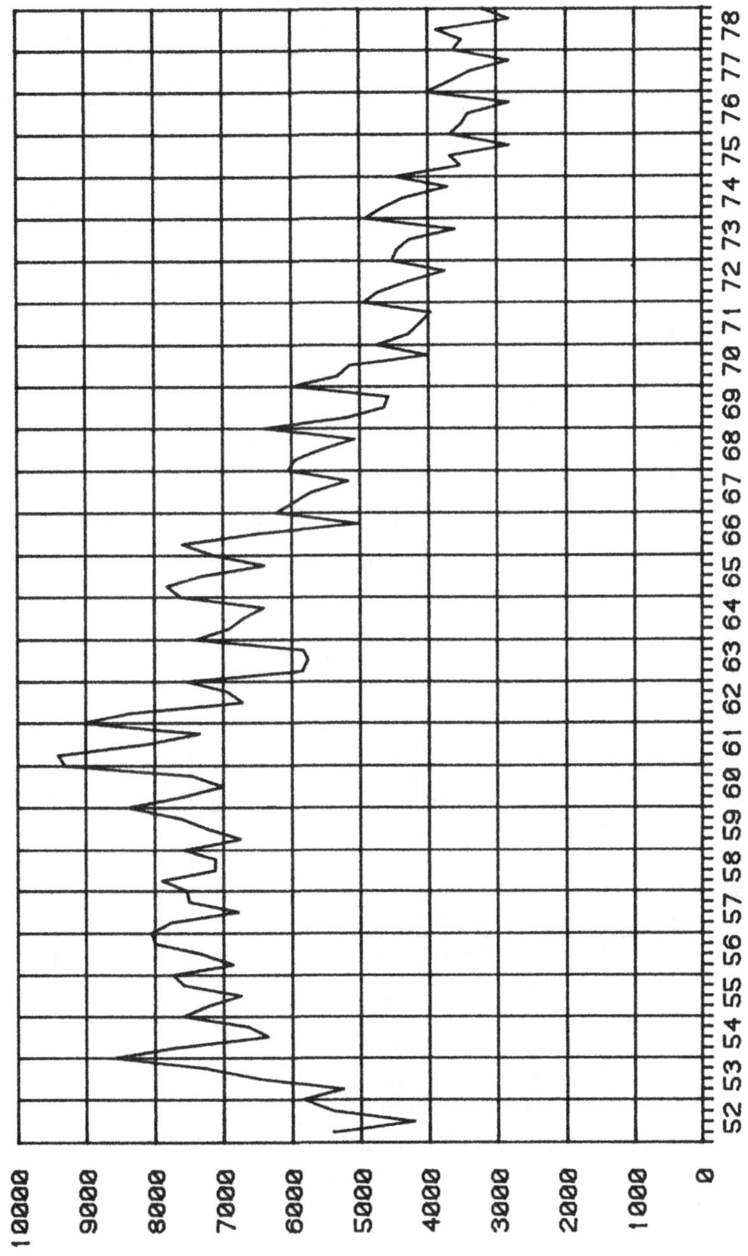

QUELLE: STABUA, FACHSERIE D, INDUSTRIE UND HANDWERK,
REIHE 3, INDUSTRIELLE PRODUKTION

FATM

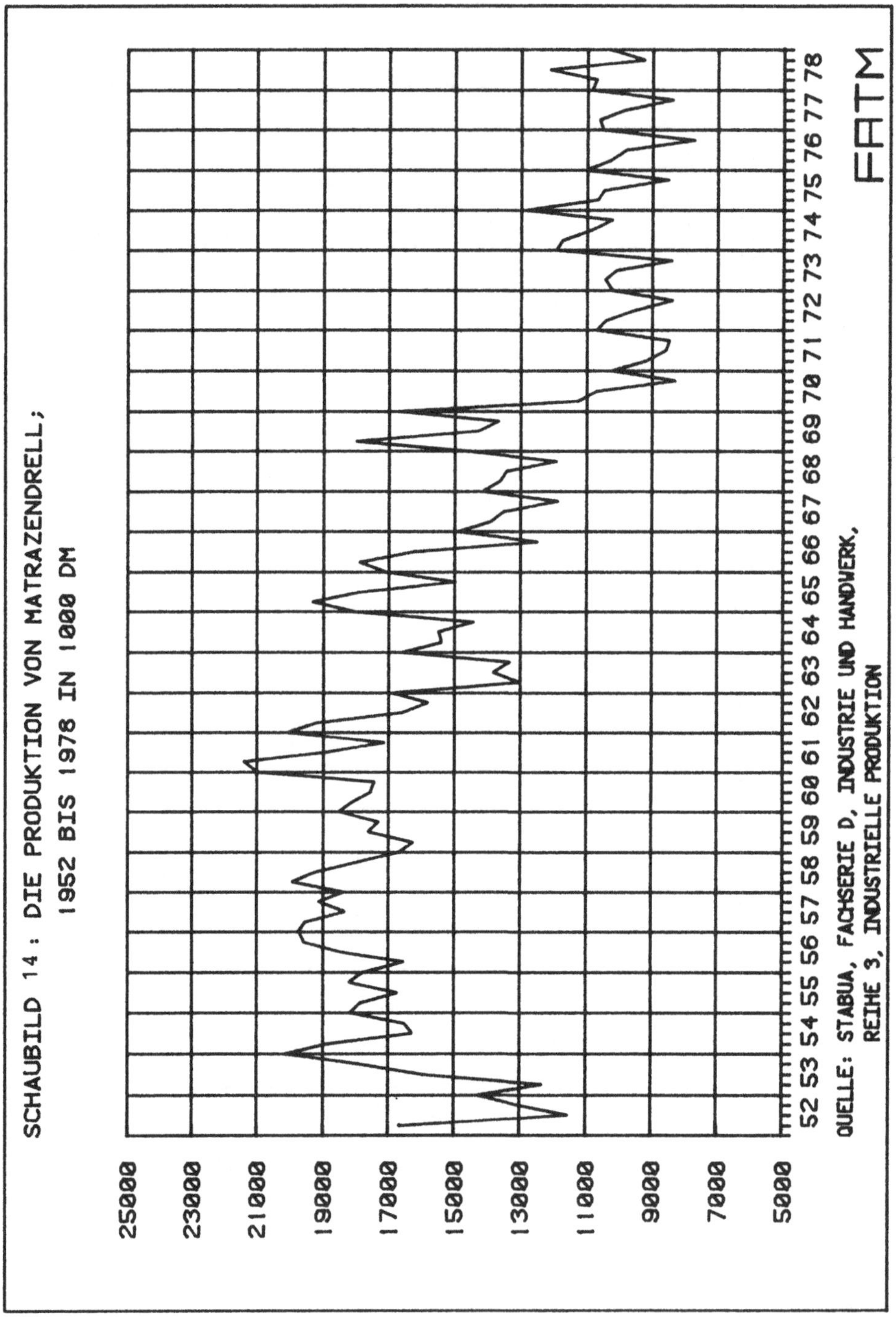

SCHAUBILD 14 : DIE PRODUKTION VON MATRAZENDRELL;
1952 BIS 1978 IN 1000 DM

2.2.1.5 Schlaf- und Reisedeckenstoff

Der Ausweis dieses Produktes beginnt in der amtlichen Statistik im Jahre 1951[1].

Bei der hier vorliegenden Zeitreihe ist sehr deutlich zu bemerken, daß im Laufe der 28 Jahre des Betrachtungszeitraumes die Amplituden der saisonalen Schwankungen immer geringer werden. Es ist zu beobachten, daß die Schlaf- und Reisedeckenherstellung im Betrachtungszeitraum vom Anfangs- zum Endpunkt nur geringe Zuwächse verzeichnen konnte. So war die Produktionsmenge nur um 12 % und deren Wert nur um 23 % gestiegen.

Die Produktionsstatistik begann 1951 mit 13,5 Mio qm und endete 1978 mit 15,2 Mio qm. Dazwischen wurden die Produktionsmengen mit Daten bis max. 16 Mio qm ausgewiesen (1962). Von 1963 an war eine Abwärtsbewegung bis zum Rezessionsjahr 1966 mit 9,8 Mio qm zu verzeichnen. Es folgte ein Aufwärtstrend, der dann ab 197o in eine Beinahe-Stagnation überging. Die Produktion blieb mit Daten von ca. 12 bis 13 Mio qm annähernd gleich. Erst 1978 zeigte sich wieder ein leichter Anstieg auf 15,2 Mio qm.

Die wertmäßige Betrachtung ergibt ein ähnliches Bild: Begonnen wurde 1951 mit einem Produktionswert von 97,7 Mio DM, und die Statistik endet 1978 mit 12o,5 Mio DM, d. h. 23,3 % mehr als 1951. Die Jahre 1956 bis 1963 wurden mit Produktionswerten um etwa 9o bis 1oo Mio DM nahezu gleichbleibend ausgewiesen, um danach bis zum Rezessionsjahr 1967 einen deutlichen Einbruch vorzubereiten (63,3 Mio DM). In den folgenden Jahren von 197o bis 1973 wurden Herstellungswerte von 82,4 bis 88,5 Mio DM verzeichnet. Bis 1978 stieg der Produktionswert auf 12o,5 Mio

---

1 vgl. hierzu Tabellen 19 u. 2o

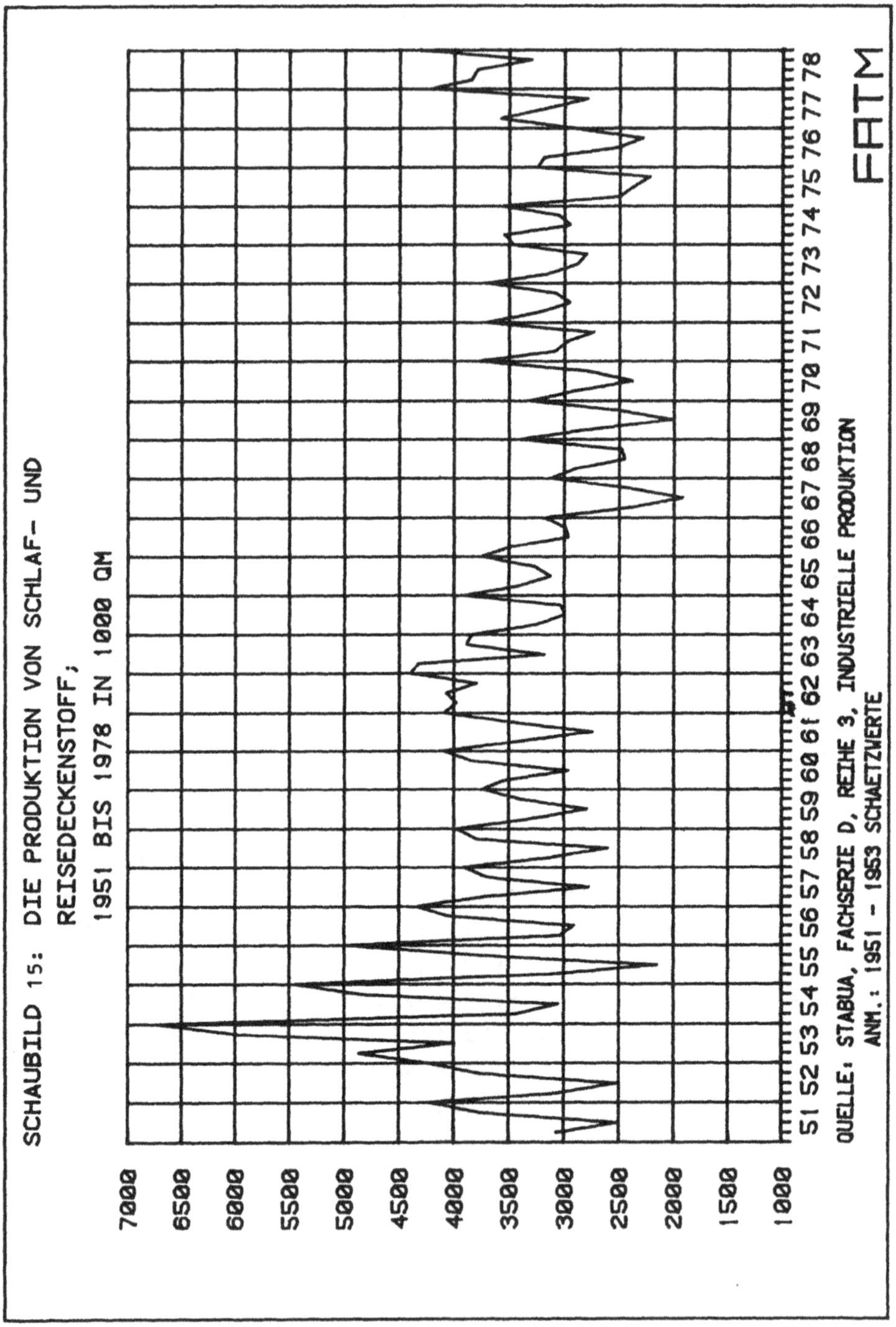

SCHAUBILD 15: DIE PRODUKTION VON SCHLAF- UND REISEDECKENSTOFF; 1951 BIS 1978 IN 1000 QM

QUELLE: STABUA, FACHSERIE D, REIHE 3, INDUSTRIELLE PRODUKTION
ANM.: 1951 - 1953 SCHAETZWERTE

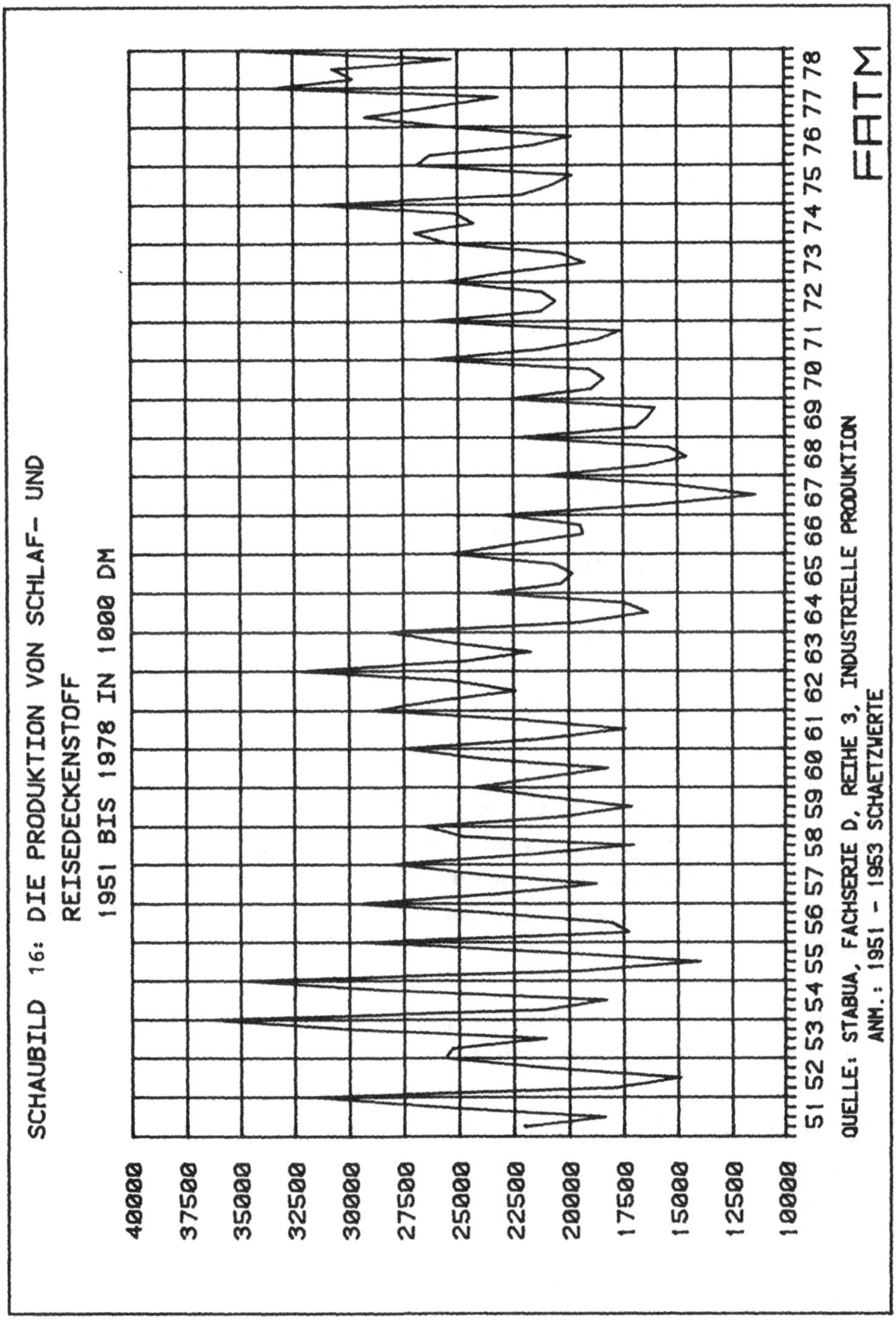
SCHAUBILD 16: DIE PRODUKTION VON SCHLAF- UND
REISEDECKENSTOFF
1951 BIS 1978 IN 1000 DM
40000
37500
35000
32500
30000
27500
25000
22500
20000
17500
15000
12500
10000
51 52 53 54 55 56 57 58 59 60 61 62 63 64 65 66 67 68 69 70 71 72 73 74 75 76 77 78
QUELLE: STABUA, FACHSERIE D, REIHE 3, INDUSTRIELLE PRODUKTION
ANM.: 1951 - 1953 SCHAETZWERTE
FATM

DM an, um auch die Aufwärtstendenz der wertmäßigen Entwicklung von Schlaf- und Reisedeckenstoff noch einmal zu unterstreichen.

2.2.1.6 Steppdeckenoberstoff

Der Ausweis dieses Produktes beginnt in der amtlichen Statistik ebenfalls mit dem Jahre 1951, in dem eine Produktionsmenge von 1o,1 Mio qm und ein Wert von 36,6 Mio DM ausgewiesen wird.[1]

Die Steppdeckenoberstoffherstellung erreicht ihre Höchstmenge bereits im Jahre 1954 mit 15,5 Mio qm, um dann einer kontinuierlichen Abwärtsbewegung zu folgen, die im Jahre 1964 mit einer Menge von 4,9 Mio qm und einem Wert von 12,9 Mio DM den Tiefstwert erreicht.

Danach setzt sich die Entwicklung mit einem leichten Aufwärtstrend fort, der nur durch die Rezessionsjahre 1967 und 1975 leicht gebremst wird und von 1972 an zwischen 6 und 8 Mio qm pendelt.

Der Endwert von 1978 zeigt mit 7,5 Mio qm bzw. 26,9 Mio DM als höchstem Produktionswert aber immer noch eine vorherrschende Aufwärtsbewegung in der Produktion von Steppdeckenoberstoff an, wenn auch die Tendenz nur als leicht steigend zu bezeichnen ist.

Insgesamt gesehen hat die Steppdeckenoberstoffproduktion, über den gesamten Betrachtungszeitraum gesehen, trotz des z.Z. herrschenden leichten positiven Trends, mengenmäßig und wertmäßig ca. ein Viertel dieses Volumens eingebüßt.

---

1 vgl. Tabellen 21 u. 22

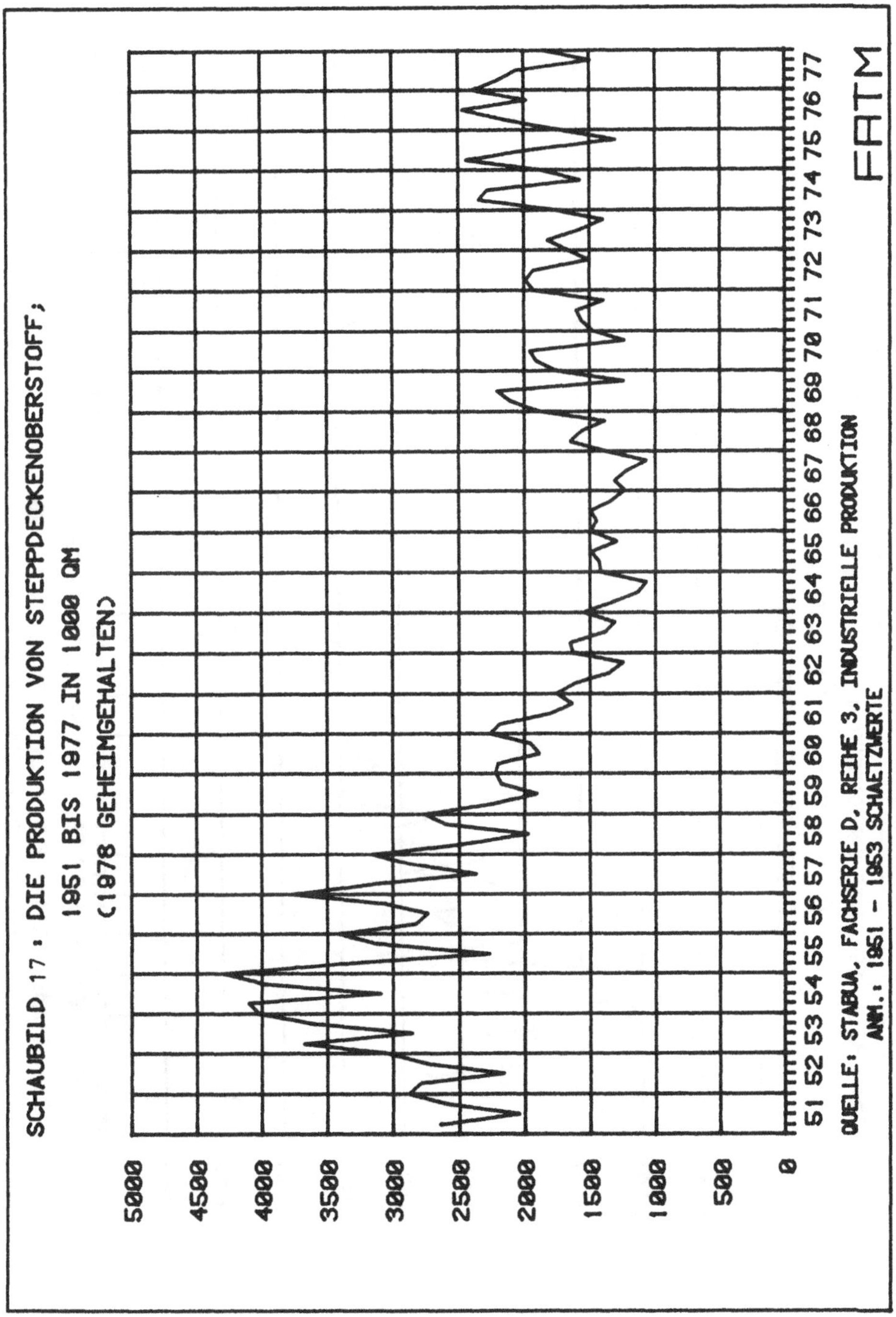
SCHAUBILD 17 : DIE PRODUKTION VON STEPPDECKENOBERSTOFF;
1951 BIS 1977 IN 1000 QM
(1978 GEHEIMGEHALTEN)
5000
4500
4000
3500
3000
2500
2000
1500
1000
500
0
51 52 53 54 55 56 57 58 59 60 61 62 63 64 65 66 67 68 69 70 71 72 73 74 75 76 77
QUELLE: STABUA, FACHSERIE D, REIHE 3, INDUSTRIELLE PRODUKTION
ANM.: 1951 - 1953 SCHAETZWERTE
FATM

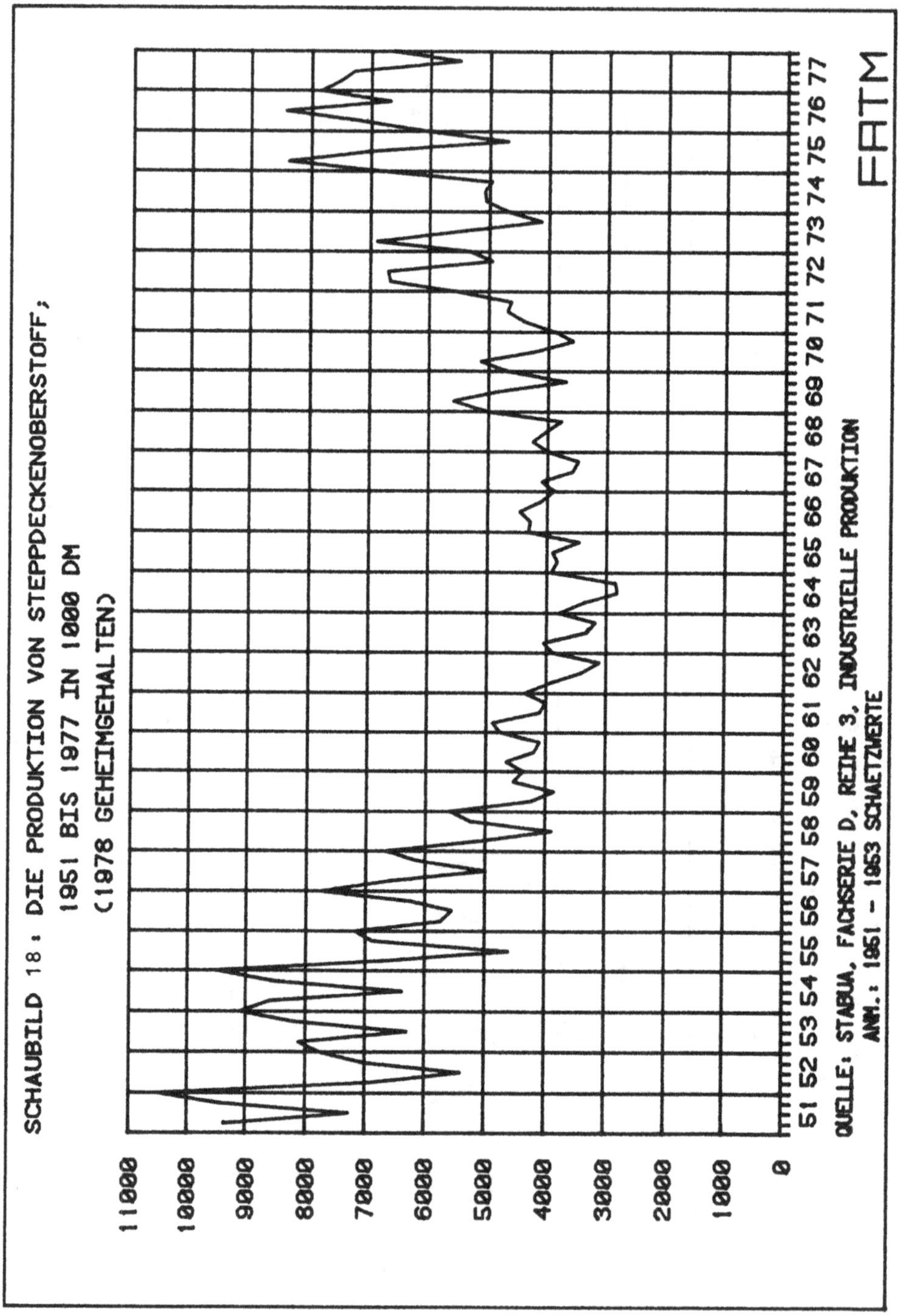
SCHAUBILD 18: DIE PRODUKTION VON STEPPDECKENOBERSTOFF;
1951 BIS 1977 IN 1000 DM
(1978 GEHEIMGEHALTEN)
11000
10000
9000
8000
7000
6000
5000
4000
3000
2000
1000
0
51 52 53 54 55 56 57 58 59 60 61 62 63 64 65 66 67 68 69 70 71 72 73 74 75 76 77
QUELLE: STABUA, FACHSERIE D, REIHE 3, INDUSTRIELLE PRODUKTION
ANM.: 1951 - 1953 SCHAETZWERTE
FATM

2.2.1.7 Sämtliche Meterware für Haushaltstextilien

Bei der Betrachtung der Gesamtproduktionsentwicklung aller in der Textilindustrie hergestellter Meterware für Haushaltstextilien im Sinne dieser Arbeit[1] läßt sich deutlich ein Unterschied in der mengen- und wertmäßigen Entwicklung ermitteln und darstellen.[2]

Die Fabrikation nahm im Untersuchungszeitraum 195o ihren Anfang mit einer Menge von 231,4 Mio qm und einem Wert von 612,1 Mio DM.

Nachdem 1952 Markisenstoff nicht mehr und ab 1953 Frottiergewebe erstmalig enthalten war, stieg die Produktion kontinuierlich bis 1965 mit 415,8 Mio qm bzw. 1.185,7 Mio DM an, wenn man den ausweisbedingten Einbruch im Jahre 1963 (Strukturbruch) außer acht läßt. Danach begann 1966 mengenmäßig eine Abwärtsbewegung, die durch das Rezessionsjahr 1967 noch verstärkt wurde. Die Menge stagnierte nahezu bis 1974 mit einem Volumen um ca. 35o Mio qm, um dann 1978 erstmals deutlich auf ca. 275 Mio qm abzusinken.

Anders hingegen die wertmäßige Entwicklung: sie wurde zwar ebenso durch die Rezession 1967 (leicht) getroffen, aber danach war eine leichte, aber deutliche und beharrliche Aufwärtsbewegung zu erkennen, die im Jahre 1974 ihren vorläufigen Höchststand von 1.337,3 Mio DM erreichte. Danach leitete die Rezession 1974/75 einen anhaltenden Rückgang ein, dessen Auswirkung sich 1978 mit 1.278,6 Mio DM beziffern läßt, womit in etwa das Niveau von 1962 wieder erreicht ist.

Insgesamt gesehen kann festgehalten werden: Die Produktionsentwicklung aller Meterware für Haushaltstextilien verzeichnete

---

1 Erfaßt werden hier Haus-, Bett- und Tischwäschestoff, Frottiergewebe, Inlett, Matratzendrell, Schlaf- und Reisedecken- sowie Steppdeckenoberstoff.

2 vgl. hierzu Tabellen 23 u. 24

DIE PRODUKTION VON HBTW-STOFF, FROTTIER, INLETT, MATRATZENDRELL, SCHLAF-, REISE- U. STEPPDECKENOBER-STOFF, VON 1950 BIS 1978

SCHAUBILD 19 : IN 1.000 QM

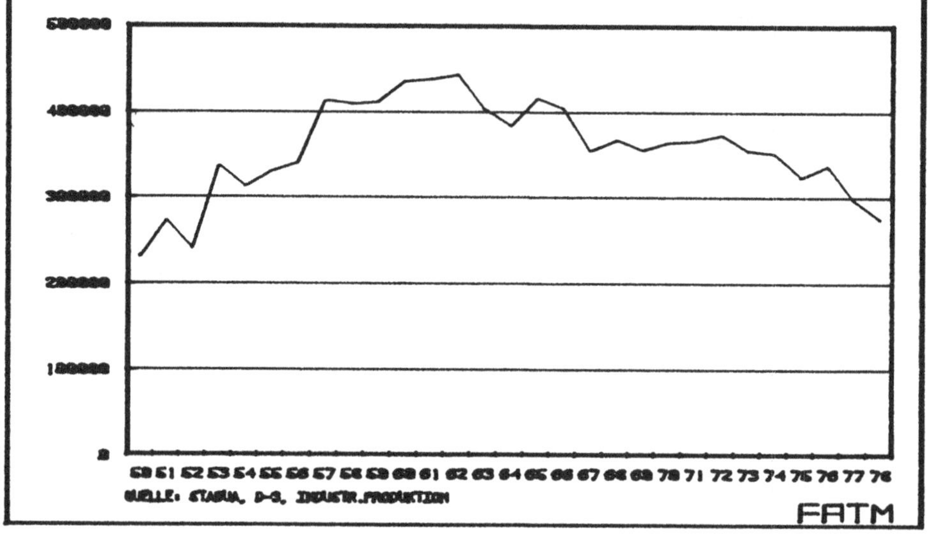

SCHAUBILD 20 : IN 1.000 DM

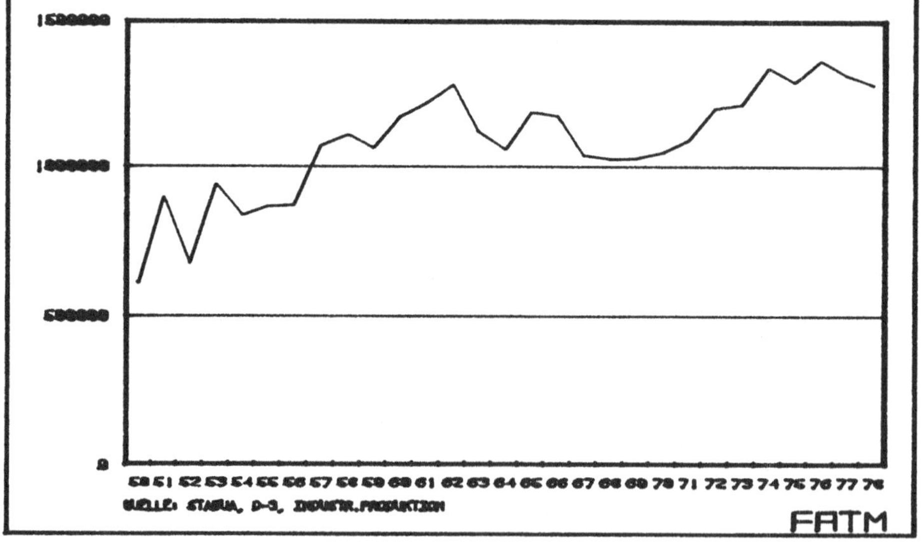

von 195o bis 1965 eine deutliche Aufwärtsbewegung, mengen- und wertmäßig, um dann ab 1966 mengenmäßig einen Abwärtstrend und wertmäßig einen Aufwärtstrend zu verfolgen, der aber ab 1974/75 ins Gegenteil verkehrt wird.

2.2.1.8 Zusammenfassung Meterware

Die Produktion von

- Haus-, Bett- und Tischwäschestoff hat sich im Zeitraum von 195o-1974 mengenmäßig um fast 4o % und wertmäßig um nahezu 1oo % erhöht. Von 1974 an ging die Produktionsmenge bis 1978 um 24 % (Niveau von 195o) und der Produktionswert um 13 % zurück. Die Tendenz ist seit Mitte der 7oer Jahre mengenmäßig deutlich rückläufig und wertmäßig rückläufig.

- Frottiergewebe stieg von 1953-1972 mengenmäßig um 18o % und wertmäßig um ca. 19o %. Ab 1973 klafft die Entwicklung auseinander: der Wert geht weiter aufwärts und schließt 1978 mit dem vorläufigen Zeitreihenhöchstwert von ca. 385 Mio DM ab, während die produzierte Menge abnimmt und 1978 nur noch knapp 5o Mio qm beträgt (Niveau von 1963/64). Die Tendenz ist seit Beginn der 7oer Jahre im Wert deutlich steigend und in der Menge abnehmend bis stagnierend.

- Inlett wuchs von 1952-1976 langsam aber stetig um ca. 6o % sowohl in Wert als auch in Menge. Die Tendenz ist seit 1976/77 ebenso stetig aber langsam im Rückschritt begriffen.

- Matratzendrell hatte von 1952 an betrachtet in der Produktionsmenge 1961 seinen Höchstwert mit gut 33 % Zuwachs erreicht und sank seither gleichmäßig und in kleinen Schritten, bis 1978 wiederum ca. 33 % weniger als 1952 erzeugt worden war. Die Entwicklung der Erzeugerwerte sah bis etwa 197o ähnlich aus, um dann aber von einer rückschreitenden in eine beinahe stabilisierende Phase überzugehen. Die Tendenz ist mengenmäßig seit Beginn der 7oer Jahre weiter fallend und wertmäßig in etwa stagnierend.

- Schlaf- und Reisedeckenstoff ist in Menge und Wert ohne große Schwankungen verlaufen und hatte sich im Betrachtungszeitraum um ca. 12 % bzw. 23 % erhöht. Die Tendenz ist gleichbleibend, was die Mengen betrifft und leicht steigend seit etwa 1977 in Bezug auf die Erzeugerwerte.

- Steppdeckenoberstoff hat während des Beobachtungszeitraumes von 1951-1974 etwa 4o % seines Volumens und etwa 2o % seines Wertes eingebüßt. Seit 1974 zeigten sich Aufwärtstendenzen, die aber bis 1977 nur eine stagnierende Phase einleiteten und die Einbußen auf ca. 25 % in Menge und Wert festschrieben. Die Tendenz ist mengen- und wertmäßig weiter stagnierend.

- sämtlicher Meterware für Haushaltstextilien nahm in Menge und Wert kaum unterschiedliche Verläufe. Die hergestellte Menge hatte 1962 ihren Hochstpunkt erreicht und sich seit 195o ca. verdoppelt. Danach trat eine Zeit von leichten Rückschritten und annähernder Stagnation ein, die bis etwa 1976 anhielt, um dann eine Abwärtsbewegung einzuleiten. 1978 lag das Produktionsvolumen nur noch ca. 2o % über dem Ausgangswert von 195o. Von 195o bis 1962 wurde der Produktionswert mehr als verdoppelt, stagnierte und ging um ca. 3o % zurück bis zu Beginn der 7oer Jahre. 1972 deutete sich ein kräftiger Aufschwung an, der jedoch bereits 1977 wieder deutlich nachgab und 1978 mit dem Niveau von 1962 übereinstimmte. Die Tendenz ist weiterhin fallend, sowohl in Menge als auch in Wert.

Typisch sind bei fast allen bis hierher betrachteten Produktionszeitreihen die starken quartalsweisen Schwankungen sowie die Strukturbrüche 1963 und teilweise 197o, bedingt durch eine vorher schon erwähnte Änderung des Meldenummern- und Ausweissystems in der amtlichen Statistik, ebenso wie die

Produktionseinbrüche 1967 und 1974, den Jahren, die eine allgemeine wirtschaftliche Rezession einleiteten.

2.2.1.9 Die durchschnittliche Preisentwicklung bei Meterware

Eine nach Waren- und/oder Produktgruppen gegliederte Statistik, die Auskunft über Preise und Preisentwicklungen bei Meterware für Haustextilien geben könnte, liegt nicht vor. Ebensowenig sind Daten über die Mengenstruktur der Meterware in der Statistik zu finden.

Um dennoch diesen wesentlichen Aspekt der Analyse der Meterwarenproduktion nicht ganz vernachlässigen zu müssen, greifen wir wie in Kap. 2.2.1.1 wiederum zu der Hilfsgröße "Durchschnittspreise", indem wir den Produktionswert durch die Produktionsmenge dividieren.

Dabei ergibt sich für den Meterwarenbereich folgende stichprobenartige Übersicht:

Entwicklung der Durchschnittspreise der Meterware für Haushaltstextilien; in DM/qm

Jahr	HBTW-Stoff	Frottiergewebe	Inlett	Matratzendrell	Schlaf-Reisedeck.-Stoff	Steppdeck.-Stoff	Sämtl. Meterware f. HH-Tex.
195o	2,25	---	3,4o	---	---	---	2,65
1955	2,12	4,67	3,63	2,41	5,97	2,o8	2,62
196o	2,19	5,o1	3,53	2,36	6,31	2,13	2,69
1965	2,35	4,73	3,11	2,42	6,34	2,72	2,85
197o	2,4o	4,53	2,61	2,11	6,95	2,56	2,88
1975	3,23	6,48	4,32	2,97	8,66	3,52	3,99
1978	3,62	7,77	4,36	3,16	7,91	---	4,64

Quelle: Eigene Berechnungen auf Grundlage der Tab. 11-24.

Wie zu sehen ist, haben sich unterschiedliche Durchschnittspreisentwicklungen ergeben. Unterstellt man eine über den betrachteten Zeitraum unverändert gebliebene Produktionsmengenstruktur, so kann man seit Ende der 6oer Jahre von teilweise deutlichen Preisschübensprechen. Vor ca. 1965 kann man annähernd gleichbleibende Durchschnittspreise beobachten.

So bewegten sich die Qm-Preise für Haus-, Bett- und Tischwäschestoff von 195o bis 197o zwischen 2,12 und 2,4o DM/qm, um dann bis 1978 kräftig anzusteigen auf 3,6o DM/qm. Ähnlich ist diese Entwicklung bei Frottierstoffen zu erkennen, wo von 197o (4,53 DM/qm) bis 1978 (7,77 DM/qm) ein Sprung um ca. 72 % zu sehen ist.
Die Preisentwicklung bei Inlett und Matratzendrell gibt bis 197o sogar nach, um dann aber auch, ähnlich d en anderen Meterwarengruppen, kräftig anzuziehen. So steigt der Durchschnittspreis bei Inlett von 197o (2,61 DM/qm) bis 1978 (4,36 DM/qm) um ca. 67 % und bei Matratzendrell um fast 5o %.
Bei Schlaf-, Reisedecken- und Steppdeckenoberstoff ist wiederum ein kaum verändertes Preisbild während der 5oer und 6oer Jahre zu sehen; erst 197o geraten die qm-Preise wieder in Bewegung und legen bis 1978 um ca. 14 % bzw. fast 38 % (1975 bei Steppdeckenoberstoff) zu.

Betrachtet man die Reihe "Sämtliche Meterware für Haus-, Bett- und Tischwäsche", so ist von 195o bis 197o mit Preisen zwischen 2,62 und 2,88 DM/qm eine relativ ruhige Preisvariation von ca. 1o % während dieser 2o Jahre zu vermerken. Erst mit Beginn der 7oer Jahre geraten die Preise in Bewegung und steigen von 2,88 DM/qm (197o) auf 3,99 DM/qm (1975) bzw. 4,64 DM/qm (1978) kräftig an; i.e. ein Zuwachs um ca. 39 % bzw. 61 %, jeweils bezogen auf 197o.

Versucht man diese Preisentwicklung zu ergründen, so ist man wiederum auf Vermutungen angewiesen.

Sicherlich kann man unterstellen, daß sich hier wie auch in anderen Wirtschaftszweigen die seit 195o gestiegenen Lohn- und Lohnnebenkosten in der Produktionskostenstuktur wiederfinden lassen, die jedoch z.T. durch die bereits weiter oben erläuterten Produktivitätsfortschritte abgefangen werden konnten.

Als Hauptgrund für die Preisbewegung seit Beginn der 7oer Jahre darf vermutlich angenommen werden, daß eine Änderung der Produktionsmengenstruktur, der Trend nach höherwertiger Ware, diese o.a. Preisschübe verursacht hat.

2.2.2 Haus-, Bett- und Tischwäsche

Im folgenden soll die Herstellung der Haus-, Bett- und Tischwäsche, produziert als Fertigware bzw. Endprodukt in der Wäscheindustrie, einem Teilbereich der Bekleidungsindustrie, näher untersucht werden. Die Gliederung dieses Kapitels wird in Anlehnung an die Bundesstatistik vorgenommen, die bis 1962 Haus-, Bett- und Tischwäsche zusammen ausweist, aber ab 1963 eine Trennung vornimmt nach Bettwäsche und Haus- und Tischwäsche, jeweils mit weiteren Produktuntergliederungen.

Um eine Produktionszeitreihe für die genannte Haus-,Bett- und Tischwäsche von 1951 bis 1978 aufzustellen, wie sie im Tabellen- und Abbildungsteil dieser Arbeit zu finden ist,[1] wurden von 1951 bis 1962 die unter der Meldenummer 6427 ausgewiesenen Daten zusammengestellt und ab 1963 als Summe der Positionen Bettwäsche (Melde-Nr. 6427) und Haus- und Tischwäsche (Melde-Nr. 6428) dargestellt.

Wegen der schon vorher angeführten Änderung der Erhebungs- und Ausweissystematik durch das Statistische Bundesamt im Jahre 1963 ist auch hier schon deutlich der Strukturbruch im Ablauf der Zeitreihe zu sehen. Von 1962 zu 1963 steigt der Produktionsausweis um das fast Fünffache abrupt an-

Der gesamte Produktionswert[2] stieg von 1951 bis 1958 von 56,6 Mio DM auf 11o,1 Mio DM auf annähernd das Doppelte an.

---

1 Vgl. Tabelle 25

2 In den summarische Darstellungen Haus-, Bett- und Tischwäsche, Bettwäsche sowie Haus- und Tischwäsche wird nur auf den Produktionswert eingegangen; die Produktionsmenge bleibt unberücksichtigt wegen der Heterogenität der verschiedenen Produkte; auch in der amtlichen Statistik fehlt dieser Mengenausweis.

SCHAUBILD 21 : DIE PRODUKTION VON HAUS-, BETT-
UND TISCHWAESCHE;
1951 BIS 1978 IN 1000 DM

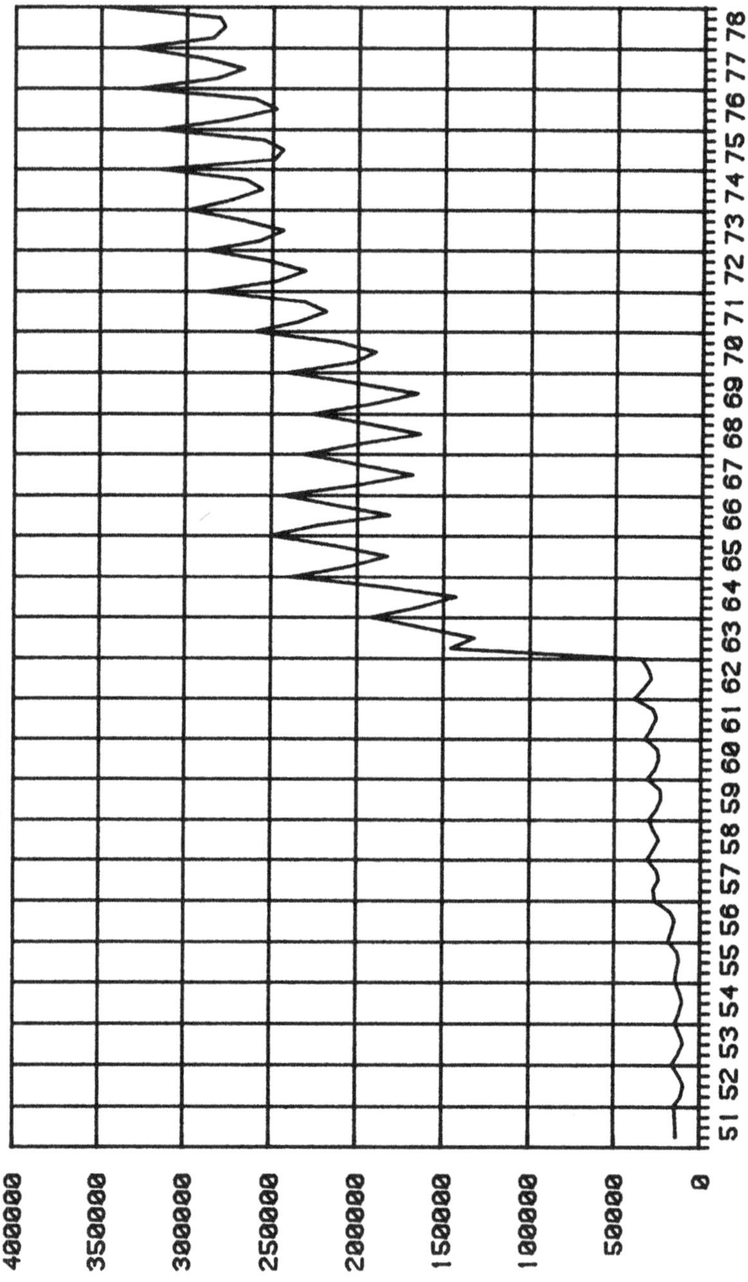

QUELLE: STABUA, FACHSERIE D, REIHE 3, INDUSTRIELLE PRODUKTION
ANM.: AB 1963 AENDERUND D. AUSWEISSYST. (STRUKTURBRUCH)

FATM

Im folgenden Jahr wird eine leichte Abwärtsbewegung festgestellt (1o3,7 Mio DM), die jedoch ab 196o sich wieder in eine bis 1978 nicht unterbrochene Aufwärtsentwicklung verändert, wenn man von den leichten Einbrüchen der allgemeinen wirtschaftlichen Rezessionen 1967 und 1975 absieht. Seit 1963 mit 63o,8 Mio DM ist der Produktionswert bis 1978 auf 1.187,6 Mio DM angestiegen, was eine Erhöhung des Indexes (197o = 1oo) von 73,o auf 137,5 bedeutet, und die Tendenz, die schon seit 197o deutlich herrscht, ist weiter steigend.

2.2.2.1 Bettwäsche

Unter diesem Titel wird in der amtlichen Statistik seit 1963 die Gesamtproduktion von Bettwäsche ausgewiesen.[1,2] Zusätzlich erfolgt eine weitere Untergliederung in die Produkte

- Inletts für Ober- und Unterbetten und für Kopfkissen
- Bezüge für Oberbetten (auch Überschlaglaken) und Kopfkissen
- Bettücher, Bettlaken

Artverwandte Produkte wie Matratzenschoner, Tagesdecken aus Velours, Felle o.ä., Steppdecken, Matratzen, um nur einige Beispiele zu nennen, werden in diesen Betrachtungen nicht berücksichtigt, da diese nach Meinung des Verfassers nicht mehr zum Bereich der Haushaltstextilien bzw. Bettwäsche gehören, sondern in den Rahmen der Bettwaren oder Heimtextilien resp. Möbel.

Wie aus der folgenden Übersicht deutlich wird, verfolgt die Bettwäscheproduktion seit 1963 mit einem Produktionsvolumen

1 Vgl. Tabelle 26

2 Dieser Ausweis erfolgt ausschließlich in Produktionswertangaben; auf einen Mengenausweis wird wegen der Heterogenität der Produkte verzichtet.

SCHAUBILD 22: DIE PRODUKTION VON BETTWAESCHE;
1963 BIS 1978 IN 1000 DM

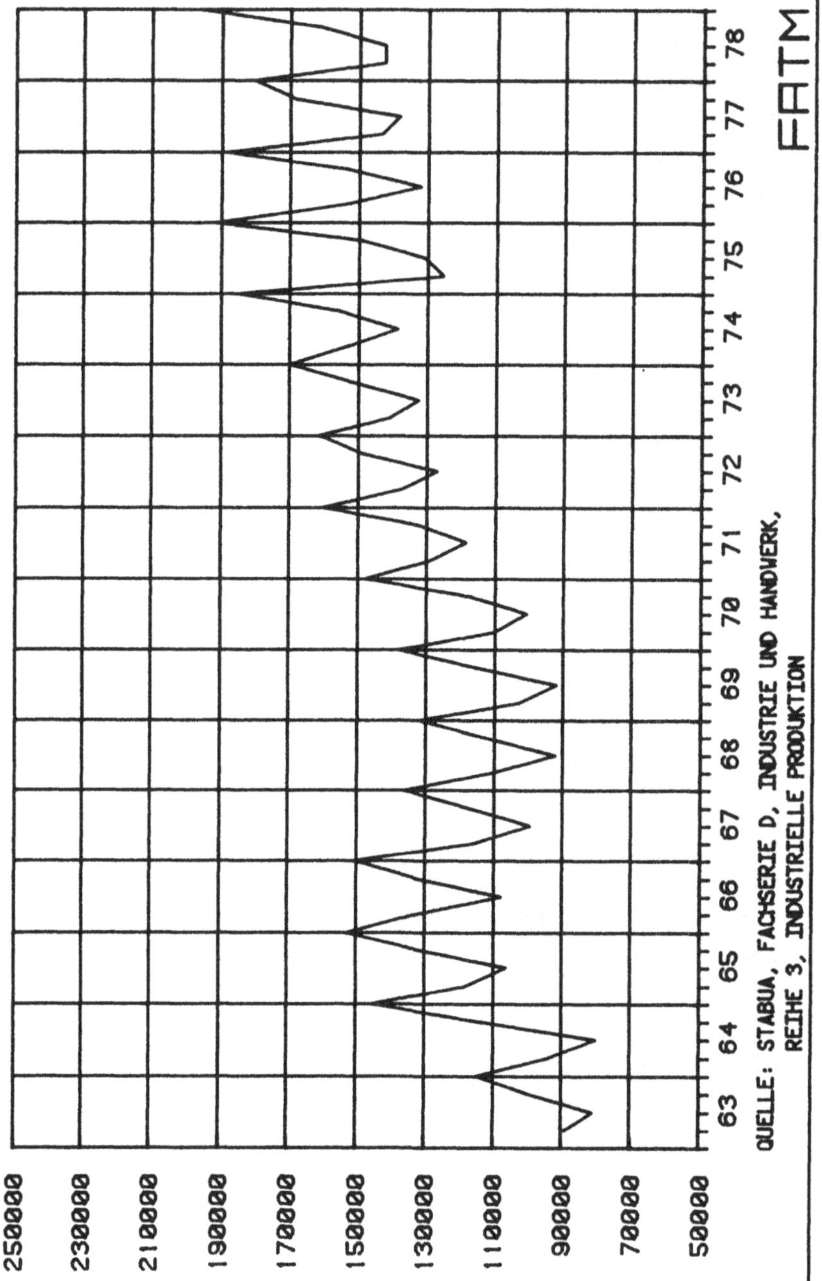

QUELLE: STABUA, FACHSERIE D, INDUSTRIE UND HANDWERK,
REIHE 3, INDUSTRIELLE PRODUKTION

von 383,8 Mio DM einen kontinuierlich steigenden Weg, der nur während der allgemeinen wirtschaftlichen Rezessionen 1967 und 1975 einen kurzen Einbruch zu verzeichnen hatte. 1978 fand die Entwicklung ihren Abschluß und vorläufigen Höhepunkt bei einem Produktionswert von 642,4 Mio DM, was einen Zuwachs von 67 % in 16 Jahren bedeutet, und zeigt einen weiterhin steigenden Trend an.

Übersicht 3: Die Produktion von Bettwäsche in Mio DM

Jahr	Wert	Jahr	Wert	Jahr	Wert
1963	383,8	1968	447,2	1973	595,1
64	433,1	69	448,4	74	632,5
65	5o8,7	7o	475,6	75	597,2
66	522,5	71	539,5	76	627,1
67	468,2	72	573,8	77	63o,3
				78	642,4

Quelle: StaBuA, Fachserie D, Reihe 3, mehrere Jahrgänge.

2.2.2.1.1 Inletts für Ober- und Unterbetten sowie für Kopfkissen

Der Ausweis von Inletts beginnt im Jahre 1962[1], doch sollen die Betrachtungen erst 1963 beginnen, weil von 1962 nach 1963 der Ausweis durch den typischen ausweisbedingten Strukturbruch verzerrt wird. 1963 wurden 2,4 Mio Stück Inletts im Werte von 28,4 Mio DM hergestellt. Die Menge entwickelte sich bis 1969 (5,1 Mio Stück) steigend, trotz des ansonsten bei den anderen Produktionsreihen üblichen Rezessionseinbruchs 1967. Erst 197o schrumpft die Menge um fast ein Drittel, um von da an in eine kontinuierliche Aufwärtsbewegung überzugehen, die im Jahre 1974 mit 6,5 Mio Stück ihren vorläufigen

1 Vgl. Tabellen 27 und 28

SCHAUBILD 23: DIE PRODUKTION VON INLETTS FUER OBER- UND UNTERBETTEN SOWIE FUER KOPFKISSEN; 1962 BIS 1978 IN 1000 STCK

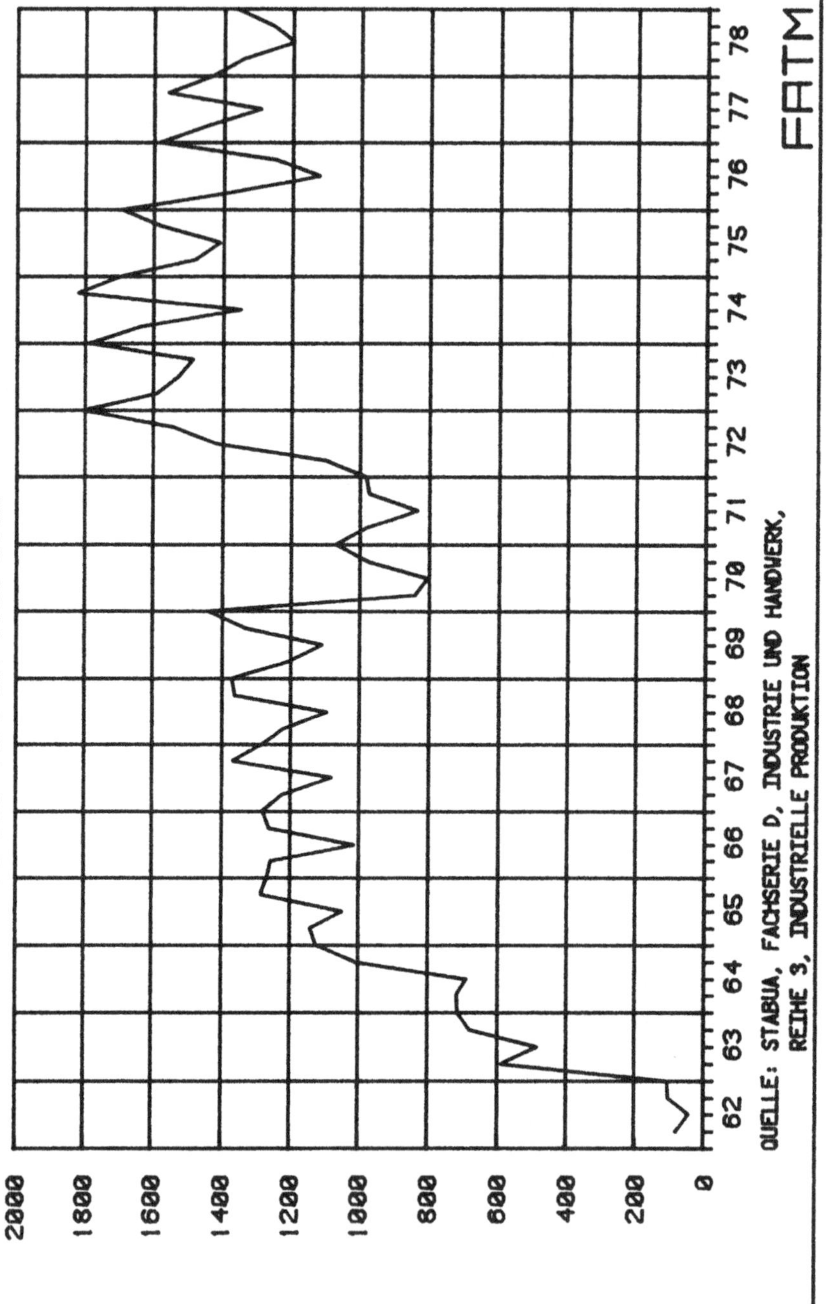

QUELLE: STABUA, FACHSERIE D, INDUSTRIE UND HANDWERK, REIHE 3, INDUSTRIELLE PRODUKTION

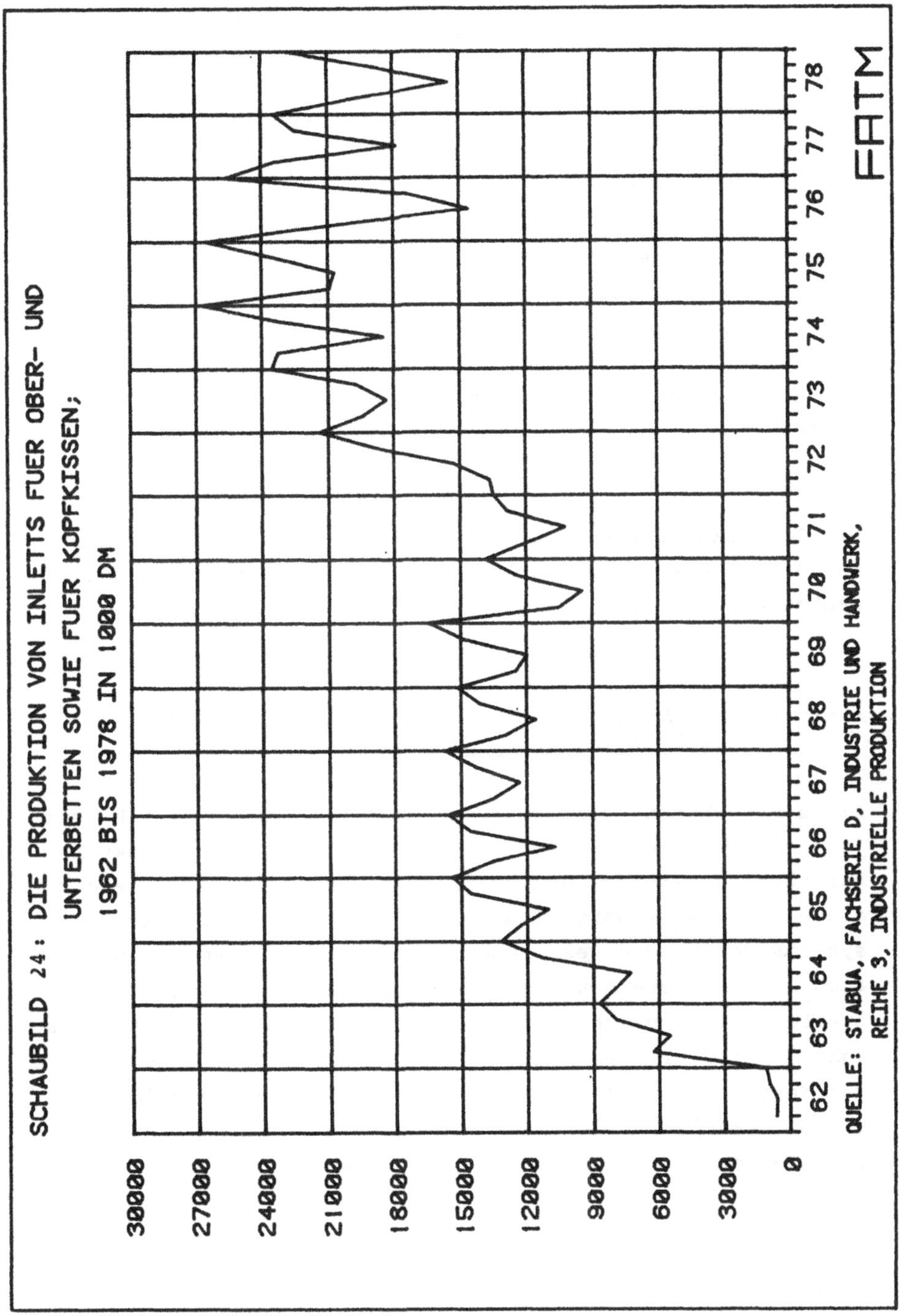
SCHAUBILD 24: DIE PRODUKTION VON INLETTS FUER OBER- UND
UNTERBETTEN SOWIE FUER KOPFKISSEN;
1962 BIS 1978 IN 1000 DM
30000
27000
24000
21000
18000
15000
12000
9000
6000
3000
0
62
63
64
65
66
67
68
69
70
71
72
73
74
75
76
77
78
QUELLE: STABUA, FACHSERIE D, INDUSTRIE UND HANDWERK,
REIHE 3, INDUSTRIELLE PRODUKTION
FATM

Höhepunkt findet, i.e. 163 % mehr als 1963. Die beginnende Rezession verkehrt diese Entwicklung jedoch ins Gegenteil und leitet einen Abschwung ein, der 1978 mit nur noch 5,2 Mio Stück einen Verlust von ca. 2o % gegenüber 1974 aufzeigt.

Die wertmäßige Entwicklung zeigt ein etwas anderes Bild: der Produktionswert mußte 1967 (Rezession) und 197o Einbußen hinnehmen, von denen er sich erst ab 1972 erholte, dafür aber sehr deutlich. 1974 wurde ein Herstellungswert von 91,6 Mio DM erzielt, das bedeutet 223 % mehr als 1963. Die Rezession von 1974/75 macht sich gar nicht bemerkbar. Erst 1976 wird der Weg nach unten angetreten und 1978 war zwar zu 1963 ein Zuwachs von 17o % zu verzeichnen, aber gegenüber 1974 ein Rückgang um 16 %.

Die Entwicklungsrichtung für Menge und Wert ist somit als fallend zu betrachten, wobei die Mengen wiederum deutlicher nachgeben als die Preise.

2.2.2.1.2 Bezüge für Oberbetten (auch Überschlaglaken) und für Kopfkissen

Diese Produktionsreihe wird in der amtlichen Statistik seit 1951 ausgewiesen.[1] Auffallend ist hier, daß zwei Struktureinbrüche vorliegen, und zwar 1962/63 und 1969/7o, die durch die bereits angeführte Änderung des Erhebungs- und Ausweissystems des StaBuA verursacht wurden. Aus diesem Grunde wurde auch auf die Berechnung von Indexreihen verzichtet, da das zweite Strukturbruch-Jahr (197o) in dieser Arbeit als Basisjahr für Indexreihen benutzt wird. Es würde an dieser Stelle den Wert-Index zu einem Sprung von 26,9 (1969) auf 1oo,o (197o) veranlassen, was für die Betrachtung dieser Produktionszeitreihe nicht sinnvoll erschien.

---

1 Vgl. Tabellen 29 und 3o

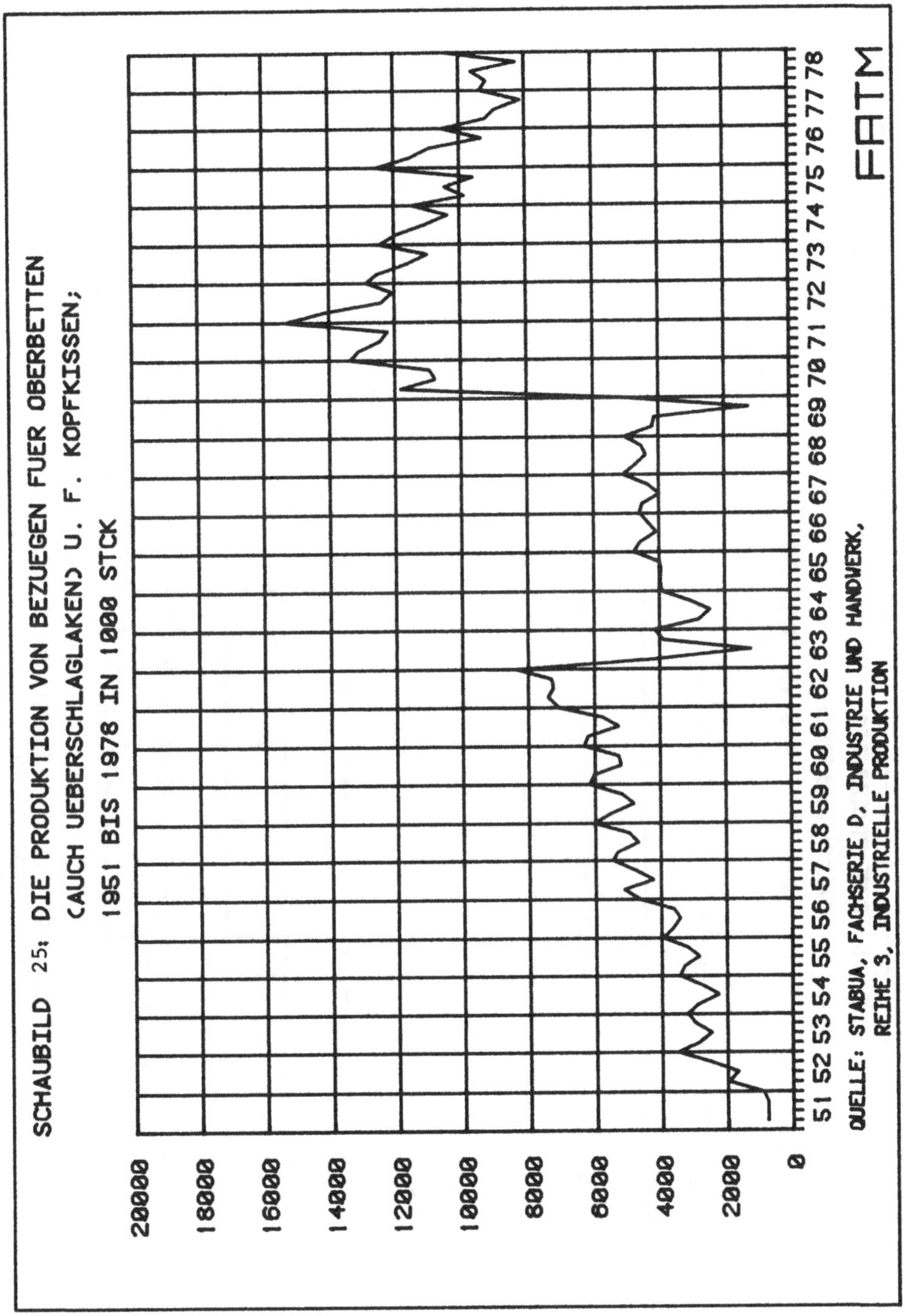
SCHAUBILD 25: DIE PRODUKTION VON BEZUEGEN FUER OBERBETTEN
(AUCH UEBERSCHLAGLAKEN) U. F. KOPFKISSEN;
1951 BIS 1978 IN 1000 STCK
20000
18000
16000
14000
12000
10000
8000
6000
4000
2000
0
51 52 53 54 55 56 57 58 59 60 61 62 63 64 65 66 67 68 69 70 71 72 73 74 75 76 77 78
QUELLE: STABUA, FACHSERIE D, INDUSTRIE UND HANDWERK,
REIHE 3, INDUSTRIELLE PRODUKTION
FATM

SCHAUBILD 26: DIE PRODUKTION VON BEZUEGEN FUER OBERBETTEN (AUCH UEBERSCHLAGLAKEN) U. F. KOPFKISSEN; 1951 BIS 1978 IN 1000 DM

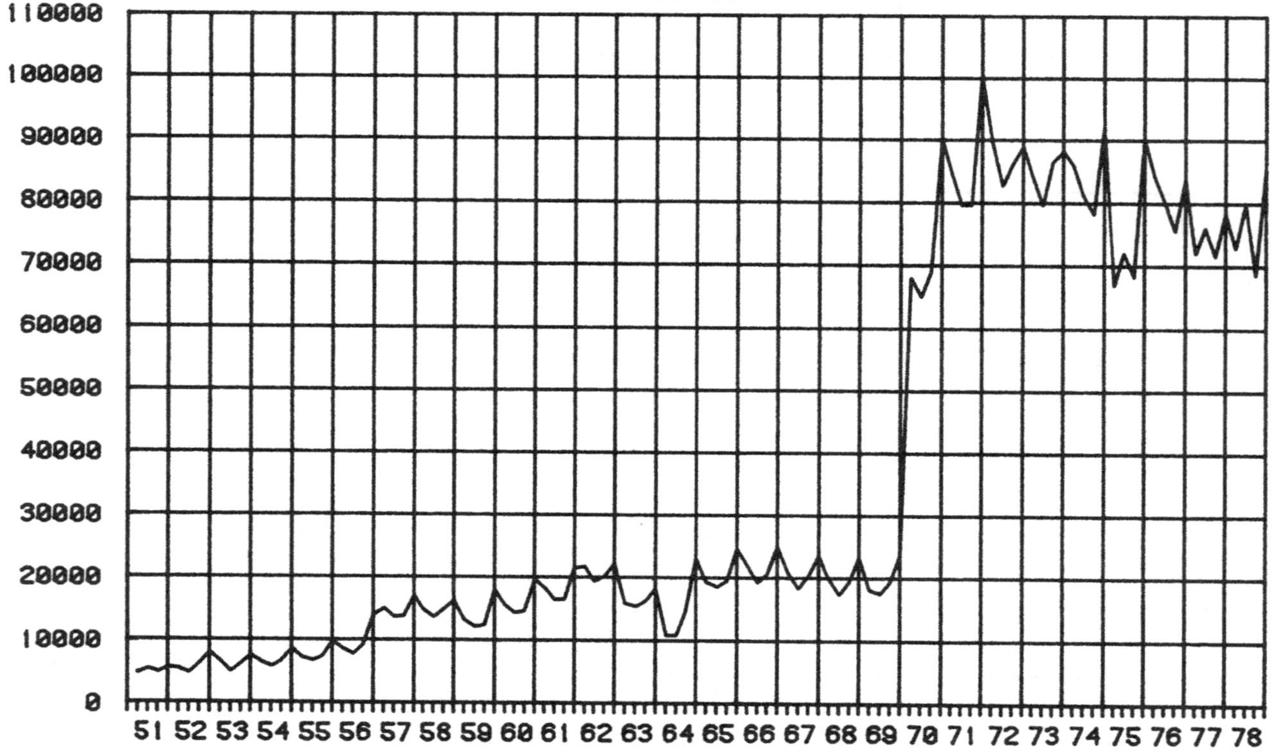

QUELLE: STABUA, FACHSERIE D, INDUSTRIE UND HANDWERK, REIHE 3, INDUSTRIELLE PRODUKTION

FATM

Da durch die oben angeführten Ursachen die Kontinuität der Reihe derartig stark beeinträchtigt wird, erscheint es sinnvoll, den Betrachtungszeitraum in drei Perioden aufzuteilen: 1951-1962, 1963-1969, 197o-1978.

- 1951-1962 In diesem Zeitabschnitt wurden 1951 3,3 Mio Bezüge im Wert von 2o,6 Mio DM hergestellt. Menge und Wert stiegen gemeinsam bis 1962 kontinuierlich an, um in dem Jahr mit 3o,3 Mio Bezügen im Wert von 83,7 Mio DM abzuschließen. In dieser Zeit hatte sich die Menge nahezu verzehnfacht, während der Wert sich nur etwas mehr als vervierfacht hatte.

- 1963-1969 In dieser Periode haben sich die Relationen geändert: die Produktionsmenge stieg nur von 16,4 Mio Stück auf max. 18,6 Mio Stück, also um etwa 13 %, während der Produktionswert von 65,1 Mio DM auf max. 79,9 Mio DM anwuchs, was etwa 21 % bedeutet.

  Während der Zeitraum von 1951-1962 von einem offensichtlichen Preisverfall gekennzeichnet war, haben sich die Preise von 1963-1969 augenscheinlich wieder erholt.

- 197o-1978 Ab 197o haben sich die Dimensionen der zu analysierenden Produktionsmengen und -werte deutlich geändert. 197o beginnt mit einem Ausweis von 46,9 Mio Bezügen im Wert von 292,3 Mio DM. Nach 1971 (Menge) und 1972 (Wert) zeichnet sich ein deutlicher Abschwung in der Bezüge-Herstellung ab: Von 1971 mit fast 53,o Mio Bezüge sank die Menge bis 1978 auf 37,4 Mio Stück, und der Wert von 1972 mit 347,1 Mio DM nahm einen ähnlichen Verlauf, um dann 1977 auf 297,9 Mio DM abzufallen. Seit 1978 deutet sich jedoch mit 3o6,5 Mio DM eine leichte Gesundung an.

  Der Trend zeigt für die 7oer Jahre bei den erzeugten Mengen einen deutlichen Abschwung an, während die Preisentwicklung zumindest die Stagnation hoffen läßt.

2.2.2.1.3 Bettücher und Bettlaken

Diese Produktionszeitreihe[1] ist dadurch gekennzeichnet, daß sie von 1951 bis 1962 und dann wieder von 1969 bis 1978 ausgewiesen ist. 1963 bis 1966 wurde dieses Produkt in der amtlichen Statistik nicht geführt.

Weiterhin ist anzumerken, daß die Position "Bettücher, Bettlaken" nicht durchgehend auch als solche gekennzeichnet war. In der Bundesstatistik findet man von 1951 bis 1962 unter der Melde-Nummer 6427-1o "Bettücher, Bettlaken". 1963 bis 1966 erscheint diese Bezeichnung nicht; erst 1967 bis 1969 wird unter der Melde-Nummer 6427-9o "sonstige Bettwäsche; z.B. Bettücher" wieder ausgewiesen. Um zumindest bis 1978 eine höchstmögliche Kontinuität dieser Zeitreihe sicherzustellen, wurden hier ab 197o, nach der neuerlichen Erhebungs- und Ausweissystem-Änderung durch das StaBuA, die Melde-Nummern 6427-31 "Bettücher" und 6427-9o "sonstige Bettwäsche", zusammengefaßt dargestellt.

- <u>1951-1962</u> In diesem Zeitraum stieg die Stückzahl von 1,2 Mio Bettüchern relativ gleichmäßig bis 1962 auf 4,4 Mio Bettücher an. In derselben Zeitspanne war der Produktionswert von 14,2 Mio DM nur auf 16,9 Mio DM angewachsen, wobei er im Zeitablauf erheblichen Schwankungen unterworfen war und nur 1957 (17,8 Mio DM) und 1961 (17,o Mio DM) den Betrag von 1962 übertraf.

- <u>1963-1966</u> = nicht ausgewiesen

- <u>1967-1978</u> Während dieser Periode stieg die Produktionsmenge von 16,7 Mio Bettüchern (1967) auf 24,7 Mio Stück (1973), um dann nach einer leichten Abwärtsbewegung (1978) mit 23,2 Mio Stück abzuschließen. Der ausweisbedingte Strukturbruch 1969/7o macht auch hier wiederum eine Wirkung sichtbar.

---

1 Vgl. Tabellen 31 und 32

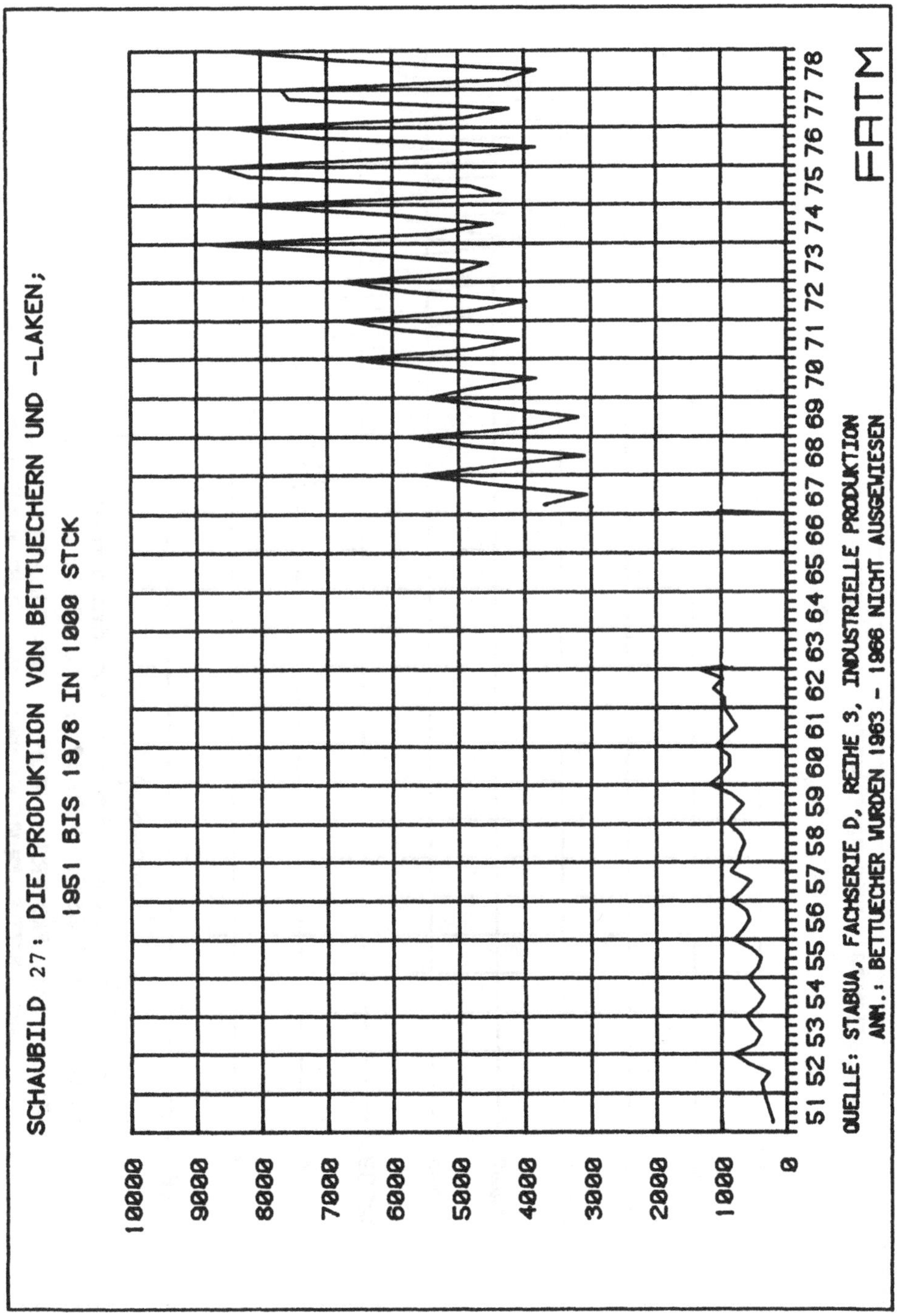

SCHAUBILD 27: DIE PRODUKTION VON BETTUECHERN UND -LAKEN;
1951 BIS 1978 IN 1000 STCK

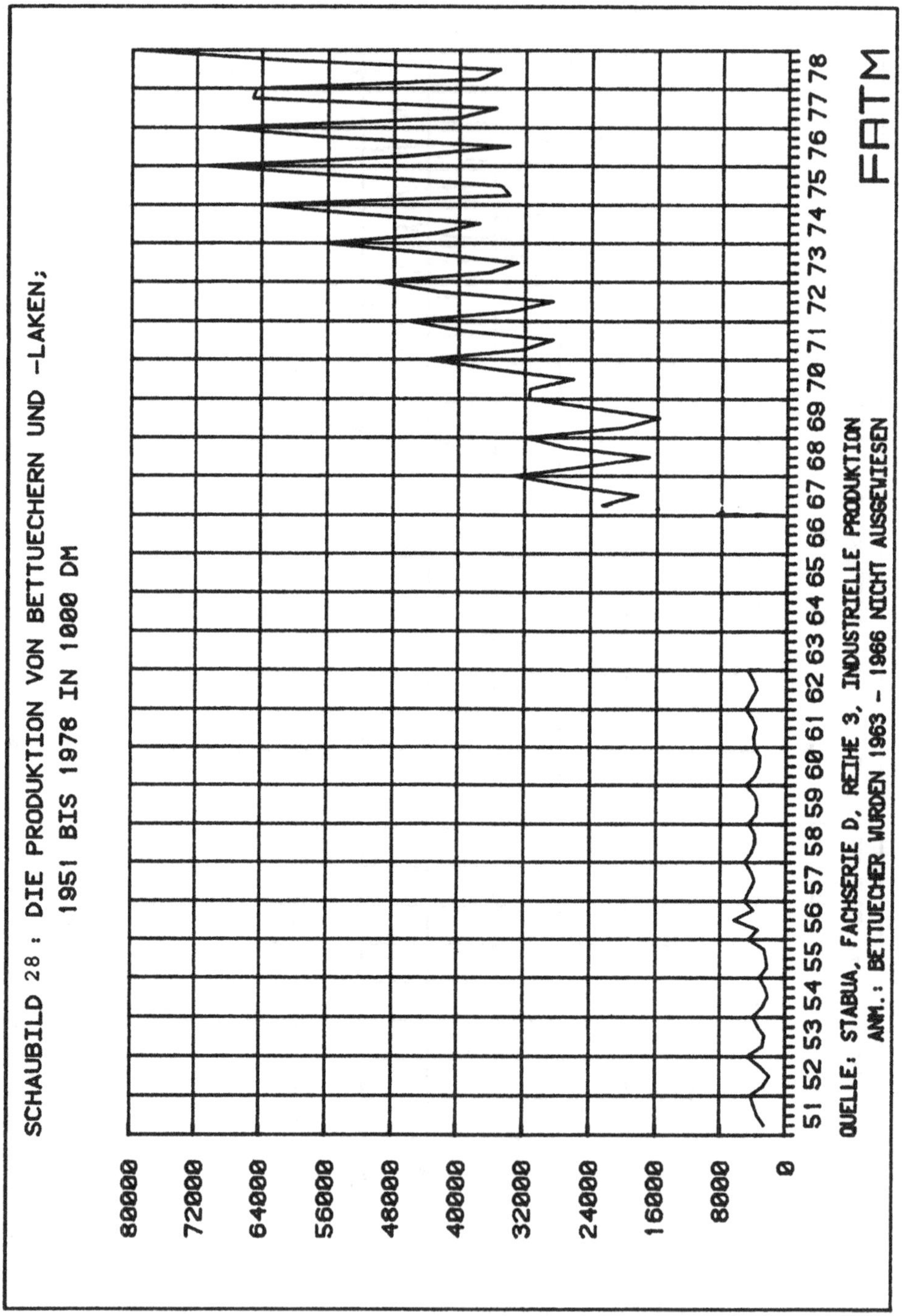

SCHAUBILD 28 : DIE PRODUKTION VON BETTUECHERN UND -LAKEN;
1951 BIS 1978 IN 1000 DM

QUELLE: STABUA, FACHSERIE D, REIHE 3, INDUSTRIELLE PRODUKTION
ANM.: BETTUECHER WURDEN 1963 - 1966 NICHT AUSGEWIESEN

Der Wert der Bettücher betrug 1967 1oo,7 Mio DM, sank bis 1969 auf 9o,8 Mio DM und ist seit 197o mit 136,9 Mio DM auf einer steigenden Linie, die ihren Abschluß mit 213,2 Mio DM im Jahre 1978 findet.

Abschließend betrachtet deutet die Tendenz auf eine Situation hin, die durch stagnierende bis leicht fallende Produktionsmengen bei steigenden Preisen gekennzeichnet ist.

2.2.2.2 Haus- und Tischwäsche

Die unter der Melde-Nummer 6428 erfaßte Produktion von Haus- und Tischwäsche umfaßt im einzelnen folgende Positionen, die nach Behandlung der gesamten Haus- und Tischwäsche im folgenden erläutert werden:

- Tischtücher und Tischdecken
- Hand-, Bade- und Gästetücher aus Frottiergewebe
- Hand- und Badetücher, auch Geschirr- und Gläsertücher aus sonstigem Gewebe

Die Gesamtproduktion an Haus- und Tischwäsche[1,2] wird ab 1963 gesondert ausgewiesen, nachdem bis 1962 diese Position in dem Begriff Haus-, Bett- und Tischwäsche zusammen dargestellt wurde.

1963 repräsentierte einen Herstellungswert von 247 Mio DM als Anfangswert dieser Zeitreihe. Auch die typischen, hier leichten, Einbrüche der Rezessionsjahre 1967 und 1974 konnten den

1 Vgl. Tabelle 33

2 Analog zum Ausweis der Gesamtbettwäscheproduktion erfolgt auch hier bei der Darstellung der Haus- und Tischwäscheproduktion die Betrachtung ausschließlich wertmäßig, und zwar wegen der Heterogenität der einzelnen Produkte.

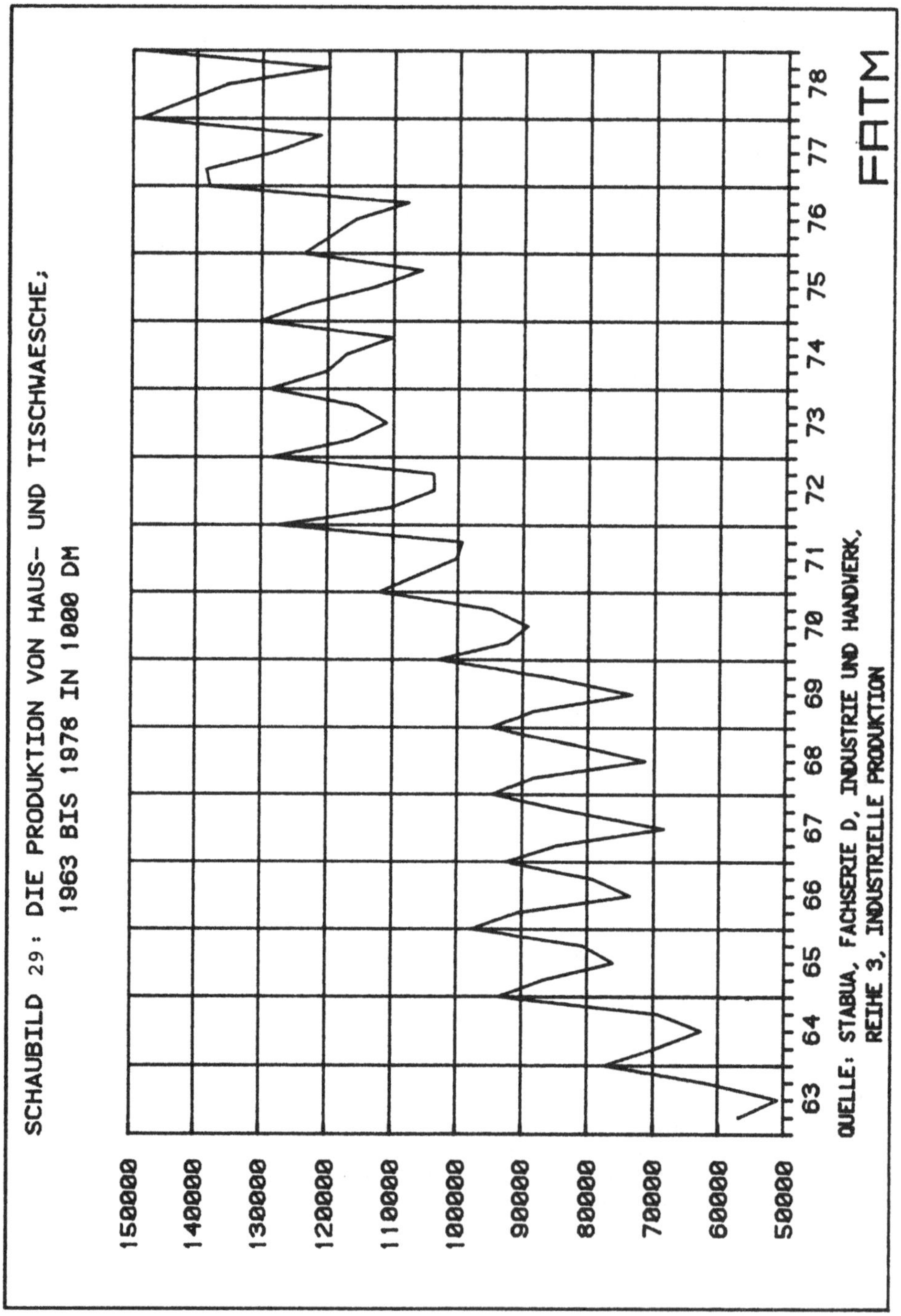

SCHAUBILD 29: DIE PRODUKTION VON HAUS- UND TISCHWAESCHE; 1963 BIS 1978 IN 1000 DM

QUELLE: STABUA, FACHSERIE D, INDUSTRIE UND HANDWERK, REIHE 3, INDUSTRIELLE PRODUKTION deutlichen Aufwärtstrend der Haus- und Tischwäsche nur kurz bremsen, der 1978 mit dem bisherigen Höchstwert von 545,2 Mio DM die Reihe beschloß, wie die folgende Übersicht zeigt.

Übersicht 4: Die Produktion von Haus- und Tischwäsche in Mio DM

Jahr	Wert	Jahr	Wert	Jahr	Wert
1963	247,o	1968	336,1	1973	471,o
64	294,8	69	349,8	74	477,1
65	34o,7	7o	388,1	75	464,9
66	335,4	71	432,5	76	481,2
67	329,9	72	445,6	77	536,5
				78	545,2

Quelle: StaBuA, Fachserie D, Reihe 3, mehrere Jahrgänge.

Diese 16jährige Betrachtungsperiode hatte einen 12o %igen Zuwachs zu verzeichnen, und die Produktion geht wertmäßig steigend, wenn auch nicht mehr übermäßig stark, in die Zukunft.

2.2.2.2.1 Tischtücher und Tischdecken

Die tabellarische und graphische Darstellung[1] der Tischtücherproduktion ist sehr stark gekennzeichnet durch das in dieser Arbeit immer wiederkehrende Strukturbruchjahr 1962/63.

Durch das bereits a.a.O. erläuterte geänderte Melde-Nummer- und Ausweissystem erfährt die Produktionsmenge einen Sprung von 7 Mio DM (1962) auf 7o Mio DM (1963), so daß die Perioden vor 1962 und nach 1962 nicht kompartibel sind.

1 Vgl. Tabellen 34 und 35

SCHAUBILD 3o : DIE PRODUKTION VON TISCHTUECHERN UND -DECKEN;
1951 BIS 1962 IN 1000 STCK,
1963 BIS 1978 IN T

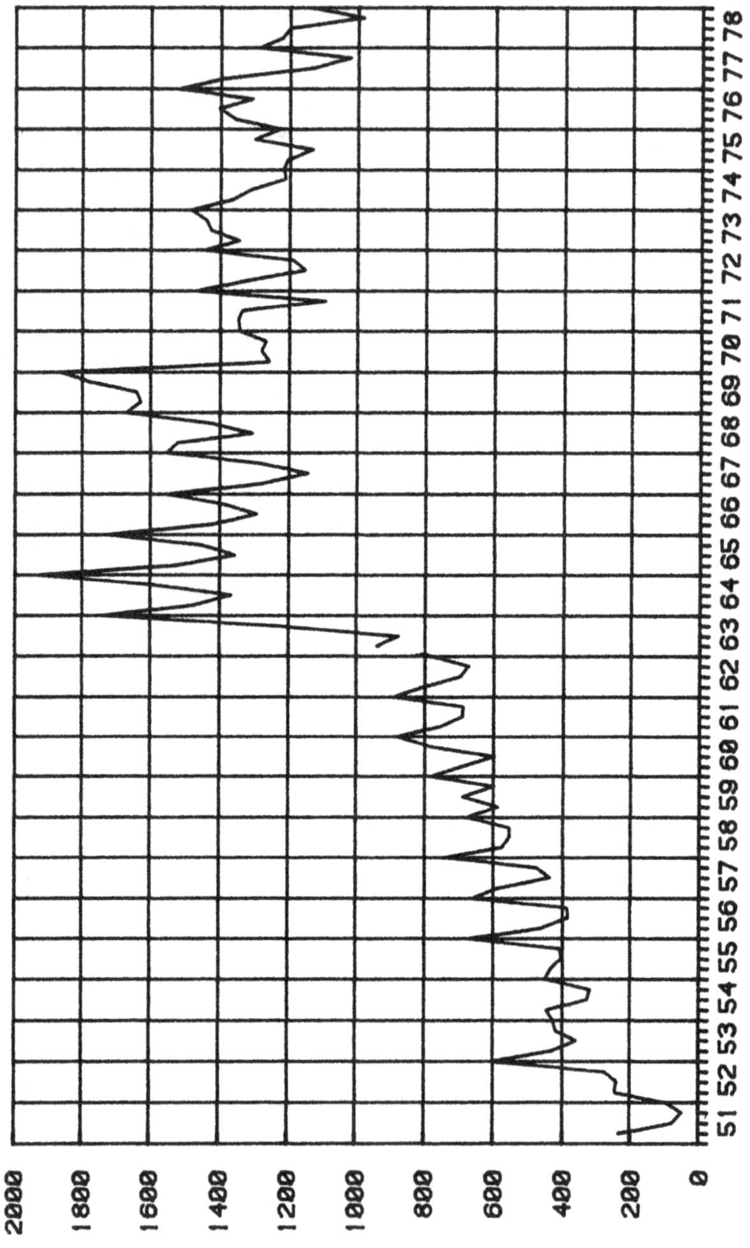

QUELLE: STABUA, FACHSERIE D, REIHE 3, INDUSTRIELLE PRODUKTION
ANM.: 1963 AENDERUNG DER AUSWEISSYSTEMATIK

FATM

SCHAUBILD 31: DIE PRODUKTION VON TISCHTUECHERN UND -DECKEN;
1951 BIS 1978 IN 1000 DM

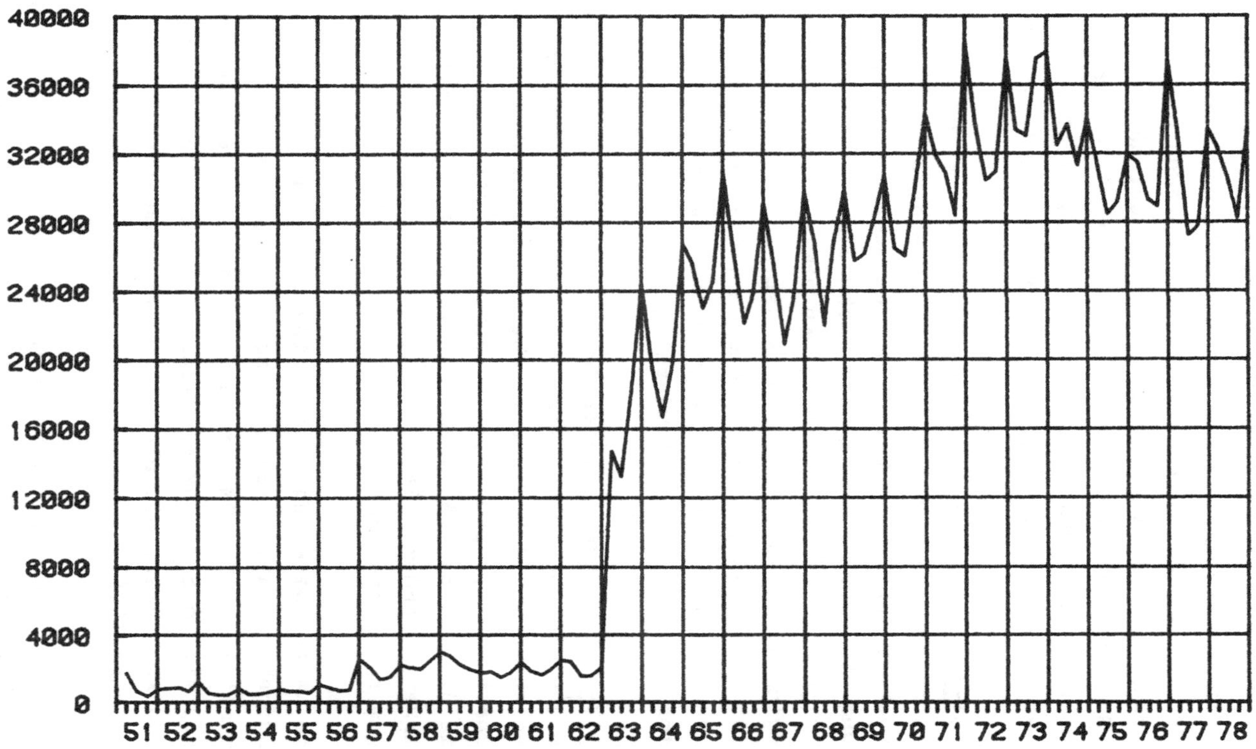

QUELLE: STABUA, FACHSERIE D, REIHE 3, INDUSTRIELLE PRODUKTION
ANM.: 1963 AENDERUNG DER AUSWEISSYSTEMATIK

FATM

Ebenso deutlich wird dieses Phänomen bei der mengenmäßigen Betrachtung: bis 1962 wurden Tischdecken in 1.ooo Stück und ab 1963 in Tonnen ausgewiesen. In der Zeit von 1963 bis 1969 werden mit Tischtüchern und Tischdecken auch gleichzeitig Mundtücher erfaßt und dargestellt. Bei der nächsten Änderung des Systems der Bundesstatistik im Jahre 197o wurden die Servietten resp. Mundtücher wiederum ausgeschlossen und unter der Position "Sonstige Haus- und Tischwäsche" geführt.

- <u>1951-1962</u> In dieser Periode begann die Produktion von Tischtüchern mit o,4 Mio Stück und endete mit fast 3 Mio Stück. Es herrschte bis 1959 eine stetige Aufwärtsentwicklung vor, die jedoch ab 196o nahezu stagnierte. Die wertmäßige Entwicklung zeigte einen etwas anderen Verlauf: Beginnend mit 3,6 Mio DM sank der Wert auf 2,5 Mio DM (1954), um danach auf 9,6 Mio DM (1958) anzusteigen und dann auf 7,7 Mio DM (1962) wieder zu sinken. Offensichtlich ist hier ein Preisverfall eingetreten.

- <u>1963-1978</u> Während dieser Zeitspanne wurden die Produktionsmengen und -werte von einigen Schwankungen gekennzeichnet. Beginnend mit 4,8 Tsd t Tischtüchern sank die Produktion danach von 6,3 Tsd t (1964) auf 5,2 Tsd t (1967), stieg bis 6,9 Tsd t (1969), um dann (1978) auf 4,5 Tsd t abzusinken, nachdem 1976 nochmals mit 5,6 Tsd t für einen Aufschwung gesorgt hatte.

  Die Wertentwicklung zeigte eine deutliche Aufwärtsbewegung, abgesehen von 1966/67 (Rezession), die bis 1973 anhält, wo mit 141,8 Mio DM der mehr als doppelte Betrag gegenüber 1963 mit 7o,5 Mio DM hergestellt wurde. Danach sinkt der Produktionswert mit einigen Schwankungen auf 124,4 Mio DM im Jahre 1978 ab.

  Hier läßt sich ein Trend vermuten, der durch eine sinkende bis stagnierende Situation in Menge und Wert gekennzeichnet wird.

2.2.2.2.2 Hand-, Badetücher und Gästetücher aus Frottiergewebe

Diese Produktart wird mit dem Jahre 1963 erstmalig ausgewiesen. Die Menge wird auch hier in Tonnen dargestellt und zwar wegen der Heterogenität der verschiedenen Maßgrößen der diversen Handtucharten. Wie die Zeitschrift "textile heimkultur" dargestellt hat,[1] variieren die üblichen Größen von 3o x 3o cm (Gästetücher) über 5o x 1oo cm (Handtücher) bis zu 12o x 15o cm (Badetücher), so daß eine Darstellung der Handtuchproduktion in Stück nicht angebracht erschien.

Vernachlässigt man die Rezessionsjahre 1966/67, so war der Frottierhandtuchherstellung eine stetige Aufwärtsbewegung beschert.[2]

Die Menge stieg von 8,8 Tsd t (1963) auf 13,2 Tsd t (1971). Danach stagnierte die Menge in den nächsten zwei Jahren bei 12 Tsd t und leitete 1974 mit knapp 11 Tsd t eine weitere leichte Abwärtsbewegung ein. Ab 1976 schien die Rezession überwunden und ging in eine langsame aber stetige Aufwärtsbewegung über, die 1978 mit 12,5 Tsd t abschloß.

Die wertmäßige Entwicklung nimmt einen anderen Verlauf: Ebenfalls unter Vernachlässigung von 1966/67, stieg der Produktionswert von 1o8,6 Mio DM (1963) stetig bis 28o,2 Mio DM (1978), i.e. um mehr als das Eineinhalbfache. Betrug der Index (197o = 1oo) 1963 65,2, so war er 1978 bei 168,1 angelangt.

Über den Betrachtungszeitraum von 1963 bis 1978 gesehen, hat sich die Herstellungsmenge um 42 % und der Produktionswert um 157 % erhöht. Der Trend läßt weiteres derartiges Wachstum erhoffen.

---

1 Vgl. "textile heimkultur" 12/1971, zitiert in: Deutscher Fachverlag, der Markt für Haus- und Tischwäsche, Frankfurt 1972, S. 11 ff.

2 Vgl. Tabellen 36 und 37

DIE PRODUKTION VON HAND-, BADE- UND GAESTETUECHERN AUS FROTTIERGEWEBE ; VON 1963 BIS 1978

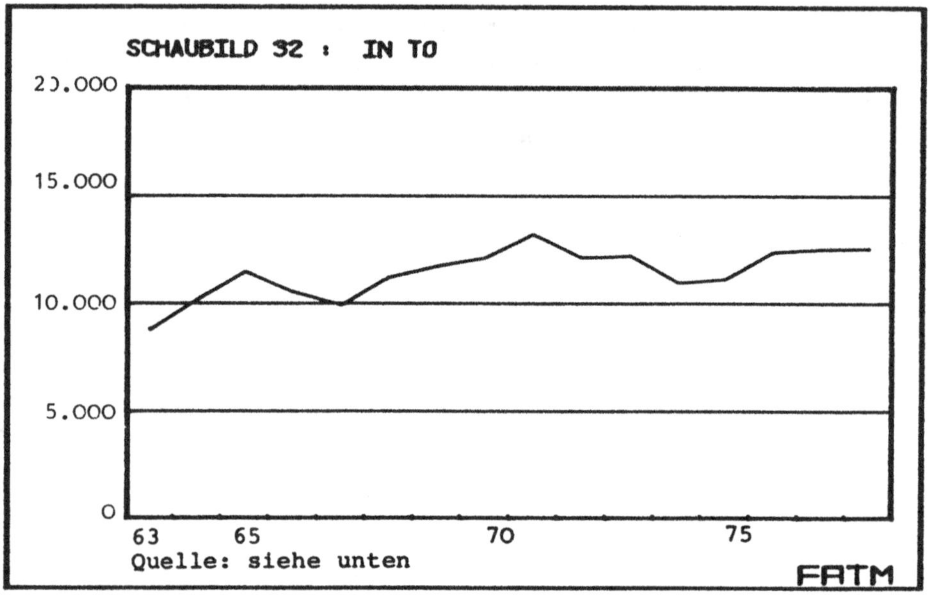

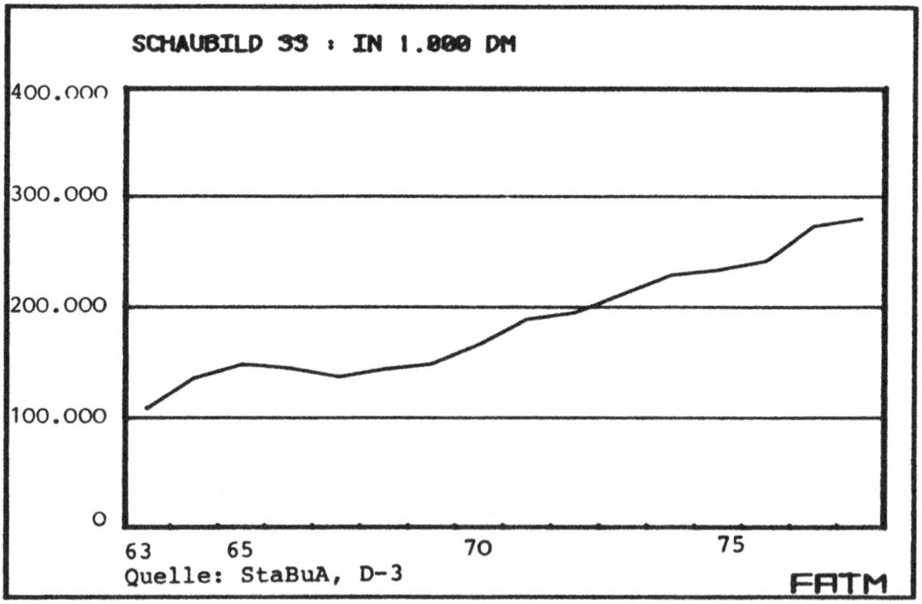

2.2.2.2.3 Hand- und Badetücher sowie Geschirr- und Gläsertücher aus sonstigem Gewebe

Diese Reihe beginnt ebenso wie die vorige im Jahre 1963, und der Mengenausweis wird ebenfalls in Tonnen vorgenommen, und zwar aus denselben Gründen, die bereits im vorigen Kapitel angeführt wurden.

Die Produktion von Hand- und Küchentüchern nicht aus Frottiergewebe ist seit 1965 in einer kontinuierlichen Abwärtsbewegung begriffen, sowohl Menge als auch Wert betreffend.[1]

Wurden 1963 noch 4,2 Tsd t und 1969 noch 3,3 Tsd t Hand- und Küchentücher hergestellt, so war die Produktion bis 1974 wiederum weiter zurückgegangen, nämlich auf 2,1 Tsd t, um 1978 mit der vorläufigen Tiefstmenge von 1,5 Tsd t abzuschließen. Insgesamt hat dieser Markt von 1963 bis 1978 ca. 63 % seines Volumens eingebüßt.

Analog ging auch der Produktionswert zurück, vom Höchstbetrag 51,8 Mio DM (1965) über 41,4 Mio DM (1969) auf den Tiefstand von 34,2 Mio DM (1977). Im Endjahr unseres Betrachtungszeitraumes gab die Produktionswertzeitreihe mit einer leichten Aufwärtsbewegung von 35,2 Mio DM (1978) zu Hoffnung Anlaß. Ob diese Erwartung gerechtfertigt ist, wird erst die Zukunft zeigen.

Eine Erklärung für den Produktionsrückgang von nicht aus Frottiergewebe herstellten Handtüchern versucht der Deutsche Fachverlag[2] zu liefern:

---

1 vgl. Tabellen 38 und 39

2 vgl. Verlagsgruppe Deutscher Fachverlag, Der Markt für Haus- und Tischwäsche, Frankfurt 1972, S. 17

DIE PRODUKTION VON HAND-, BADE-, GESCHIRR-
U.GLAESERTUECHER AUS SONSTIGEM GEWEBE
(NICHT-FROTTIER), 1963 BIS 1976,

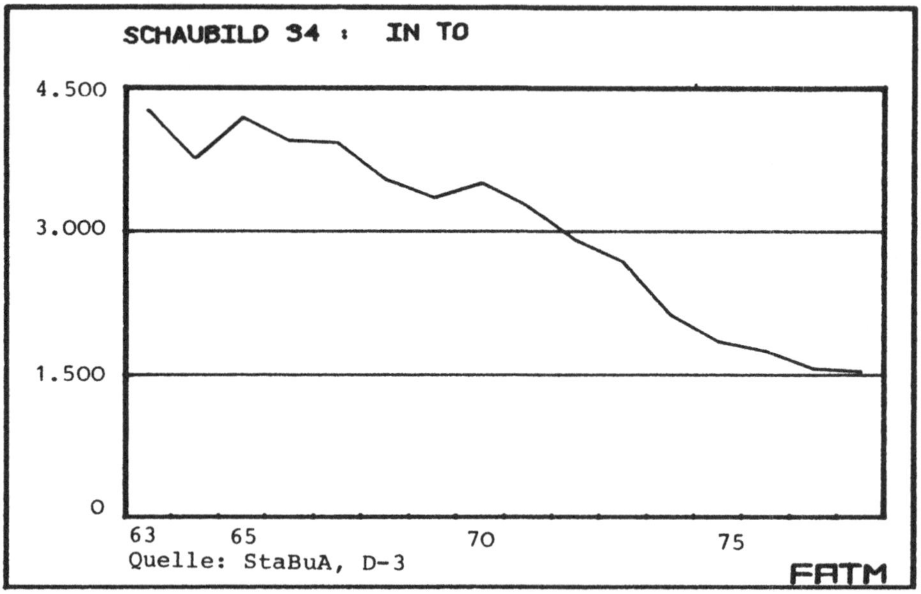

Quelle: StaBuA, D-3

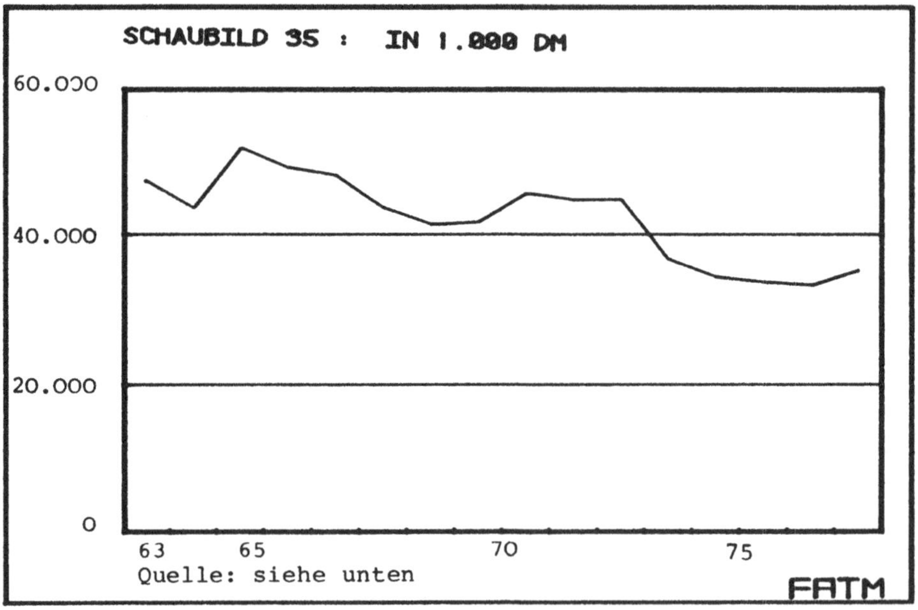

Quelle: siehe unten

Nicht aus Frottiergewebe gefertigte Handtücher "verlieren mit der Zeit an Bedeutung. Von diesen Handtüchern, soweit sie aus Baumwolle erzeugt werden, wird ein großer Teil für Gemeinschaftswäscheanlagen ... benutzt"[1].

Aus hygienischen Gründen wird dieses "Gemeinschaftshandtuch" in Gaststätten, Bürowaschräumen u.ä. von vielen Seiten bekämpft. In Berlin ist es seit dem 1.11.1971 und in Bayern seit dem 1.1.1972 verboten, in öffentlichen Toiletten "Gemeinschaftshandtücher" auszuhängen. Und es ist "damit zu rechnen, daß es früher oder später im ganzen Bundesgebiet ... zu einem Verbot ..."[2] dieser Art kommen wird.

Aus diesem Grunde findet man in öffentlichen Toiletten oder Waschräumen immer mehr Heißlufttrockner, Automaten mit Textilhandtuchrollen, Einmalhandtücher aus Stoff und auch aus (Krepp-)Papier.

Die in der amtlichen Statistik[3] ausgewiesene Produktion von Krepp-Papierwaren für Haus-, Bett- und Tischwäsche gibt einen Eindruck von der enormen Aufwärtsentwicklung dieser Produktart.

Hier ein kurzer Überblick:

---

1 Vgl. Verlagsgruppe Deutscher Fachverlag, Der Markt für Haus- und Tischwäsche, Frankfurt 1972, S. 17.

2 Ebenda.

3 Vgl. StaBuA, Fachserie D, Reihe 3, mehrere Jahrgänge.

Übersicht 5: Produktion von Krepp-Papierwaren für Haus-, Bett- und Tischwäsche

Jahr	Menge	Mengenindex	Wert	Wertindex
	t	197o = 1oo	1.ooo DM	197o = 1oo
1968	19.535	71,2	48.935	66,5
69	22.286	81,3	55.583	75,6
7o	27.42o	1oo,o	73.56o	1oo,o
71	31.541	115,o	84.o24	114,2
72	36.636	14o,9	99.325	135,o
73	45.oo7	164,1	117.513	159,8
74	54.492	198,7	145.89o	198,3
75	52.o3o	189,8	157.881	214,6
76	5o.o37	182,5	147.836	2o1,o
77	56.847	2o7,3	182.381	247,9
78	59.o95	215,6	195.o93	265,3

Quelle: StaBuA, Fachserie D, Reihe 3, mehrere Jahrgänge.

Die Menge an Krepp-Papier-Handtüchern hat sich innerhalb von nur 11 Jahren um ca. 2oo % erhöht. Man vergleiche, daß 1978 nur 1,5 Tsd t nicht-Frottier-Handtücher textilen Ursprungs produziert wurden gegenüber fast 6o Tsd t Papier-Handtüchern. Hierbei ist noch weiterhin zu bedenken, daß aus einer Tonne Papier stückzahlenmäßig sicherlich ein Vielfaches an Handtüchern hergestellt werden kann gegenüber textilen Handtüchern.

Aber nicht nur als Ersatz für Gemeinschaftshandtücher dient das Papier-Handtuch, sondern auch in Küchen u.ä.; in diesem Bereich machen sich zusätzlich noch "neue Erzeugnisse, hauptsächlich aus Vliesen, mehr oder weniger bemerkbar"[1], man denke nur an die erfolgreiche Küchen-Papierrolle mit dem eingängigen Slogan "Zewa-wisch-und-weg".

1 Verlagsgruppe Deutscher Fachverlag, Der Markt ..., a.a.O., S. 18.

Zusätzlich müssen die Produzenten von Geschirr- und Gläsertüchern in Zukunft mit einem wachsenden Bestand an Geschirrspülmaschinen rechnen. Nach einer Marktuntersuchung des "SPIEGEL"[1] haben sich Geschirrspülmaschinen nicht nur in starkem Maße in Großküchen, Restaurant- und Hotelbetrieben, woie in Krankenhäusern durchgesetzt, sondern gewinnen auch in privaten Haushalten immer mehr an Bedeutung. Nach der o.a. "SPIEGEL"-Untersuchung besaßen im Winter 1971/72 bereits 6 % aller privaten Haushalte eine derartige "Küchenhilfe" und Männer mit einem monatlichen, persönlichen Nettoeinkommen von 2.ooo,- und mehr DM haben sich bereits zu Beginn des Jahres 1971 zu 19 % für die Anschaffung einer Geschirrspülmaschine entschieden.[2]

1974 stellte die Frauenzeitschrift "Brigitte" fest,[3] daß bereits 16 % der Frauen zwischen 14 und 49 Jahren ein derartiges Geschirrspülgerät besitzen.

2.2.2.3 Zusammenfassung: Haus-, Bett- und Tischwäsche

Die Produktion von

- Haus-, Bett- und Tischwäsche ist mit leichten und kurzen Unterbrechungen 1959/6o, 1966/67 und 1974/75 in einer permanenten Aufwärtsbewegung seit 1951 bis 1978 begriffen. Der Produktionswert, auch gekennzeichnet durch eine annähernd fünffache Erhöhung im Strukturbruchjahr 1962/63, ist von 1963 bis 1978 um fast das Doppelte gestiegen und die Tendenz ist steigend.

---

1 Vgl. Augstein-Verlag, Der Spiegel, Hamburg im Winter 1971/72; zitiert in: Verlagsgruppe Deutscher Fachverlag, Der Markt ..., a.a.O., S. 18.

2 Vgl. ebenda.

3 Vgl. Gruner und Jahr Verlag, "Brigitte", Frauen-Typologie 2, Einstellungen, Meinungen, Kauf- und Konsumverhalten weiblicher Marketing-Zielgruppen, Hamburg 1975, S. 2oo ff. und 478 f.

- Bettwäsche, ausgewiesen ab 1963, hat ihren Herstellungswert von 1963 bis 1978 um ca. 67 % gesteigert und die Tendenz ist weiter steigend.

- Inletts für Oberbetten, Unterbetten und für Kopfkissen werden in der Bundesstatistik seit 1962 dargestellt. Die Herstellungsmenge stieg bis 1969, verzeichnete 197o einen Einbruch um ein Drittel und bewegte sich 1971 stetig aufwärts. Die Menge stieg von 1963 bis 1974 von 2,4 Mio Stück auf 6,5 Mio Stück bzw. um 163 %, vorlor jedoch bis 1978 ca. 2o % und sank auf 5,2 Mio Stück.

  Der Produktionswert mußte 1967 und 197o Einbußen hinnehmen, von denen er sich erst ab 1972 wieder scheinbar erholte, um dann nach der Rezession 1974/75 endgültig den Weg abwärts zu beschreiten. Hierbei stiegen die Produktionswerte von ca. 28 Mio DM (1963) auf ca. 92 Mio DM (1975) und fielen auf ca. 77 Mio DM (1978) zurück. Die Tendenz ist seit Mitte der 7oer Jahre in Menge und Wert fallend.

- Bezüge für Oberbetten (auch Überschlaglaken) und für Kopfkissen werden in der amtlichen Statistik seit 1951 ausgewiesen. Diese Produktionszeitreihe ist durch zwei Strukturbrüche in den Jahren 1962/63 und 1969/7o gekennzeichnet, so daß die Betrachtung auf die Perioden verteilt werden muß:

  1951-1962: In diesem Zeitraum verzehnfachte sich die Herstellungsmenge annähernd von 3,3 Mio DM auf 3o,3 Mio DM, während die Entwicklung des Herstellungswertes von 2o,6 Mio DM auf 83,7 Mio DM einen nur vierfachen Wertzuwachs zeigt.
  1963-1969: Während dieser Periode stieg die Menge von 16,4 Mio Stück auf max. 18,6 Mio Stück (etwa 13 % mehr), wohingegen der Wert von 65,1 Mio DM auf 79,9 Mio DM (etwa 21 % mehr) wuchs.
  197o-1978: Seit 1971 sank die Produktionsmenge von 53,o Mio Bezügen auf 37,4 Mio Stück (1978). Der Produktionswert ist

seit 1972 mit 347,1 Mio DM im Sinken begriffen und endete 1978 mit 3o6,5 Mio DM. Die Tendenz ist für die Menge seit Beginn der 7oer Jahre fallend, für den Wert fallend bis stagnierend.

- Bettücher und Bettlaken: Auch hier muß wegen eines geänderten Ausweissystems des StaBuA die Betrachtung in drei Perioden aufgeteilt werden.

  1951-1962: Die Produktionsmenge war durch einen gleichmäßigen Anstieg von 1,2 Mio Stück auf 4,4 Mio Stück gekennzeichnet (etwa 266 % mehr), während der Produktionswert nur von 14,2 Mio DM auf 16,9 Mio DM anstieg und Schwankungen unterworfen war (1957 und 1961 = über 17 Mio DM; 1954 = 1o,6 Mio DM).
  1963-1966: In dieser Zeitspanne wurden Bettücher und Bettlaken in der amtlichen Statistik nicht ausgewiesen.
  1967-1978: In diesem Zeitraum stieg die Menge von 16,7 Mio Bettüchern auf 24,9 Mio Stück im Jahre 1976, um danach 1978 mit 23,2 Mio Stück eine leichte Abwärtsbewegung einzuleiten. Der Produktionswert sank bis 1969 auf 3o,8 Mio DM und ist seitdem in einer ansteigenden Bewegung begriffen, die 1978 mit 213,2 Mio DM ihren Abschluß und vorläufigen Höchstpunkt fand. Die Tendenz deutet bei der Herstellungsmenge seit 1976 eine Abwärtsbewegung an, während die Wertentwicklung seit Beginn der 7oer Jahre steigt.

- Haus- und Tischwäsche wird seit 1963 ausgewiesen. Die Entwicklung des Produktionswertes konnte auch durch die Rezessionseinbrüche 1966/67 und 1974/75 nicht lange gebremst werden. 1963 betrug der Wert noch 247 Mio DM und war 1978 bereits bei 545,2 Mio DM angelangt, was einen Zuwachs von ca. 12o % bedeutet, wobei die Tendenz weiterhin steigend ist.

- Tischtücher und Tischdecken müssen in zwei Betrachtungszeiträume aufgeteilt werden, da die Ausweisänderung des Jahres 1963 auch eine Änderung des Mengenausweises von Stück zu Tonnen (t) mit sich brachte.

  1951-1962: Von 1951 bis 1959 herrschte eine deutliche Aufwärtsbewegung vor, von o,4 Mio Stück auf 3 Mio Stück, die jedoch ab 196o nahezu stagnierte. Die Wertentwicklung ist von Schwankungen und offensichtlichem Preisverfall gekennzeichnet: 1951 waren es 3,6 Mio DM, 1954 2,4 Mio DM, 1958 9,6 Mio DM und 1962 7,7 Mio DM.
  1963-1978: Kennzeichnend für diese Periode sind auch wiederum Schwankungen in Menge und Wert. Die Produktionsmenge betrug 1963 4,8 Tsd t, 1964 6,3 Tsd t, 1967 5,2 Tsd t, 1969 6,9 Tsd t, 1973 5,7 Tsd t, 1974 5,o Tsd t und 1978 nur noch 4,5 Tsd t.
  Die Wertentwicklung wurde deutlich durch die Rezession 1966/67 gebremst, von der sie sich schnell wieder erholte; 1963 wurde ein Wert von 7o,5 Mio DM produziert und 1973 in Höhe von 141,8 Mio DM. Danach sackte die Entwicklung des Produktionswertes ab und verlor von 1973 bis 1978 ca. 12 %, da nur noch 124,4 Mio DM realisiert wurden. Die Tendenz zeigt für Menge und Wert seit 1973 eine Abwärtsbewegung.

- Hand-, Bade-, Gästetücher aus Frottiergewebe werden seit 1963 ausgewiesen.
  Abgesehen von der allgemeinen wirtschaftlichen Rezession 1966/67 war die Produktion der Frottiertücher stetig aufwärts gerichtet bis in die 7oer Jahre. 1963 wurden 8,8 Tsd t Frottiertücher hergestellt, 1971 waren es bereits 13,2 Tsd t. Danach stagnierte die Menge bei ca. 12 Tsd t bis zum Jahre 1978.
  Der Wert stieg seit 1963, vernachlässigt man 1966/67, von 1o8,6 Mio DM stetig auf 28o,2 Mio DM im Jahre 1978, i.e. um mehr als das Eineinhalbfache. Die Tendenz deutet bei der Produktionsmenge eine Abwärtsbewegung an, während der Produktionswert weiterhin steigt.

- Hand-, Bade-, Geschirr- und Gläsertücher aus sonstigen Geweben sind durch einen stetigen Herstellungsrückgang gekennzeichnet. Die Menge wurde von 4,2 Tsd t (1963) auf 1,5 Tsd t (1978) gedrittelt, und der Wert sank analog von 51,8 Mio DM (1965) auf 35,2 Mio DM (1978), und die Tendenz ist weiter stark fallend. In der gleichen Zeit verbuchte die Produktion von Krepp-Papier für Haus-, Bett- und Tischwäsche enorme Produktionszuwächse: 1968 wurden ca. 2o Tsd t Krepp-Papier für Haushaltszwecke im Wert von 48,9 Mio DM hergestellt, und 1978 waren es bereits 59,1 Tsd t bzw. 195,1 Mio DM. Als weiterer Grund für das Absinken der textilen Nicht-Frottier-Tücherproduktion wird das Vordringen von Geschirrspülmaschinen in private Haushalte und Großküchen angesehen.

Typisch sind bei fast allen in diesem Kapitel betrachteten Produktionszeitreihen die starken quartalsweisen Schwankungen, sowie die Strukturbrüche 1963 und teilweise 197o, die hervorgerufen wurden durch die a.a.O. erläuterten Änderungen des Systems der Melde-Nummern und Ausweispositionen in der amtlichen Statistik. Ebenfalls ist in nahezu sämtlichen Reihen 1966/67 und 1974/75 ein Einbruch zu verzeichnen, bedingt durch die allgemeine wirtschaftliche Rezession dieser Jahre.

Die Darstellung der Produktionsdaten von Haushaltswäsche (Stoffherstellung und Fertigware) wird mit einigen Angaben über die Warenveredlung abgeschlossen. Dieses Themengebiet wurde in den vorhergehenden Kapiteln nicht angesprochen, da die verschiedenen Ausrüstungsverfahren in der amtlichen Statistik für Haushaltswäsche nicht ausgewiesen wurden, und die Aufstellung differenzierter Zeitreihen nicht möglich war. Der Komplex der Warenveredlung ist jedoch besonders im Hinblick auf die Produktion bunter Waren für den Haushaltstextilienbereich derart bedeutend geworden, daß er bei der Analyse der Herstellung von Haus-, Bett- und Tischwäschestoffen trotz geringer amtlicher Information nicht ignoriert werden sollte.

Im Hinblick auf die Colorierung kann man bei Haushaltswäschestoffen neben der weißen Ware buntgewebte Wäsche und bedruckte Textilien unterscheiden. Zunächst veranschaulicht die nachfolgende Übersicht die Entwicklung der Druckproduktion von Haus-, Bett- und Tischwäschestoff in der Bundesrepublik Deutschland.

Übersicht 6: Die Druckproduktion von Haushaltswäsche in Tsd qm

	1968	197o	1972	1974	1976	1978
Frottierstoff	4.773	4.2oo	8.414	4.742	3.935	2.138
Bettwäschestoff	12.68o	23.ooo	48.1o7	6o.847	91.575	1o8.862
Tischwäschestoff	1o.218	13.4oo	1o.185	9.622	15.393	9.541

Quelle: FATM, Th. Mandt, Der Stoffdruck in der BRD, Struktur- und Marktanalyse, versch. Jahrgänge; unveröffentlichte Auftragsforschung.

Im Gegensatz zu dem Rückgang bzw. den Schwankungen der bedruckten Frottiermerterware demonstrieren die in Übersicht 5 zusammengestellten Daten einen auffallend hohen Zuwachs der bedruckten Bettwäschestoffherstellung, bei der 1978 mit 1o5,5 Mio qm bereits das fast neunfache der Menge von 1968 (12,7 Mio qm) produziert wurde. Im Ablauf von acht Jahren erhöhte sich die Herstellung von bedrucktem Bett- und Tischwäschestoff im Verhältnis zur Gesamtproduktion von ca. 2o % (197o) auf ca. 5o % (1978),[1] was mehr als einer Verdopplung der Menge entspricht. Analog zu dem deutlichen Anwachsen der Druckproduktion ist eine Abnahme der Herstellung weißer Ware zu beobachten. Während 197o immerhin noch 177.7oo Tsd qm

1 Vgl. FATM, Struktur- und Marktanalyse der Gewebeveredlung in der BRD, versch. Jahrgänge.

weiße Bettwäsche fabriziert wurden, reduzierte sich diese Menge 1978 auf 64.294 Tsd qm, also im Vergleich zu 197o um fast 64 %.

Die Verschiebungen der Mengenverhältnisse von weißer : buntgewebter : bedruckter Bettwäsche - 197o stellte sich diese Relation noch als Verhältnis 3o : 63 : 7 dar, 1973 hatten sich die Mengenanteile auf etwa 15 : 45 : 4o verändert - geben im Zusammenhang mit den o.a. Daten über die Anteile bedruckter Tisch- und Bettwäschestoffe ausreichende Anhaltspunkte für die Vermutung, daß die Abnahme weißer und, wenn auch in etwas geringerem Maße, buntgewebter Bettwäsche zugunsten der Produktion von bedruckter Ware erfolgt ist.

2.2.2.4 Die durchschnittliche Preisentwicklung bei Haus-, Bett- und Tischwäsche

Eine kurze Betrachtung der Durchschnittspreise (Produktionswert : Produktionsmenge) soll hier im Anschluß an die Betrachtungen zu den Herstellungsmengen und -werten bei Haus-, Bett- und Tischwäsche vorgenommen werden.

Durchschnittspreise von Haus-, Bett- und Tischwäsche

Jahr	Inletts	Bett-bezüge	Bett-laken	Tisch-tücher	Hand-tücher, Frot-tier	Hand-tücher, Sonstige
	DM/Stk	DM/Stk	DM/Stk	DM/to	DM/to	DM/to
1965	11,25	4,91	----	17,18	12,96	12,37
197o	12,54	6,23	6,64	22,69	13,78	11,93
1975	14,88	7,o1	7,43	24,9o	21,oo	18,57
1978	14,91	8,19	9,18	27,43	22,36	22,93

Quelle: Eigene Berechnungen a. Grundlage Tab. 25-39

Wegen Nicht-Ausweis und/oder Ausweisänderungen von Stück in to in der amtlichen Statistik kann diese stichprobenartige Übersicht erst mit dem Jahre 1965 beginnen.

Hierbei ist ein deutliches Ansteigen der Durchschnittspreise von 1965 bis 1978 zu beobachten. Im einzelnen ergibt sich dazu folgendes Bild:

Inletts	+ 32,6 %	
Bettbezüge	+ 66,8 %	
Bettlaken	+ 38,8 %	(197o-78)
Tischtücher	+ 59,7 %	
Handtücher, Frottier	+ 72,5 %	
Handtücher, Sonstige	+ 85,4 %	

Auch hier darf wiederum vermutet werden, daß sich ein steigender Bedarf nach qualitativ höherwertiger Haus-, Bett- und Tischwäsche in diesen o.a. Preisbewegungen widerspiegelt.

2.2.3 Die Rohstoffzusammensetzung der Haus-, Bett- und Tischwäsche

Im folgenden sollen die verschiedenen Rohstoffe näher betrachtet und deren Entwicklung erläutert werden, die bei der Produktion von Haushaltstextilien verwendet werden.

Hierbei schien es nicht erforderlich zu sein, sowohl die Meterwaren als auch die Fertigwarenproduktion getrennt zu beschreiben.

Die einzelnen Haus-, Bett- und Tischwäscheprodukte werden in der amtlichen Statistik[1] nach den Rohstoffarten

- Baumwolle
- Leinen
- Zellwolle
- Sonstiges

1 Vgl. StaBuA, Fachserie D, Reihe 3, mehrere Jahrgänge.

ausgewiesen. An diesem System hat sich bis dato[1] nichts geändert. Es sind auch 1975 keine weiteren Untergliederungen nach verschiedenen synthetischen Rohstoffen vorgenommen worden.

Aus diesem Grund erschien es sinnvoll, sich mit der Rohstoffbetrachtung der Meterwarenproduktion zu begnügen. Hierbei wird unterschieden nach "Produktion von Haus-, Bett- und Tischwäschestoff aus überwiegend:"

- Baumwollgespinst
- Zellwollgespinst
- Seiden- und Reyongespinst
- Reinleinen
- Halbleinen[2]
- Sonstigem Gespinst

Um nun die Entwicklung näher analysieren zu können, wurden die Rohstoffanteile in Prozent der Jahresproduktion dargestellt.[3]

Baumwolle: Der Baumwollanteil betrug im Laufe der Betrachtungsperiode von 195o bis 1978 zwischen 84,2 % = Minimum (1978) und 9o,1 % = Maximum (197o). Eine Entwicklung ist hieraus nicht ableitbar, vielmehr muß man zu dem Schluß kommen, daß der Baumwollanteil mit einer Schwankung von ± 3 Prozentpunkten fast gleichgeblieben ist.

Zellwolle: Der Anteil der Zellwolle stieg von 2,2 % im Jahre 195o bis auf 3,2 % im Jahre 1958 als Höchstwert und sank danach kontinuierlich bis auf o,2 % im Jahre 1972. Danach wurde

---

1 Vgl. StaBuA, Warenverzeichnis für die Industriestatistik, mehrere Jahrgänge, insbesondere 1975.

2 Ab 1975 wird Reinleinen unter Halbleinen ausgewiesen.

3 Vgl. Tabellen 4o und 41. Dort sind auch Mengenangaben sowie Prozentanteile ausgewiesen.

Zellwolle zwar als Position noch geführt, jedoch wurden keine Daten hierfür mehr ausgewiesen. Die Entwicklung des Zellwollanteils führte also stetig abwärts bis zum Verschwinden dieser Rohstoffart.

Seide und Reyon: Dieser Rohstoff erfuhr ein ähnliches Schicksal wie die Zellwolle. Der Weg von Seide und Reyon führte von 1,6 % im Jahre 1952 stetig abwärts; die Prozentanteile konnten sich zwar nach 1955 um 1 bis 2 Prozentpunkte relativ steigern, jedoch wurde Seide und Reyon im Jahre 196o das letzte Mal ausgewiesen.

Reinleinen:[1] Reines Leinen war 195o mit 1,3 % Rohstoffanteil an der Produktion von Haus-, Bett- und Tischwäschestoff beteiligt. Dieser Anteil stieg bis zu einem Höchstwert von 1,7 % (1962 und 1964) an und sank danach auf einen Wert, der mit o,3 % (1973 und 1974) seinen vorläufigen Tiefpunkt erreichte, bis es ab 1975 in der amtlichen Statistik nicht mehr ausgewiesen wird.

Halbleinen:[2] Der Halbleinen-Anteil bewegte sich aufwärts von 195o mit 7,2 % bis 1964 mit 1o,o % als Höchstwert, um danach immer mehr an Boden zu verlieren, bis er 1974 bei 4,4 % angelangt war. 1978 beträgt der Rein- und Halbleinenanteil zusammen 4,5 %.

Sonstiges: Bis zum Jahre 196o betrug der Anteil an sonstigen Gespinsten immer weit unter 1 %. Es dauerte dann noch weitere 11 Jahre, bis die "sonstigen" Gespinste im Jahre 1972 erstmalig mit über 5 %, nämlich 5,9 % Rohstoffanteil, vertreten waren. Als Abschluß wurden 1978 ca. 11 % sonstige Gespinste ausgewiesen. Es kann vermutet werden, daß es sich hierbei um Chemiefasern handelt; eine nähere Aufschlüsselung läßt die amtliche Statistik aber (noch) nicht zu.

---

1 Ab 1975 wird in der amtlichen Statistik Reinleinen unter Halbleinen ausgewiesen.

2 dito.

Zusammenfassend läßt sich festhalten, daß Baumwolle immer noch mit 84 bis 9o % den dominanten Anteil an den Rohstoffarten besitzt, der sich im Laufe des Betrachtungszeitraumes nicht wesentlich geändert hat. Danach folgen Halbleinen und Reinleinen, die zwar seit Mitte der 6oer Jahre im Rückzug begriffen sind, aber zusammen immerhin noch beinahe 5 % Rohstoffanteil besitzen. Nicht mehr existent sind Zellwolle, Seide und Reyon als Rohstoffe für Haushaltstextilien; die geringen Mengen, die noch verarbeitet werden, sind vermutlich jetzt unter "Sonstiges" zu finden.

Dem Anteil der "Sonstigen Gespinste" ist erst ab 1972 Beachtung zu zollen, da erst ab diesem Zeitpunkt mit über 5 % Anteil die Bedeutung dieser synthetischen Rohstoffarten zugenommen hat.

Auf eine nähere Betrachtung von Frottiergewebe und Inlett soll verzichtet werden, weil beide Meterwarenprodukte einen Baumwollrohstoffanteil von 1oo % besitzen, wie bei einer Stichprobe von 1964 bis 1974 festgestellt wurde.[1]

Ergänzend sei vermerkt, daß die anteilige Zusammensetzung der Haushaltstextilien nach verschiedenen Rohstoffen in den letzten Jahren zunehmend an Bedeutung gewonnen hat durch die Fabrikation pflegeleichter Wäsche. Vor allem auf dem Bereich der Bettwäsche ist die Nachfrage nach pflegeleichter Ware gestiegen, so daß sich für die Herstellung dieser Produkte neue Gesichtspunkte ergeben haben.

Neben der Verarbeitung reiner Baumwolle haben deshalb vor allem bei diesem Typ Bettwäsche Mischgewebe aus Baumwolle/ Polyester (5o : 5o) zugenommen. Allerdings finden diese und andere Mischgewebe ihre Verwendung fast ausschließlich bei der Fabrikation von bedruckter Ware, während die Domäne der

---

1 Vgl. StaBuA, Fachserie D, Reihe 3, 1964 bis 1974.

reinen Baumwolle bei buntgewebter Bettwäsche unvermindert bestehen geblieben ist.[1]

2.3 Der Außenhandel mit Haushaltstextilien

Im folgenden kann eine Unterteilung des Außenhandels in Meterware und Fertigware zu Haushaltstextilien nicht vorgenommen werden, da die Außenhandelsstatistik,[2] mit deren Daten hier gearbeitet wird, nur Ein- und Ausfuhrdaten für Haus-, Bett- und Tischwäsche ausweist. Im Ausweis des Außenhandels mit textilen Stoffen und Stoffarten wird keine Gliederung nach Verwendungszwecken vorgenommen, so daß hier nur auf den Außenhandel mit Haus-, Bett- und Tischwäsche eingegangen werden kann.

Die Ein- und Ausfuhr von Haus-, Bett- und Tischwäsche wird erstmals im Jahre 1955 ausgewiesen, wobei jedoch bis einschließlich 1965 in diesen Zahlen auch Angaben über Vorhänge, Gardinen u.ä. enthalten sind. Erst ab 1966 wird in der Außenhandelsstatistik getrennt ausgewiesen nach Ein- und Ausfuhr von

- Bettwäsche
- Tischwäsche
- Haushaltswäsche

Der Außenhandel mit Haus-, Bett- und Tischwäsche wird hierbei mit Jahresdaten dargestellt, da es nach Ansicht des Verfassers wichtig erschien, hauptsächlich die langfristige Entwicklung der Ein- und Ausfuhr von Haushaltstextilien darzustellen.

---

1 Vgl. Deutscher Fachverlag, Textile Heimkultur, Heft 6, Frankfurt 1974, S. 12 f.

2 Vgl. StaBuA, Fachserie G, Reihe 2.

2.3.1 Bett-, Tisch- und Hauswäsche

Zu Anfang stand 1955 einer Ausfuhr an Bett-, Tisch- und Haushaltswäsche von 1,6 Tsd t bzw. 18,5 Mio DM eine Einfuhr gegenüber von 478 t im Wert von 3,2 Mio DM.[1]

Die Einfuhr hatte dann in den folgenden Jahren, abgesehen von den bereits typischen Einbrüchen der Rezessionsjahre 1967 und 1974 einen stetigen und kräftigen Aufwärtstrend zu verzeichnen, der 1971 bereits 7,1 Tsd t bzw. 85,2 Mio DM auswies, und bis 1978 dann in Menge (18,6 Tsd t) und Wert (283,3 Mio DM) noch um 162 % bzw. 232 % kräftig zulegte. Seit 1977 jedoch stagniert die Einfuhrmenge, während die Preise weiter steigen.

Die Ausfuhrentwicklung hatte bei weitem nicht derartig deutliche Zuwächse zu verzeichnen. Sie begann 1955 mit 1,6 Tsd t bzw. 18,6 Mio DM, verlief dann schwankend weiter - 1958 waren nur noch 1,2 Tsd t bzw. 17,7 Mio DM an Bett-, Tisch- und Haushaltswäsche exportiert worden, 197o waren es 2,4 Tsd t bzw. 4o,1 Mio DM - und erst 1974 wurde ein deutlicher Schritt vorwärts sichtbar. In jenem Jahr betrug der Export dieser Produkte 5,o Tsd t bzw. 1o8,4 Mio DM, und 1977 bereits 7,1 Tsd t bzw. 149,1 Mio DM. 1978 ist ebenso wie beim Import eine leicht rückläufige Tendenz in Wert und Menge spürbar.

Bemerkenswert ist, daß die Menge/Wert-Relation bei den Einfuhren deutlich niedriger liegen als bei den Ausfuhren, wie aus der folgenden Übersicht zu ersehen ist:

1 Vgl. Tabelle 42

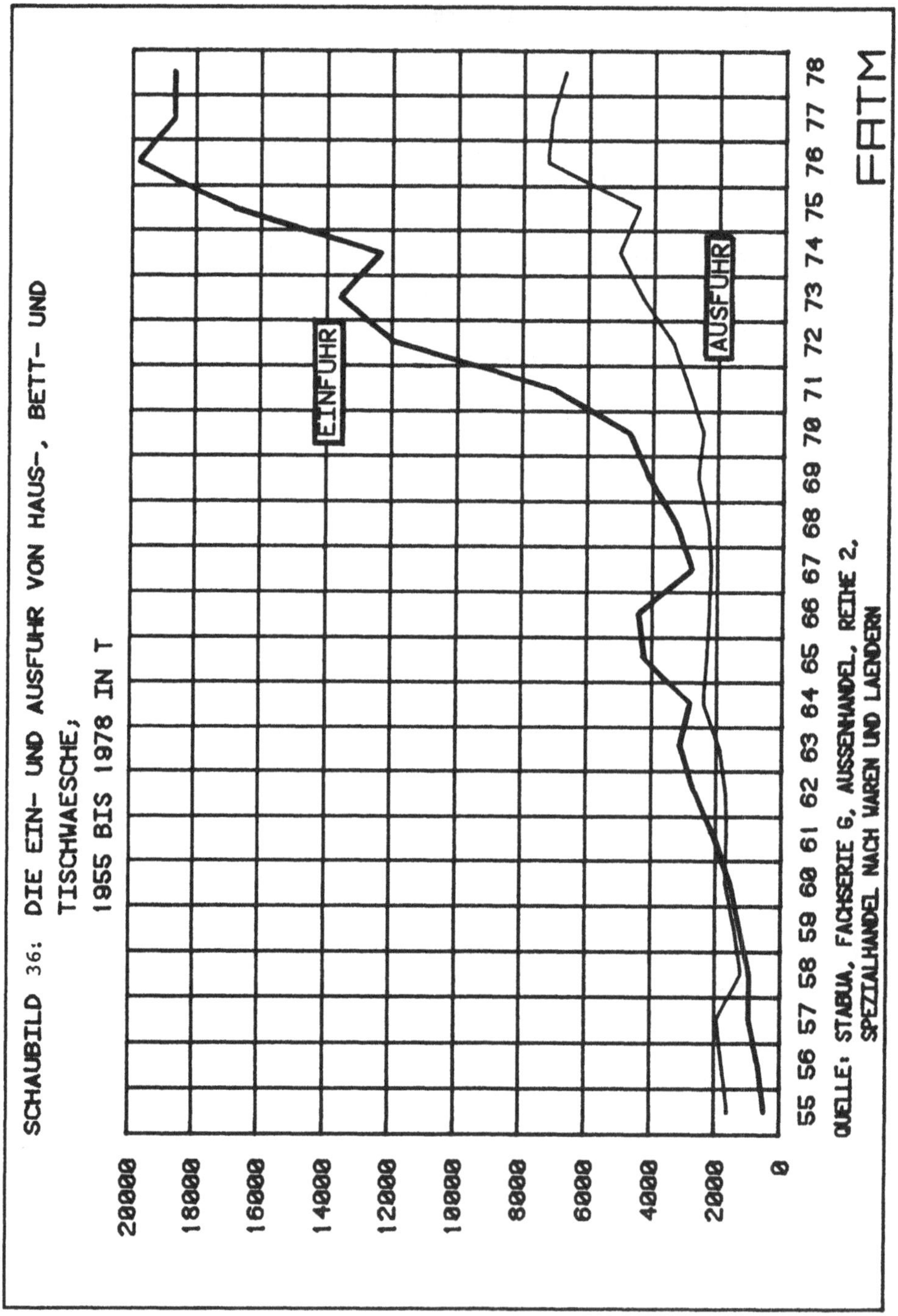

SCHAUBILD 36: DIE EIN- UND AUSFUHR VON HAUS-, BETT- UND TISCHWAESCHE; 1955 BIS 1978 IN T

SCHAUBILD 37: DIE EIN- UND AUSFUHR VON HAUS-, BETT- UND TISCHWAESCHE; 1955 BIS 1978 IN 1000 DM

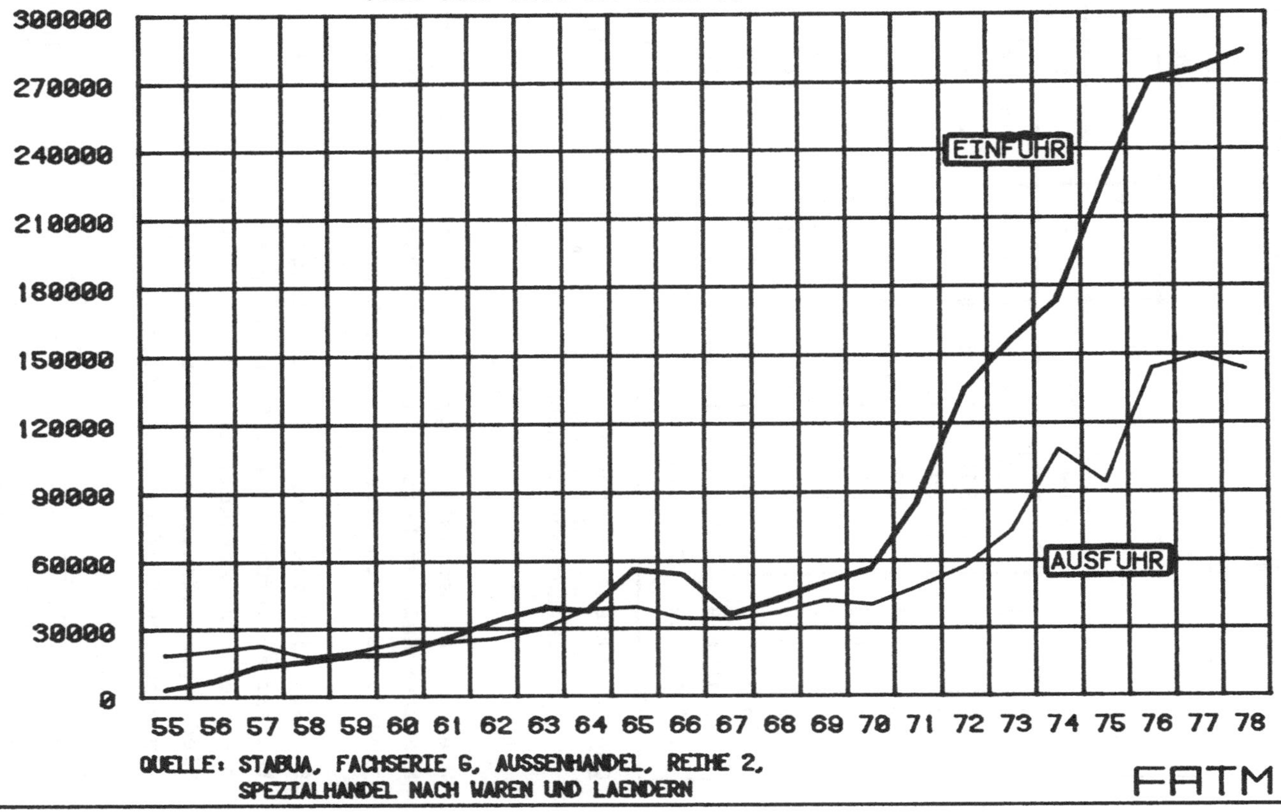

QUELLE: STABUA, FACHSERIE 6, AUSSENHANDEL, REIHE 2, SPEZIALHANDEL NACH WAREN UND LAENDERN

Übersicht 7: Ausgewählte Beispiele von Wert/Menge-Verhältnissen des Außenhandels mit Haus-, Bett- und Tischwäsche

Jahr	EINFUHR			AUSFUHR		
	Menge	Wert	ØWert/ Menge	Menge	Wert	ØWert/ Menge
	t	Tsd DM	Tsd DM pro t	t	Tsd DM	Tsd DM pro t
1955	478	3.163	5,62	1.6o5	18.575	11,57
196o	1.555	19.352	12,45	1.72o	24.563	14,28
1962	2.641	33.42o	12,65	1.711	25.893	15,13
1968	3.261	41.859	12,84	2.29o	37.o82	16,19
197o	4.678	55.652	11,9o	2.454	4o.135	16,35
1974	12.3o2	173.526	14,11	5.o4o	1o8.391	21,51
1975	16.78o	225.264	13,42	4.451	93.682	21,o5
1976	19.78o	27o.4o1	13,67	7.239	143.729	19,85
1977	18.619	275.174	14,78	7.113	149.o95	2o,96
1978	18.632	283.317	15,21	6.7o1	142.972	21,34

Quelle: StaBuA, Fachserie G, Außenhandel, Reihe 2 Spezialhandel nach Waren und Ländern, mehrere Jahrgänge sowie eigene Berechnungen.

Wie zu erkennen ist, liegt der durchschnittliche Wert pro Mengeneinheit an Bett-, Tisch- und Haushaltswäsche im Export jeweils deutlich über dem der entsprechenden Importe.

Es läßt sich feststellen, daß billigere Ware eingeführt und teurere ausgeführt wird. Hierbei spielt eine Rolle, daß die preiswerteren Artikel, die zumeist aus Staatshandels- und Niedrigpreisländern eingeführt werden, offensichtlich auf ein erhöhtes Kaufinteresse stoßen.[1]

1 Vgl. J. Jessen, Die Bedeutung der Importkonkurrenz für ausgewählte Erzeugnisse der Textil- und Bekleidungsindustrie. Forschungsberichte des Landes Nordrhein-Westfalen, Nr. 2o73, Köln/Opladen 1973, S. 7o f.

2.3.2 Bettwäsche

Diese Außenhandelszeitreihe wurde erstmals 1966 in der amtlichen Statistik ausgewiesen.[1] Das folgende Jahr treibt sofort die Daten nach unten, da sich hier wiederum das Rezessionsjahr 1967 bemerkbar macht.

Danach wurden 1968 an Importbettwäsche 1,1 Tsd t bzw. 9,5 Mio DM ausgewiesen. Kontinuierlich und kräftig entwickelte sich die Einfuhr weiter bis 1973, wo bereits für 67,4 Mio DM (6,5 Tsd t) an Bettwäsche importiert wurde.

1974 deutet wiederum einen leichten Importrückgang an, da die Importmenge auf 6,3 Tsd t zurückgefallen ist; der Einfuhrwert aber stieg weiter, und zwar auf 83,8 Mio DM. Aber dieser rezessionsbedingte Rückgang war nur von kurzer Dauer, denn bis 1978 stieg die Menge auf ca. 8,7 Tsd t und der Wert auf 1o8,8 Mio DM. Die Tendenz deutet aber seit 1975 auf eine Stagnation hin.

Die Bettwäscheausfuhr zeigte auch von 1966 bis 1978 steigende Tendenzen, jedoch verlief die Entwicklung weitaus schwächer und war nicht von gleich großen Zuwächsen gekennzeichnet wie die Einfuhr.

1955 wurden 24o t Bettwäsche für einen Wert von 3,3 Mio DM an das Ausland verkauft; 197o waren es erst 287 t bzw. 4,5 Mio DM und 1978 wurden dann 3,3 Tsd t im Wert von 55 Mio DM exportiert. In den letzten 4 Jahren ging der Bettwäscheexport deutlich vorwärts und verzeichnete auch 1978 im Gegensatz zu den Bettwäscheimporten keinen Rückgang.

Deutlich ist auch hier wieder, daß die Importwerte pro Mengeneinheit wiederum erheblich unter denen der Exporte liegen.

---

1 Vgl. Tabelle 43

SCHAUBILD 38: DIE EIN- UND AUSFUHR VON BETTWAESCHE;
1966 BIS 1978 IN T

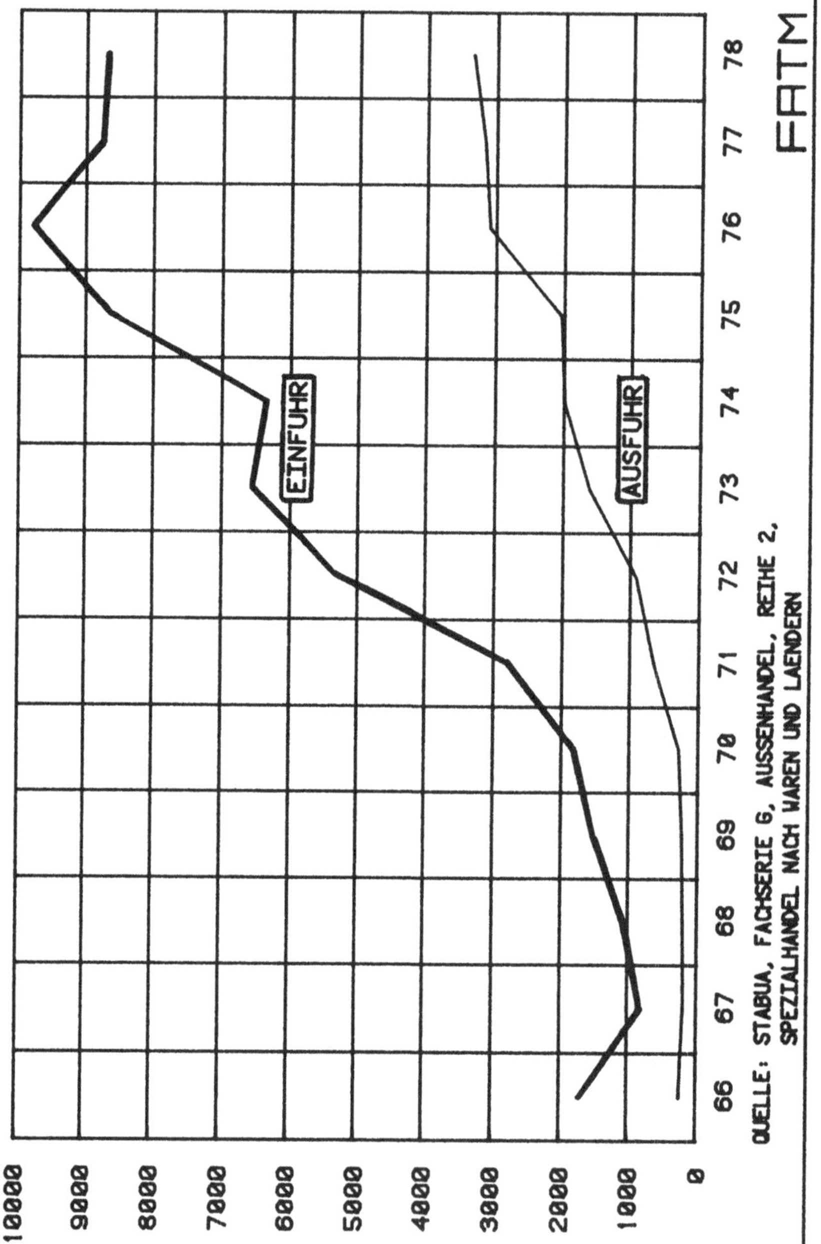

QUELLE: STABUA, FACHSERIE 6, AUSSENHANDEL, REIHE 2,
SPEZIALHANDEL NACH WAREN UND LAENDERN

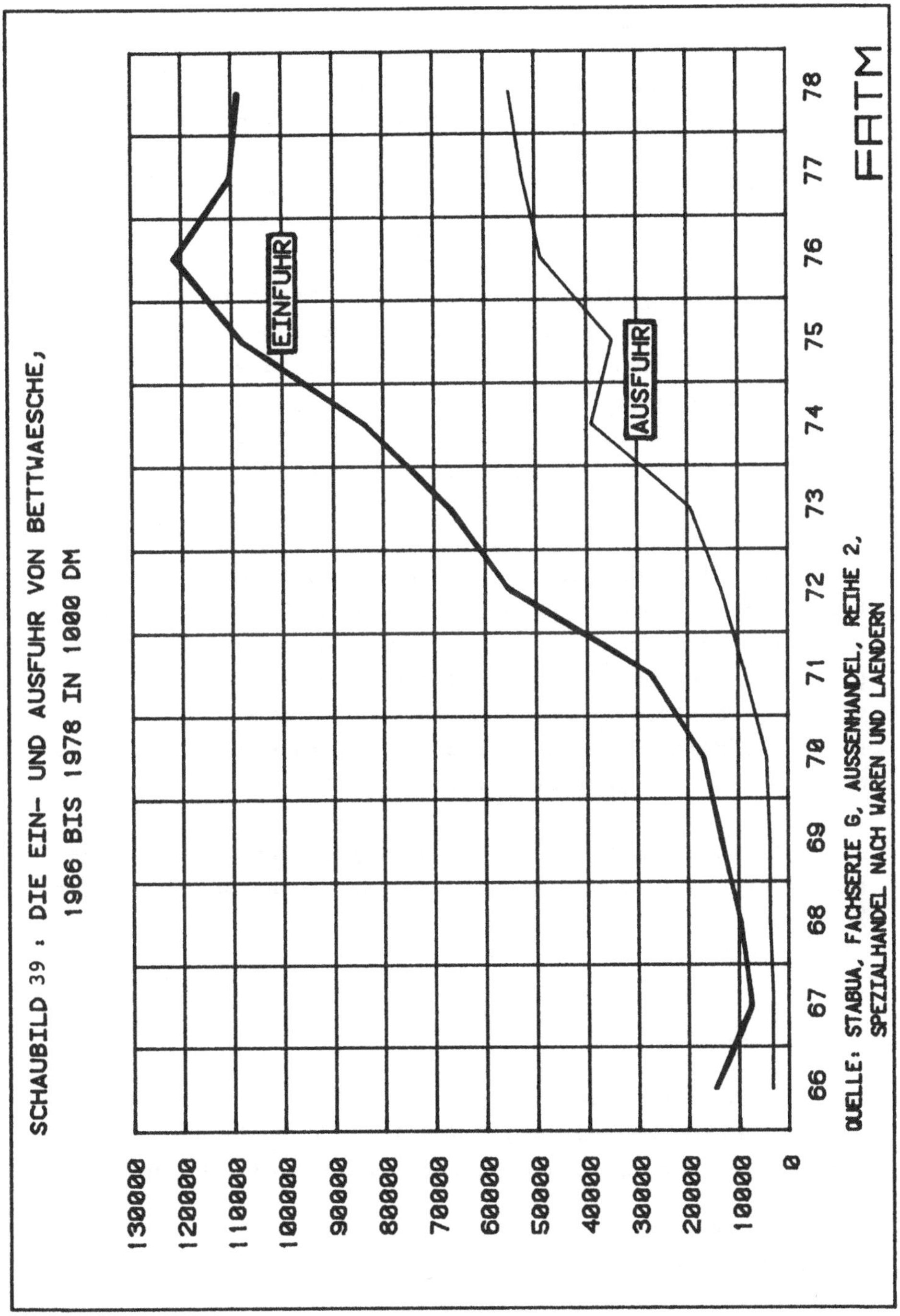

SCHAUBILD 39 : DIE EIN- UND AUSFUHR VON BETTWAESCHE,
1966 BIS 1978 IN 1000 DM

QUELLE: STABUA, FACHSERIE G, AUSSENHANDEL, REIHE 2,
SPEZIALHANDEL NACH WAREN UND LAENDERN

2.3.3 Tischwäsche

Auch der Außenhandel mit Tischwäsche beginnt 1966 in der Bundesstatistik,[1] der sowohl bei Import und Export bis 1974/75 von einer lustlosen Entwicklung gekennzeichnet wird. Erst danach zeigen die Importe Fortschritt und die Exporte Rückschritt.

Die Tischwäscheeinfuhr weist 1966 6,o Tsd t importierte Tischwäsche im Wert von 16,9 Mio DM aus. Über 428 t (1967) wird 1974 eine Menge von 811 t errechnet, die dann 1978 auf 1.877 t steigt. Der Einfuhrwert steigt langsam und ab 1974 kräftig an; bis 1978 auf 61,5 Mio DM. Somit hat von 1966 bis 1978 die Menge um 21o % und der Wert um 263 % zugenommen.

Der Export ist erstmalig in diesen Betrachtungen (bis 1975) höher als der Import. Abgesehen von den üblichen Rezessionsschwankungen stagniert die Ausfuhrmenge bei ca. 1 Mio t und gibt 1978 nach um ca. 2o % = 883 t. Dagegen ist die Wertentwicklung von 1966 bis 1977 durch eine Verdopplung gekennzeichnet, deren schöner Anblick nur durch ein ca. 1o %iges Absacken in 1978 getrübt wird.

Hier liegen die Durchschnittspreise pro Tonne Tischwäsche im Export erstmals niedriger als die entsprechenden Importdaten, aber nur bis 1976.

2.3.4 Haushaltswäsche

Analog zum Außenhandel mit Bettwäsche verläuft die Ein- und Ausfuhr von Haushaltswäsche[2] von 1966 bis 1978 stetig steigend, unter Vernachlässigung der Rezessionen 1967 und 1974.

---

1 Vgl. Tabelle 44

2 Vgl. Tabelle 45

SCHAUBILD 40: DIE EIN- UND AUSFUHR VON TISCHWAESCHE; 1966 BIS 1978 IN T

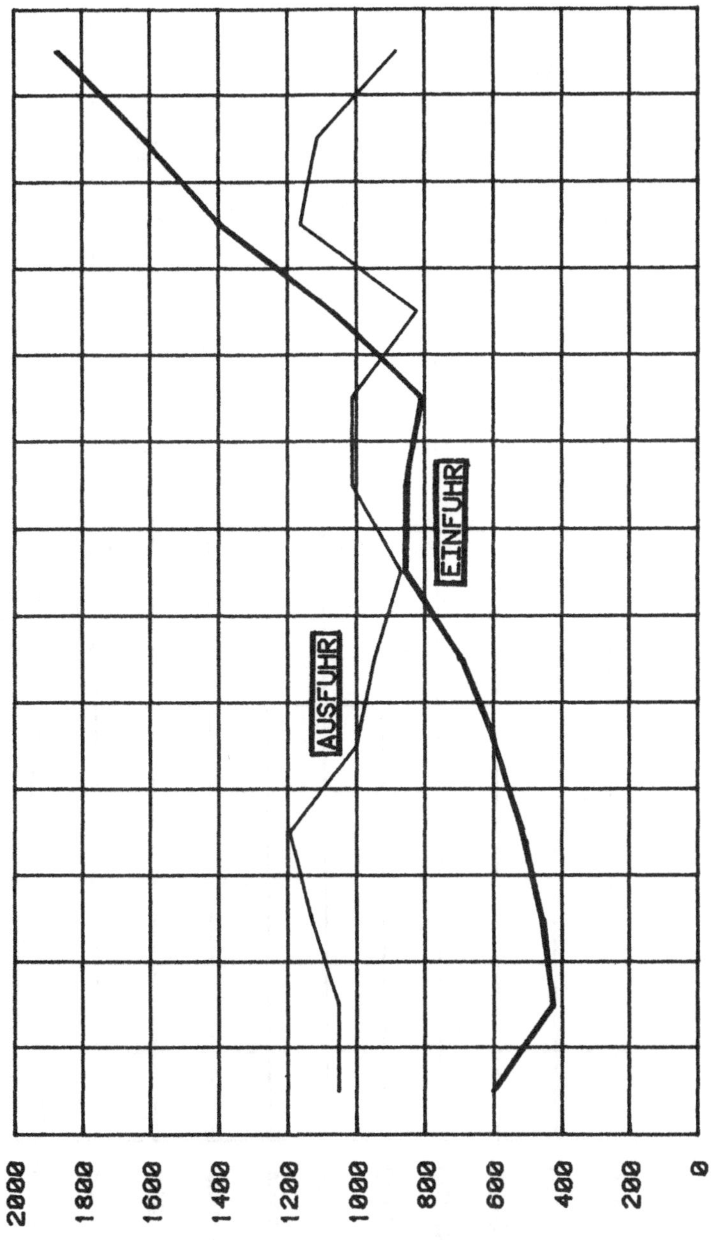

QUELLE: STABUA, FACHSERIE 6, AUSSENHANDEL, REIHE 2, SPEZIALHANDEL NACH WAREN UND LAENDERN

FATM

SCHAUBILD 41: DIE EIN- UND AUSFUHR VON TISCHWAESCHE,
1966 BIS 1978 IN 1000 DM

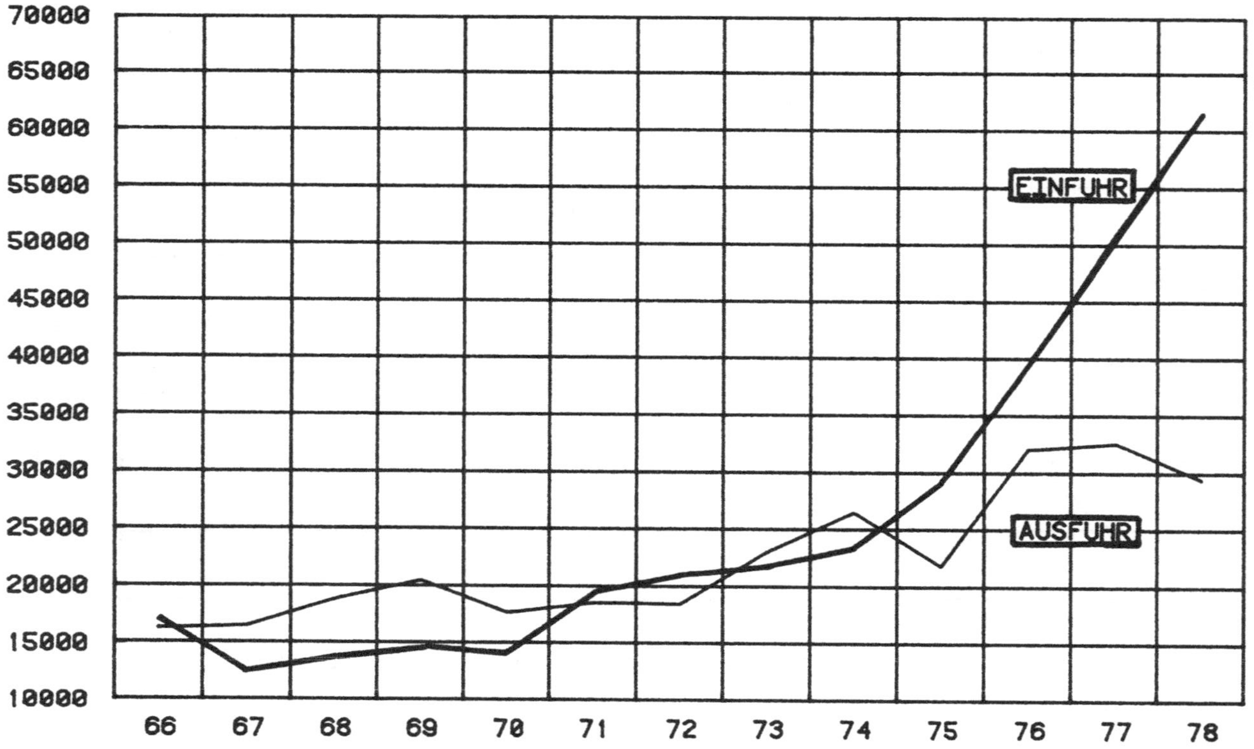

QUELLE: STABUA, FACHSERIE G, AUSSENHANDEL, REIHE 2,
SPEZIALHANDEL NACH WAREN UND LAENDERN

FATM

SCHAUBILD 42 : DIE EIN- UND AUSFUHR VON HAUSWAESCHE;
1966 BIS 1978 IN T

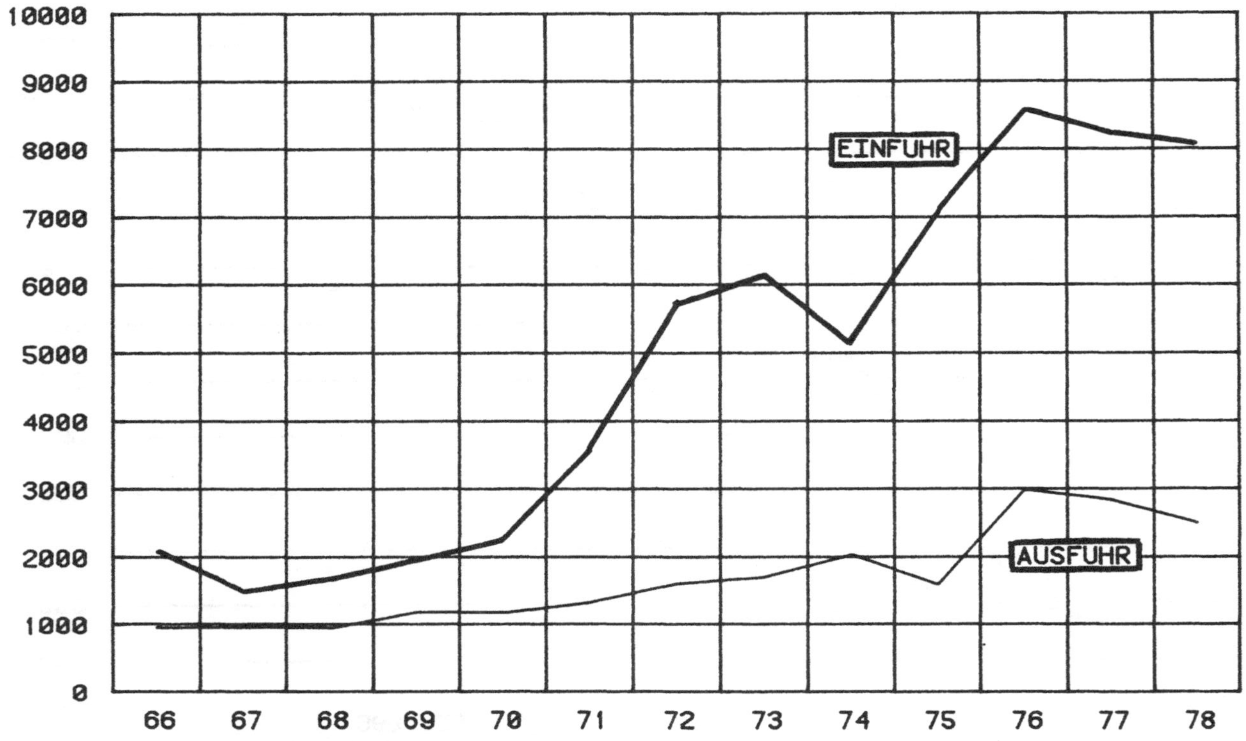

QUELLE: STABUA, FACHSERIE 6, AUSSENHANDEL, REIHE 2,
SPEZIALHANDEL NACH WAREN UND LAENDERN

FATM

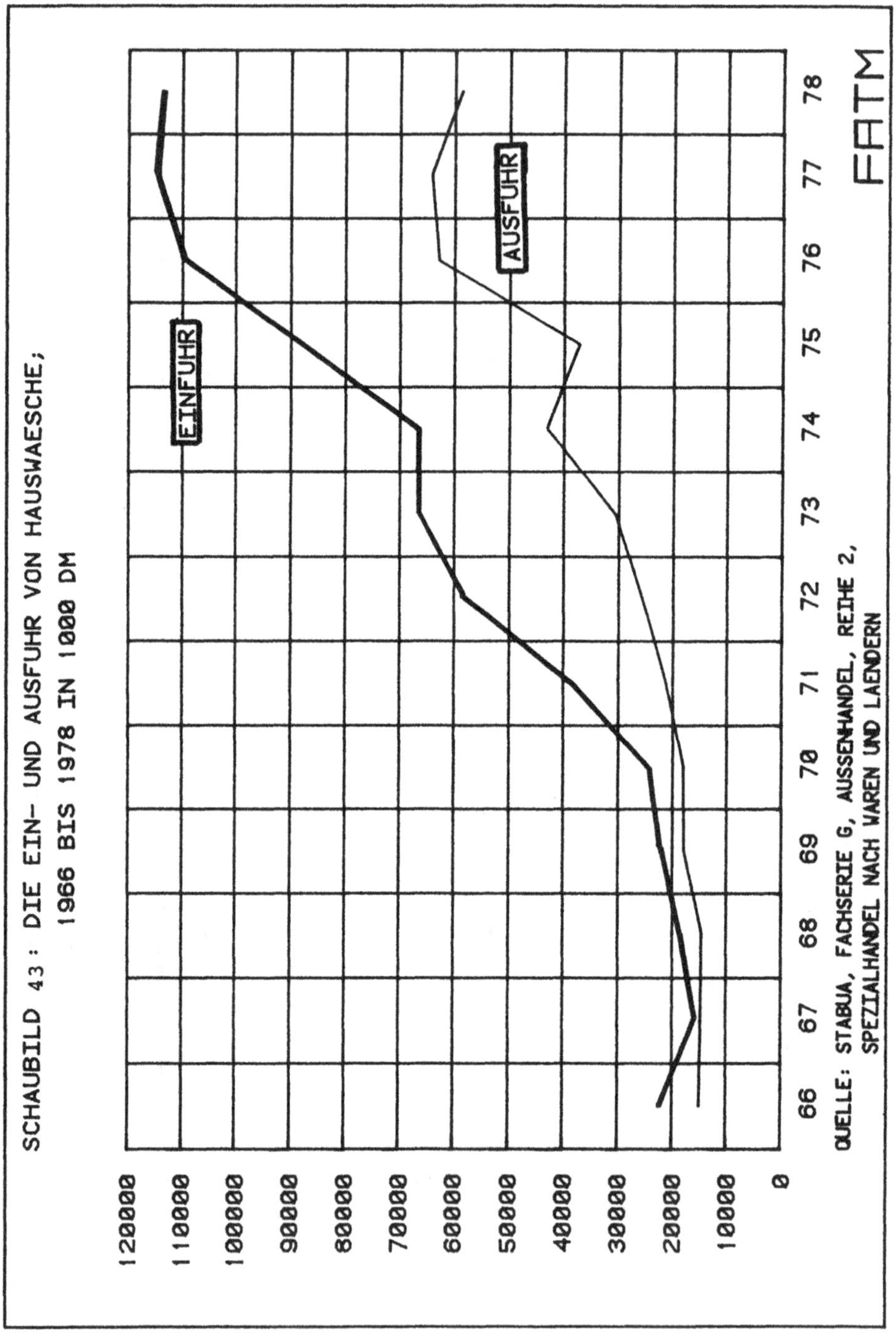

SCHAUBILD 43 : DIE EIN- UND AUSFUHR VON HAUSWAESCHE;
1966 BIS 1978 IN 1000 DM
120000
110000
100000
90000
80000
70000
60000
50000
40000
30000
20000
10000
0
66
67
68
69
70
71
72
73
74
75
76
77
78
EINFUHR
AUSFUHR
QUELLE: STABUA, FACHSERIE G, AUSSENHANDEL, REIHE 2,
SPEZIALHANDEL NACH WAREN UND LAENDERN
FATM

1966 wurden 2,o Tsd t Haushaltswäsche im Wert von 22,1 Mio DM importiert; 1978 waren es bereits 8,1 Mio t bzw. 112,9 Mio DM, mit einer leichten Abwärtstendenz.

Ähnlich verläuft auch die Exportentwicklung: 1966 wurden 95o t Haushaltswäsche im Wert von 14,8 Mio DM ausgeführt; 1976 waren es schon 3,o Mio t bzw. 62,8 Mio DM, wobei hier ab 1977 ein leichter Abschwung zu verzeichnen wäre wie beim Import.

Ebenso wie bei der o.a. Produktgruppe Bettwäsche werden auch für Haushaltswäsche im Mittel höhere Preise pro Mengeneinheit im Export erzielt als im Import.

2.3.5 Die Inlandsverfügbarkeit von Haus-, Bett- und Tischwäsche

Die Inlandsverfügbarkeit von Haus-, Bett- und Tischwäsche wurde nur wertmäßig dargestellt[1] und nicht mengenmäßig. Um die Inlandsverfügbarkeit zu berechnen, wurde nach folgendem Verfahren vorgegangen:

Inlandsproduktion + Import - Export = Inlandsverfügbarkeit[2]

Da aber die Außenhandelsstatistik nur nach Warengruppen wie Bettwäsche, Haus- und Tischwäsche untergliedert und nicht nach Produkten wie Bettücher, Tischdecken, Geschirrtücher u.ä., kann man als Produktionsreihen allenfalls nur die Warengruppenreihen in die Rechnung einbeziehen, die aber ausschließlich wertmäßig ausgewiesen werden wegen der a.a.O. bereits erwähnten Heterogenität der verschiedenen Produkte.

1 Vgl. Tabellen 46 und 47

2 Es wurde eine langfristig konstante Lagerbewegung unterstellt.

Hierin liegt der Grund für die ausschließlich wertmäßige Betrachtung der Inlandsverfügbarkeit.

Weiterhin wurden diese Berechnungen im folgenden auf die Jahre 1966 bis 1978 beschränkt, da ein direkter Vergleich der gesamten Produktionszeitreihen ab 195o von Haus-, Bett- und Tischwäsche mit der Außenhandelsstatistik aus dem Grunde nicht empfehlenswert erschien, da die Gesamtreihe der Ein- und Ausfuhren von Haushaltstextilien bis 1965 auch Heimtextilien wie Gardinen, Vorhänge u.ä. beinhaltet.

Die Inlandsverfügbarkeit von Bettwäsche

1966 war im Inland für 533,9 Mio DM Bettwäsche verfügbar.[1] Das folgende Jahr brachte durch die Rezession Einbußen mit sich, die die Inlandsverfügbarkeit um 15 % im Jahre 1968 zurückgehen ließ. Danach folgte bis 1974 ein kontinuierlicher Aufwärtstrend, der bis 1978 in ein Stagnieren um ca. 67o bis 69o Mio DM überging.

Während des zwölfjährigen Betrachtungszeitraums war die Inlandsverfügbarkeit von permanenten, deutlichen Einfuhrüberschüssen gekennzeichnet.

Die Inlandsverfügbarkeit von Haus- und Tischwäsche

Die Verfügbarkeitsreihen der Haus- und Tischwäsche müssen bei dieser Betrachtung zusammen dargestellt werden, da die Inlandsproduktion diese beiden Positionen nicht getrennt ausweist.

Es zeigt sich auch hier eine analoge Entwicklung wie bei der Bettwäsche. Die Inlandsverfügbarkeit beginnt 1967 mit 327,3 Mio DM und steigt mit kurzen Unterbrechungen um 93 % auf 631,7 Mio DM an. Der typische Rezessionseinbruch ist

1 Vgl. Tabelle 46

lange nicht so kräftig wie bei der Bettwäsche - hier sinkt der Wert 1967 nur auf 327,3 Mio DM resp. 479,7 Mio DM 1974. Außerdem hat sich der Inlandsverfügbarkeitswert in kürzerer Zeit wieder erholt und steigt ununterbrochen bis 1978.

Auch die Inlandsverfügbarkeit von Haus- und Tischwäsche ist von leichten bis deutlichen Importüberschüssen bzw. Exportdefiziten gekennzeichnet.

Zu bemerken ist, daß die zusammengefaßten Werte von Haus- und Tischwäsche sowohl in Produktion, Im- und Export, sowie Inlandsverfügbarkeit über die zwölfjährige Betrachtungsperiode hinweg, jeweils 25 - 35 % weniger Volumen aufweisen als die Bettwäsche allein.[1]

2.3.6 Die Bedeutung der Importe für den Markt der Haushaltstextilien

Bei der Klärung der Frage, inwieweit die Importe von Haus-, Bett- und Tischwäsche einen Einfluß auf den deutschen Haushaltstextilienmarkt nehmen, begegnet man einigen Schwierigkeiten.

Aussagen zu treffen über Inlandsverfügbarkeit und Importanteile von Haus-, Bett- und Tischwäschestoff ist nicht einwandfrei möglich, da die Außenhandelsstatistik keinen nach Verwendungs- bzw. Weiterverarbeitungszweck differenzierten Ausweis der Meterware vornimmt.

Betrachtet man über die Warengruppen Haus-, Bett- und Tischwäsche, so lassen sich hier nur wertmäßige[2] Betrachtungen

1 Vgl. Tabelle 47

2 Es war ebenfalls nicht möglich wegen des fehlenden Ausweises von Preisindices (vgl. hierzu StaBuA, Fachserie M, Preise, Löhne, Wirtschaftsrechnungen, Reihe 1, Preise und Preisindices für Außenhandelsgüter) für Haus-, Bett- und Tischwäsche in der amtlichen Statistik Preisbereinigungen durchzuführen, um Inflationseinflüsse auszuschließen.

anstellen, da in der Produktionsstatistik kein Mengenausweis vorhanden ist.

Aus diesem Grunde können Inlandsverfügbarkeit, Ein- und Ausfuhrüberschüsse bzw. Defizite und Importanteile an der Inlandsverfügbarkeit ausschließlich in DM bzw. in v.H. auf DM bezogen dargestellt werden, wobei stets bedacht werden muß, daß wegen der bereits vorher erläuterten Mengen/Preis-Relationen die Importe hauptsächlich von großen Mengen mit niedrigen Preisen getragen werden, während es sich bei den Exporten umgekehrt verhält.[1]

An der Inlandsverfügbarkeit der Bettwäsche[2] waren die Einfuhren 1966 mit 2,76 % beteiligt, die sich nach der Rezession 1967 stetig und kräftig aufwärts bewegten. 1978 waren schon 15,6 % des Bettwäschemarktes durch Importe gedeckt.

Noch deutlicher stellt sich der Importanteil an der Inlandsverfügbarkeit von Haus- und Tischwäsche[3] dar, der 1978 27,6 % betrug und 1967 nur noch 8,7 % ausmachte. Der Bettwäschemarkt ist mit seinem wichtigsten Teil, dem Bettenbezugsmarkt, praktisch auf den deutschen Binnenmarkt angewiesen, da Bettbezüge im Zusammenhang mit Federbetten nur in der Bundesrepublik Deutschland und der DDR, sowie in einigen mittel- und osteuropäischen Ländern benutzt werden,[4] so daß sich die Einfuhren hauptsächlich bei der weißen oder bunten Jaquardbettwäsche wie Laken und Bezügen bemerkbar machen.[5]

---

1 Vgl. Tabellen 42 bis 45

2 Vgl. Tabelle 46

3 Vgl. Tabelle 47

4 Vgl. Verlagsgruppe Deutscher Fachverlag, Markt für Bettwäsche, Frankfurt 1972, S. 2.

5 Vgl. ebenda, S. 6.

Der Haus- und Tischwäschemarkt muß sich in der Hauptsache mit dem Import von Hand-, Bade- und Gästetüchern aus Frottiergewege auseinandersetzen, während die Einfuhren von Tischwäsche nur eine untergeordnete Rolle spielen.[1]

2.3.7. Zusammenfassung: Außenhandel

Die Außenhandelsbetrachtung muß sich in dieser Arbeit mit der Warengruppen-Untersuchung von Bettwäsche, Haushaltswäsche und Tischwäsche begnügen, da keine Ausweise der Position Meterware bzw. Stoffe für Haushaltstextilien vorhanden sind, und Zuordnungen nur willkürlich und nicht eindeutig durchgeführt werden können. Weiterhin ist auch kein Ausweis für Produkte des Bett-, Haus- und Tischwäschesektors in der Außenhandelsstatistik des StaBuA erfolgt.

- Die Ein- und Ausfuhr von Haus-, Bett- und Tischwäsche ist gekennzeichnet durch einen steigenden Verlauf in Menge und Wert. 1955 wurden 47o t Bett-, Tisch- und Haushaltswäsche importiert im Wert von 3,2 Mio DM, während der Export 1.6oo t bzw. 18,6 Mio DM aufzuweisen hatte.

  Dieser Exportüberschuß wurde bis 196o abgebaut, und von 1961 bis 1978 entwickelte sich ein deutlicher Importüberschuß, der 1978 18.6oo t (Im) gegenüber 6.7oo t (Ex) bzw. 283,3 Mio DM (Im) gegenüber 142,9 Mio DM (Ex) ausmachte, d.h.: ca. 64 % mengenmäßigen und ca. 5o % wertmäßigen Einfuhrüberschuß.

  Der durchschnittliche Wert in DM pro t Haus-, Bett- und Tischwäsche betrug 1978 bei den Importen 15.2oo DM, während bei den Exporten im Durchschnitt 21.3oo DM pro t ausgewiesen wurden, was den Schluß nahe legt, "daß die Importe

---

1 Vgl. Verlagsgruppe Deutscher Fachverlag, Der Markt für Haus- und Tischwäsche, Frankfurt 1972, S. 9 und S. 19.

in der Käufergunst gewonnen haben. Sie bestehen aus Massenartikeln zunehmend schlechterer Qualität, die aber billig sind"[1].

Diese Aussagen gelten ebenso für die Bereiche Bettwäsche und Haushaltswäsche im einzelnen.

Die Entwicklungstendenz ist bei den Importen und Exporten seit 1977 fallend.

- Der Bettwäsche-Außenhandel verlief von 1966 an steigend in Wert und Menge und ist gekennzeichnet durch einen permanenten Importüberschuß. 1966 wurden 1.719 t Bettwäsche importiert und nur 24o t exportiert, wofür die Werte 14,7 Mio DM (Im) und 3,4 Mio DM (Ex) betrugen. 1978 wurden bereits 8.695 t Bettwäsche eingeführt und nur 3.336 t wurden an das Ausland verkauft. Die hierfür ausgewiesenen Werte beliefen sich auf 1o8,8 Mio DM (Im) bzw. 55,o Mio DM (Ex).

  Die Tendenz im Außenhandel ist durch weiter steigende Exporte und seit 1977 durch sinkende Importe gekennzeichnet.

- Die Importe von Tischwäsche zeigen seit 1967 einen steigenden Verlauf, während die Tischwäscheexporte mengenmäßig nahezu stagnieren und wertmäßig deutlicher gestiegen sind als die Einfuhrwerte. Erst ab 1975 nimmt der Importwert kräftig zu und überholt die Zuwächse der Exportpreise.

- Der Außenhandel mit Haushaltswäsche hat mengenmäßig seit 1966 während einer permanenten Aufwärtsbewegungung, abgesehen von den Reszessionen 1967 und 1974, deutliche Zuwächse verzeichnet, sowohl mengen- als auch wertmäßig.

  1966 wurden 2.o65 t Haushaltswäsche eingeführt und 1978 insgesamt 8.o61 t, was Werten von 22,1 Mio DM bzw. 112,9 Mio DM entsprach. Zu denselben Zeitpunkten betrug der Export

1 J. Jessen, Die Bedeutung ..., a.a.O., S. 7o.

95o t bzw. 14,8 Mio DM (1966) und 2.483 t bzw. 58,6 Mio DM (1978).

Auch hier wieder liegen die mittleren Preise pro Mengeneinheit Haushaltswäsche bei den Importen deutlich unter denen des Exports.

Die Tendenz der Einfuhr ist seit 1976 in der Menge leicht rückläufig, während der Einfuhrwert weiter steigt. Dahingegen zeigt der Export in Wert seit 1978 und in Menge seit 1977 eine leichte Schwächung an.

- Die Bedeutung der Importe für den deutschen Markt wächst beständig.

  Der Importanteil an der Inlandsverfügbarkeit von Bettwäsche wuchs von 2,76 % im Jahre 1966 auf 15,62 % im Jahre 1978, also um rund 465 %.

  Die Importanteile der Haus- und Tischwäsche wuchsen in demselben Zeitraum um 217 %, und zwar von 8,7 % (1967) auf 27,6 % (1978).

  Es kann hier also zusammenfassend von einem Importdruck gesprochen werden, der unter Umständen in Zukunft für die Haushaltswäschehersteller gewisse Probleme mit sich bringen wird, falls die Entwicklung der Einfuhren auch weiterhin so verlaufen wird.

2.3.8 Warenverkehr mit der DDR

Bei den bisher angestellten Überlegungen zum Außenhandel und zu den Aussagen über die Inlandsverfügbarkeiten von Haus-, Bett- und Tischwäsche wurde der Warenverkehr mit der DDR - bis 1974 Interzonenhandel genannt - nicht berücksichtigt.

Der Grund ist darin zu sehen, daß der Warenverkehr mit Haus-, Bett- und Tischwäschestoffen erst seit 1969 und mit Haus- und Tischwäsche erst seit 1974 einzeln und nicht mehr als Summe mit Heimtextilien und Dekostoffen ausgewiesen wird. Weiterhin sind nur detailliert ausgewiesen die Bezüge - im Sinne von Import - während die Dimension der Lieferungen an die DDR - im Sinne von Export - für die Meterware nicht nachgewiesen werden kann. Die Lieferungen von Haus- und Tischwäsche sind nur darstellbar von 1974 bis 1978, da das Liefervolumen 1978 derart gering geworden war, daß es nicht mehr einzeln sondern als Summe mit 'sonstigen Erzeugnissen der Bekleidungsindustrie' ausgewiesen wurde.[1]

Die folgende Übersicht gibt einen kurzen Überblick über das vorhandene Datenmaterial.

Übersicht 8 : Der Warenverkehr mit der DDR mit Haushaltstextilien in 1.ooo DM

Jahr	Haus-, Bett- und Tischwäschestoff		Haus- und Tischwäsche+	
	Bezüge	Lieferungen	Bezüge	Lieferungen
1969	349	n.a.		
197o	175	"		
1971	1.517	"		
1972	2.688	"		
1973	8.756	"		
1974	5.817	"	47.69o	1.89o
1975	5.5oo	"	66.53o	2.24o
1976	8.35o	"	79.22o	1.1oo
1977	5.4oo	"	66.72o	13o
1978	7.2oo	"	69.33o	n.a.

n.a. = nicht ausgewiesen.
\+ = incl. Decken.
Quelle: Siehe u.a. Fußnote 1, versch. Jahrgänge.

1 Vgl. Gesamtverband der Textilindustrie in der Bundesrepublik Deutschland - Gesamttextil - e.V., Die Textilindustrie der Bundesrepublik Deutschland im Jahre 1978, Frankfurt Juli 1979, S. 21 und S. 38.

2.4 Der Handel mit Haushaltstextilien

Den Handel, der als Vermittlungsglied zwischen Hersteller und Verbraucher steht, kann man in drei Formen unterteilen, und zwar Großhandel, Einzelhandel und, als Sonderform, Versandhandel. Die Zusammenstellung von Datenmaterial für dieses Kapitel bereitete die größten Schwierigkeiten dieser Arbeit. Die amtliche Statistik[1] weist für den Textilbereich[2] nur eine derartig aggregierte Darstellung aus, daß Rückschlüsse auf den Haustextilienbereich nicht möglich sind. Ebenfalls nicht dargestellt werden kann die Bedeutung des Versandhandels und der Warenhäuser, die in der Einzelhandelsstatistik[3] für den Haushaltstextiliensektor keine Aussagen treffen.

Unter der Systematiknummer 43-23-2 wird jedoch seit 1967 eine Umsatzmußzahlenreihe für den Einzelhandel mit Haushaltswäsche[4] ausgewiesen, die in der folgenden Übersicht dargestellt ist. Zusätzlich zu dieser relativ "kurzen" Zeitreihe wurden eine Warenbeschaffungs- und -absatzreihe für den Textileinzelhandel[5] überwiegend mit Haus- und Bettwäsche, sowie Bettwaren[6] für diese Übersicht zusammengestellt. Mit Hilfe des amtlichen Index der Einzelhandelspreise für Heimtextilien und Haushaltswäsche[7] - eine mehr disaggregierte Indexreihe ist nicht vorhanden - können nun diese Einzelhandelsdaten nominal und real dargestellt werden.

---

1 Vgl. StaBuA, Fachserie F, Groß- und Einzelhandel, Gastgewerbe, Reiseverkehr; versch. Jahrg.

2 Vgl. dasselbe, Reihe 1, Großhandel I, Umsätze und Beschäftigte; versch. Jahrg.

3 Vgl. dasselbe, Reihe 3, Einzelhandel I, Umsätze und Beschäftigte; versch. Jahrg.

4 Vgl. ebenda.

5 Vgl. Tabelle 48

6 Vgl. Institut für Handelsforschung an der Universität zu Köln, Absatz- und Beschaffungsentwicklung des Einzelhandels, versch. Jahrg.

7 Vgl. StaBuA, Statistisches Jahrbuch für die Bundesrepublik Deutschland, versch. Jahrg.

Übersicht 9.: Warenbeschaffung und -absatz im Textileinzelhandel vorwiegend mit Haus- und Bettwäsche sowie Bettwaren und Umsatz des Einzelhandels mit Haushaltswäsche sowie Index der Einzelhandelspreise für Heimtextilien und Haushaltswäsche; Indices 197o = 1oo

Jahr	Warenbe-schaffung[a]		Waren-absatz[a]		Umsatz mit Haushaltswäsche[b]		Index der Einzelhandelpreise für Heimtextilien und Haushaltswäsche[c]
	nominal	real	nominal	real	nominal	real	
1954	33,8	4o,5	52,o	62,3			83,5
55	36,o	43,1	54,6	65,4			83,5
56	41,6	49,3	6o,5	71,7			84,4
57	42,4	48,2	61,3	69,7			87,9
58	4o,4	45,o	61,5	68,6			89,7
59	4o,7	46,3	6o,o	68,3			87,9
196o	45,3	51,5	64,2	73,o			87,9
61	52,8	58,9	7o,5	78,6			89,7
62	56,9	61,6	74,5	8o,6			92,4
63	53,3	56,4	71,8	76,o			94,5
64	58,3	6o,8	74,8	78,1			95,9
65	66,9	7o,o	8o,9	84,6			95,6
66	7o,1	72,8	84,8	88,1			96,3
67	62,9	65,2	8o,9	83,8	81,9	84,9	96,5
68	82,7	85,6	81,3	84,2	83,2	86,1	96,6
69	9o,9	93,4	9o,4	92,9	92,4	95,o	97,3
197o	1oo,o	1oo,o	1oo,o	1oo,o	1oo,o	1oo,o	1oo,o
71	113,8	1o7,5	111,6	1o5,4	116,3	1o9,8	1o5,9
72	125,8	115,9	12o,2	11o,8	121,9	112,4	1o8,5
73	134,8	119,1	127,8	112,9	128,2	113,3	113,2
74	145,5	118,3	135,o	1o9,8	128,1	1o4,2	123,o
75	149,2	114,9	138,4	1o6,5	129,4	99,6	129,9
76	155,8	118,5	14o,9	1o7,1	127,7	97,1	131,5
77	176,2	129,5	154,2	113,o	138,2	1o1,3	136,4
78	178,9	125,5	16o,8	112,8	142,8	1oo,1	142,6

Quelle a: Institut für Handelsforschung an der Universität zu Köln, Absatz- und Beschaffungsentwicklung des Einzelhandels sowie eigene Berechnungen.

Quelle b: StaBuA, Fachserie F, Groß- und Einzelhandel, I, Umsätze und Beschäftigte, sowie eigene Berechnungen.

Quelle c: StaBuA, Statistisches Jahrbuch für die Bundesrepublik Deutschland, versch. Jahrg., sowie eigene Berechnungen. Bis 1963 nur "Bett-, Haus- und Küchenwäsche".

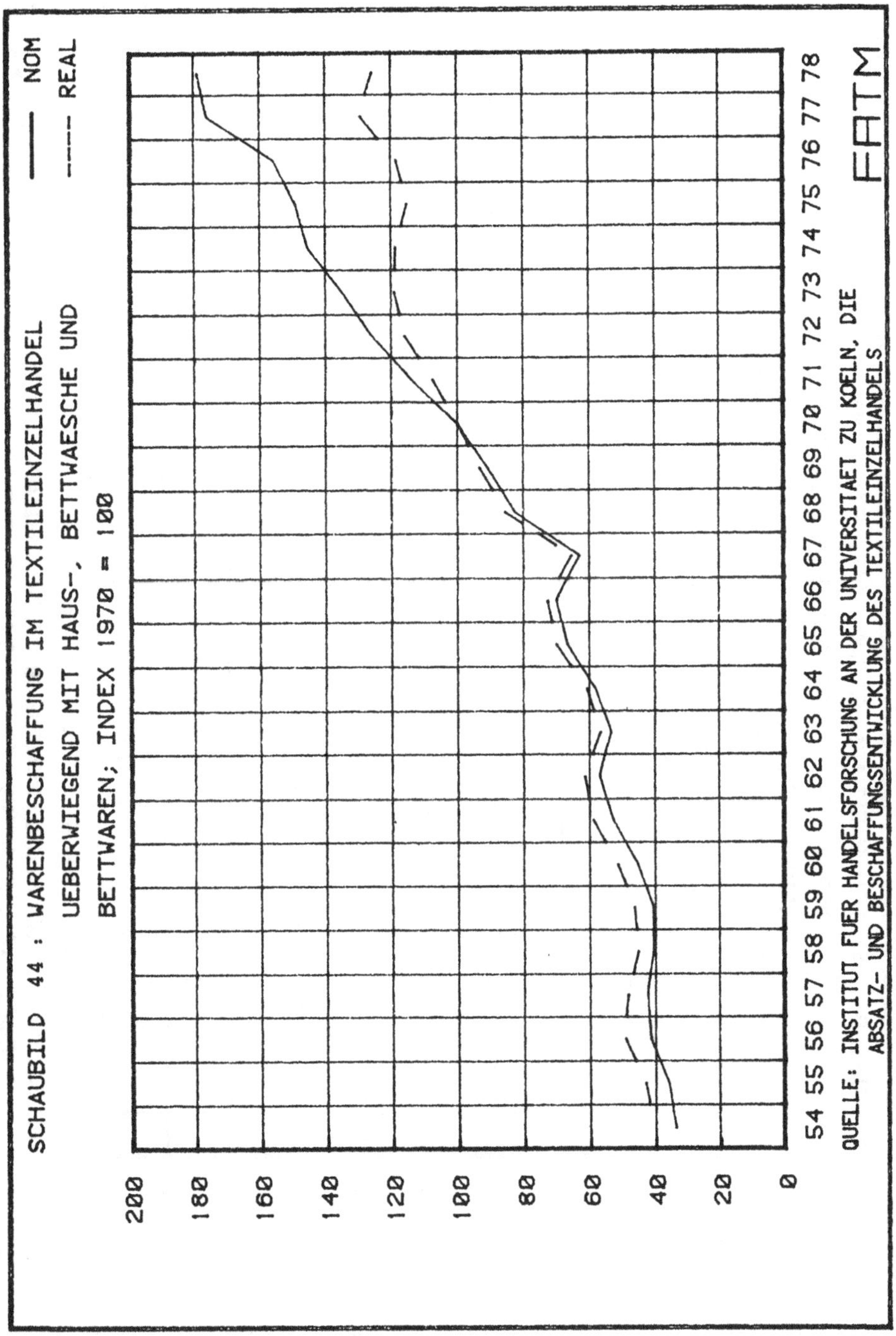

SCHAUBILD 44 : WARENBESCHAFFUNG IM TEXTILEINZELHANDEL UEBERWIEGEND MIT HAUS-, BETTWAESCHE UND BETTWAREN; INDEX 1970 = 100

QUELLE: INSTITUT FUER HANDELSFORSCHUNG AN DER UNIVERSITAET ZU KOELN, DIE ABSATZ- UND BESCHAFFUNGSENTWICKLUNG DES TEXTILEINZELHANDELS

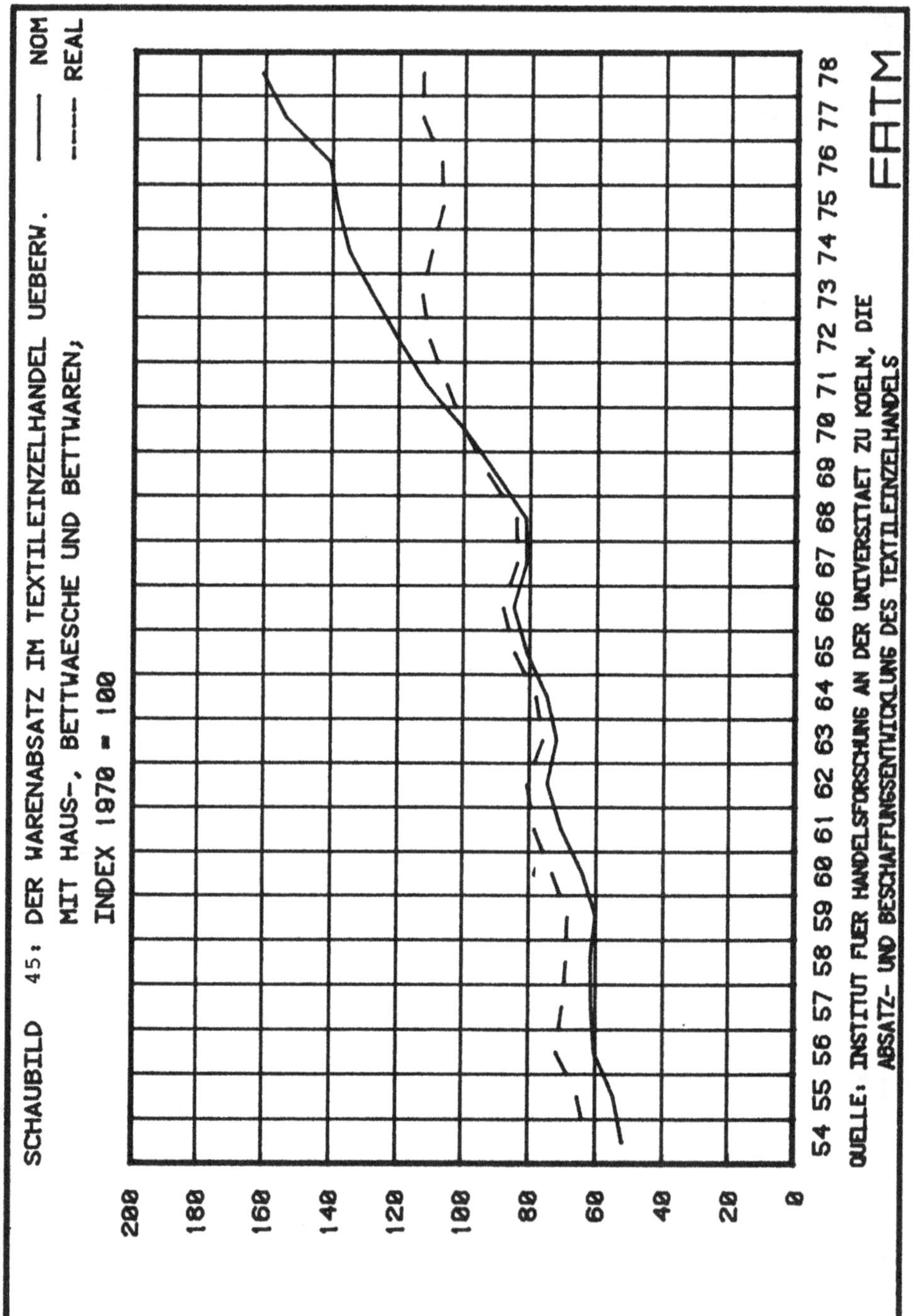
SCHAUBILD 45: DER WARENABSATZ IM TEXTILEINZELHANDEL UEBERW.
MIT HAUS-, BETTWAESCHE UND BETTWAREN;
INDEX 1970 = 100
NOM
REAL
200
180
160
140
120
100
80
60
40
20
0
54 55 56 57 58 59 60 61 62 63 64 65 66 67 68 69 70 71 72 73 74 75 76 77 78
QUELLE: INSTITUT FUER HANDELSFORSCHUNG AN DER UNIVERSITAET ZU KOELN, DIE
ABSATZ- UND BESCHAFFUNGSENTWICKLUNG DES TEXTILEINZELHANDELS
FATM

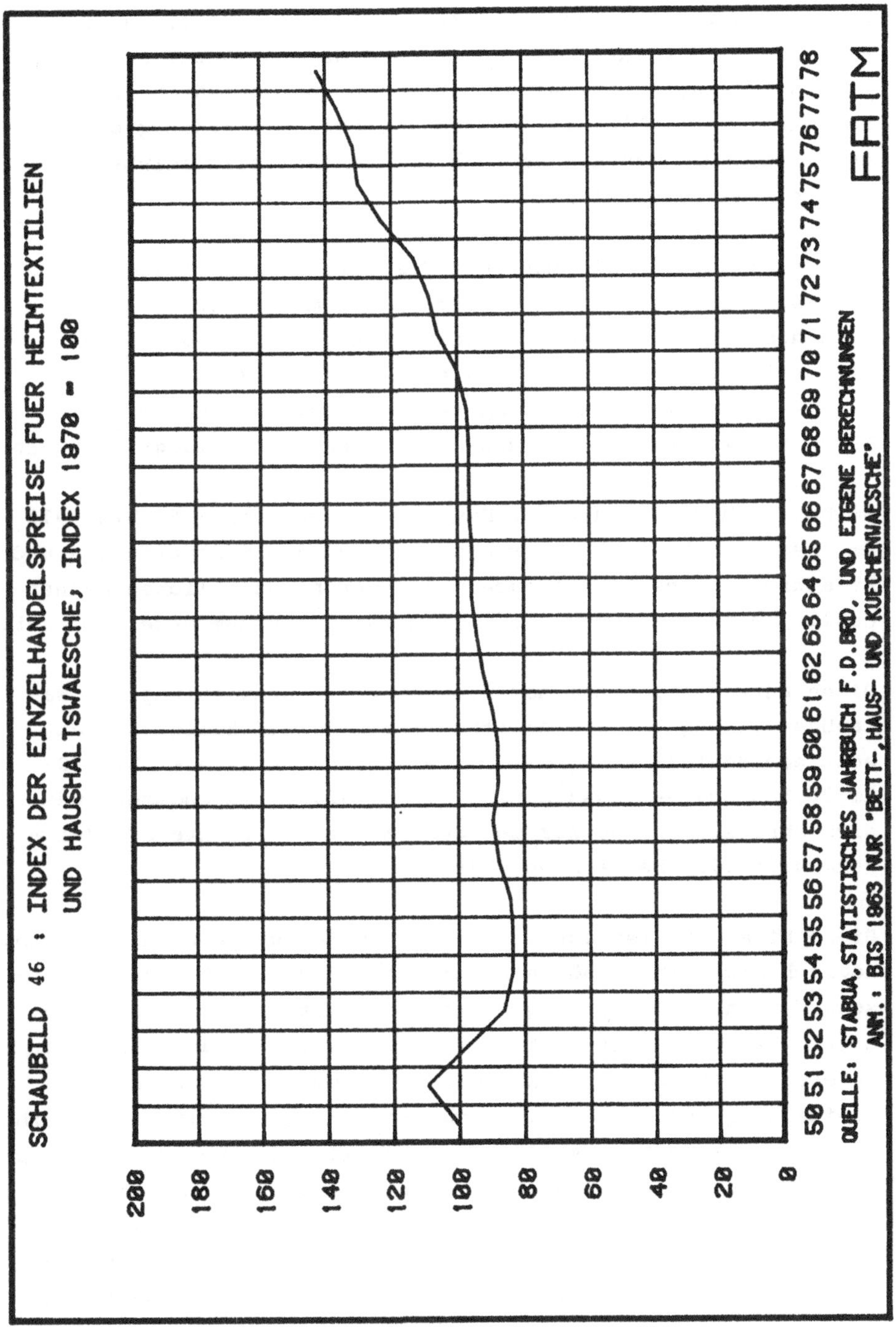

SCHAUBILD 46 : INDEX DER EINZELHANDELSPREISE FUER HEIMTEXTILIEN UND HAUSHALTSWAESCHE, INDEX 1970 = 100

QUELLE: STABUA, STATISTISCHES JAHRBUCH F.D.BRD. UND EIGENE BERECHNUNGEN
ANM.: BIS 1963 NUR "BETT-, HAUS- UND KUECHENWAESCHE"

Bei der Betrachtung der drei Zeitreihen fällt auf, daß die Entwicklung der Warenbeschaffung und des -absatzes im Textileinzelhandel überwiegend mit Haus- und Bettwäsche sowie Bettwaren seit 1954 bis 1973 real stetig und kräftig gestiegen sind, wenn man den schon bekannten Rezessionseinbruch um 1967 einmal vernachlässigt.

Ab 1967 kann auch die amtliche Umsatzreihe des Einzelhandels mit Haushaltswäsche in die Betrachtung mit einbezogen werden. Auch hier geht die positive Entwicklung nominal deutlicher als real ungebrochen aufwärts bis zum Jahre 1973. Ab dann geben alle drei betrachteten Reihen nach, um dann im Jahre 1978 erst wieder in etwa das Niveau von 1973 erlangt zu haben.

So hat sich der Umsatz mit Haushaltswäsche von 1967 bis 1978 um insgesamt knapp 18 % erhöht, während die Beschaffungs- und Absatzreihen des Einzelhandels aus der nichtamtlichen Kölner Quelle um ca. 93 % bzw. 35 % in diesem Zeitraum erweitert hat.

Diese unterschiedliche nominale und reale Entwicklung der Warenbeschaffung und des Absatzes ist sehr auffällig. So hat seit dem Basisjahr 197o = 1oo der Beschaffungsindex bis 1978 um 25,5 % und der Absatzindex nur um 12,8 % zugenommen; was sich übrigens analog für den gesamten zu betrachtenden Zeitraum seit 1954 beobachten läßt.

Diese Divergenz ist nur mit Hilfe von Vermutungen zu erklären: Möglich wäre eine erhöhte Lagerhaltung oder auch stärkere Beschaffungsaktivitäten wegen erhöhter Sortimentsbreiten. Eine dritte Erklärungsalternative wäre auch, die Ursache in einer unterschiedlichen Entwicklung für Beschaffungs- und Absatzpreise zu sehen. Da die amtliche Statistik nur eine Indexreihe der Einzelhandelspreise für Heimtextilien und Haushaltswäsche von der Absatzseite ausweist, mit der in dieser Arbeit sowohl die Warenbeschaffungs- als auch die Absatzreihe abdiskontiert wurde, um aus den nominalen Daten zu jeweiligen Preisen reale Größen zu Preisen von 197o zu entwickeln, kann vermutet werden, daß sich u.U. die reale Beschaffungsentwicklung realiter anders darstellt, als in der o.a. Übersicht behelfsweise berechnet wurde.

Insgesamt gesehen müssen im Hinblick auf den Handel mit Haushaltstextilien aufgrund fehlenden Datenmaterials bzw. Nicht-Ausweis der entsprechenden Produkte in der amtlichen Statistik wesentliche, oben schon erwähnte Fragen offenbleiben

Abgesehen von der schon aufgezeigten stark aggregierten Form der Darstellung von Beschaffungs-, Absatz- und Umsatzzahlen des Handels mit Haushaltstextilien, lassen sich auch keine weiteren detaillierten Überblicke über die verschiedenen Distributionswege erstellen, da auch hierzu entsprechendes Quellenmaterial fehlt.

Stellvertretend für Haus- und Tischwäsche können nur die folgenden Zahlen für die Absatzwege der Bettwäsche zu zwei Betrachtungszeitpunkten angeführt werden.

Bettwäsche wurde 1972 und 1976 auf folgenden Distributionswegen vertrieben:[1]

	1972	1976
- über den Versandhandel zu	32 %	31 %
- über den Textileinzelhandel zu	26 %	23 %
- in Kauf-/Warenhäusern zu	19 %	26 %
- in Betten-Spezialgeschäften zu	6 %	5 %
- direkt über den Großhandel zu	1o %	
- direkt vom Hersteller zu	2 %	15 %
- sonstige zu	5 %	

Die mit Abstand führende Bezugsquelle des Konsumenten von Bettwäsche ist in beiden betrachteten Jahren der Versandhandel, der fast ein Drittel der Bettwäschenachfrage zu befrie-

---

1 Deutscher Fachverlag, Textil-Fakten, Markt- und Strukturdaten der Textil- und Bekleidungsindustrie, Jahrgang 1973/74, Frankfurt 1973, S. 495 und Jahrgang 1977/78, Frankfurt 1977, S. 62.

digen versteht. Ein weiteres Viertel wird über Textileinzelhandelsgeschäfte mit breitem Textilsortiment abgesetzt; während die spezialisierten Bettenfachgeschäfte sich mit mageren 6 bzw. 5 % begnügen müssen.

Im Vergleich der beiden beobachteten Jahre verdient noch festgehalten zu werden, daß sich der Bettwäscheabsatz in den Kaufhäusern und Warenhäusern kräftig von 19 % auf 26 % erhöht hat, wie man sehen kann, auf Kosten aller anderen Kokurrenten.

2.5 Die Determinanten der Nachfrage nach Haushaltstextilien

Die amtliche Statistik liefert keine Daten, aus denen man die Ausgaben der privaten Haushalte oder etwa den Pro-Kopf-Verbrauch an Haus-, Bett- und Tischwäsche ersehen kann[1]. Einzig eine nicht-amtliche Quelle kann hier für eine kurze Betrachtung zu Hilfe gezogen werden:

---

1 Vgl. hierzu StaBuA, Fachserie M, Preise-Löhne- Wirtschaftsrechnungen, Reihe 13, Wirtschaftsrechnungen, Einnahmen und Ausgaben ausgewählter privater Haushalte.

Hierbei werden Ausgaben unterschieden nach diversen Textil- und Bekleidungsprodukten; Haushaltstextilien werden jedoch zusammen mit Heimtextilien dargestellt, so daß auf den Einbezug einer derartig aggregierten Ausgabenreihe in diese Betrachtungen verzichtet wurde.

Übersicht 1o: Pro-Kopf-Verbrauch von Bettwäsche in EWG und USA

	in qm				
	1968	1969	197o	1971	1972
BRD	4,21	4,o8	3,91	4,62	4,65
Frankreich	3,71	3,98	3,51	3,78	3,79
Italien	2,89	2,68	2,83	3,19	3,25
Niederlande	3,78	3,16	3,18	3,48	3,48
Belgien	2,15	2,o8	2,78	3,55	3,57
EWG	3,56	3,48	3,38	3,85	3,88
USA			4,5	4,9	
Großbritannien			3,25		

Quelle: Textile Heimkultur, Heft 4/1974, Frankfurt 1974, S. 9.

Danach ist abgesehen von den USA der Pro-Kopf-Verbrauch an Bettwäsche in der Bundesrepublik Deutschland in den betrachteten Ländern am höchsten. Weitere, und vor allem detailliertere Verbrauchsangaben lassen sich jedoch nicht anführen.

Um trotzdem zu Aussagen über die Nachfrageseite des Marktes für Haus-, Bett- und Tischwäsche gelangen zu können, wird nun im folgenden der Versuch unternommen, mit Hilfe verschiedener Determinanten die Entwicklung der Nachfrage nach Haushaltstextilien abzuleiten.

"Da die Entwicklung des Textilverbrauchs der privaten Haushalte ... im wesentlichen von

- Bevölkerungswachstum
- Einkommensentwicklung

- Konsumverhalten"[1]

abhängt, werden als mögliche Bestimmungsgrößen untersucht:

- Bevölkerungsentwicklung
- Eheschließungen
- Anzahl der privaten Haushalte
- Anzahl der Erwerbspersonen/Erwerbstätigen
- Volkseinkommen
- Pro-Kopf-Einkommen
- Verfügbares Einkommen
- Privater Verbrauch
- Wohngebäude- und Wohnungsbestand
- Konsumentenverhalten

Die oben angeführten Einflußgrößen der Nachfrage beziehen sich auf den Bereich der privaten Nachfrage bzw. des Einzelhandels, bei dem ca. 96 % der Textilkäufe privater Haushalte getätigt werden. Die restlichen 4 % Textilien werden über den Großhandel oder "ab Werk" abgesetzt.[2]

Wollte man den Markt für z.B. Oberbekleidung untersuchen, würde es ausreichen, die Untersuchung der Nachfrage auf den Einzelhandel zu beschränken.

Analysiert man jedoch den Markt für Haushaltstextilien, so darf man eine weitere und bedeutende Nachfragekomponente nicht außer acht lassen: die Nachfrage des Nicht-Privaten Sektors, der hier und im folgenden im Gegensatz zum "Privatbereich" als "Objektbereich" dargestellt werden soll.

Neben dem Privatbereich hat das Objektgeschäft einen beachtlichen Teil z.B. am Bettwäscheverbrauch.

---

1 Deutscher Fachverlag, Der Textilmarkt von morgen (Sonderdruck aus der 'Textil-Wirtschaft' vom 2.6.1971, Frankfurt 1971, S. 4.

2 Vgl. K.H. Oppenländer, Die langfristige Entwicklung des Textilverbrauchs, in: Zeitschrift für allgemeine und textile Marktwirtschaft, Jahrgang 197o, Heft 2, Münster 197o, S. 111.

Übersicht 11 : Bettwäscheverbrauch in der Bundesrepublik Deutschland im Objekt- und Privatbereich

Jahr	Privat		Objekt		Gesamt
	Mio qm	%	Mio qm	%	Mio qm
1968	18o	7o,5	75,2	29,5	255,2
1969	175	7o,2	74,2	29,8	249,2
197o	17o	7o,7	7o,6	29,3	24o,6
1971	188	65,7	98	34,3	286
1972	19o	65,7	99	34,2	289

Quelle: Textile Heimkultur, Heft 4, Frankfurt 1974, S. 9.

Ein Sektor der Nachfrage nach Haushaltstextilien, der im Jahre 1972 bereits 34,2 % des Bettwäscheverbrauchs auf sich vereinigte, und dessen Nachfrageanteile bei diesen Produkten tendenziell seit 1968 steigend sind, wie aus der o.a. Übersicht hervorgeht, kann bei der Untersuchung dieses Marktes nicht vernachlässigt werden. Zumal an Bettwäsche für Krankenhäuser- ein Krankenhaus verbraucht pro Patienten-Bett im Jahr durchschnittlich 3 bis 4 kg Haushaltstextilien[1] - Beherbergungsbetriebe und andere Großverbraucher im Hinblick auf Nutzungsdauer, Kosten für die laufende Pflege und auch dauerhaft gutes Aussehen bei häufigem Waschrhythmus andere und höhere Anforderungen gestellt werden als an Bettwäsche für den Privatgebrauch. So kommt in diesem Zusammenhang der Rohstoffverarbeitung Bedeutung zu, da für Objektbettwäsche zum Teil andere Merkmale und Eigenschaften wesentlich werden als für private Bettextilien.

Beispielsweise stößt pflegeleichte Bettwäsche hier kaum auf Interesse, da sie im Hinblick auf Pflege und Reinigung in Großwäschereien wegen ihrer Kunstharzausrüstung eher Nachteile mit sich bringt.

1 Deutscher Fachverlag, Textile Heimkultur, Heft 9/1974, Frankfurt 1974, S. 48 f.

2 Ebenda, Heft 5/1974, Frankfurt 1974, S. 49.

Unter der nun begründeten Annahme, daß der Objektbereich einen gewichtigen Teil der Nachfrage nach Haushaltstextilien ausmacht, wird im weiteren versucht, anhand folgender relevanter Variablen

- Krankenhaus- und Bettenzahl
- Beherbungsbetriebe, Fremdenbetten und Fremdenübernachtungen

die Nachfrage des Objektbereichs mittels ihrer Bestimmungsgrößen zu erfassen.

Auch hier fehlen die entsprechenden Ausweise der Statistik, so daß versucht werden muß, die Objektbereichsnachfrage anhand ihrer Determinanten zu beschreiben.

Zum Schluß dieses Kapitels werden Einflußgrößen beschrieben, die auf Grund der schwierigen empirischen Erfaßbarkeit einer differenzierten ökonometrischen Analyse nicht zugänglich sind und daher bei den Regressionsuntersuchungen unter dem Begriff "Störterme" zusammengefaßt werden.

2.5.1 Der private Bereich

Die Nachfragedeterminanten des privaten Bereichs sind durch teilweise gegenläufige Entwicklungen während des Beobachtungszeitraums gekennzeichnet.

Die deutsche Bevölkerung wird seit 1974 geringer und die Anzahl der Eheschließungen ist seit Beginn der 6oer Jahre ständig rückläufig, während sich die Anzahl der privaten Haushalte über den gesamten Beobachtungszeitraum kontinuierlich erhöht hat. Ebenso verhält sich die Entwicklung der hier untersuchten Einkommensgrößen, die, abgesehen von Phasen verlangsamten Wachstums während der Rezessionen 1967 und 1974, in einer ständigen Aufwärtsbewegung begriffen war.

2.5.1.1 Die Bevölkerungsentwicklung

"Von 196o bis 197o nahm in der Bundesrepublik der Umsatz des Textileinzelhandels pro Kopf der Bevölkerung um 75 % und in der Gesamtsumme um 95 % zu. Die Wohnbevölkerung[1] wuchs in dieser Zeit um 11 %. Die Beteiligung des Pro-Kopf-Anstiegs und der Bevölkerungsvermehrung an der Ausweitung des Gesamtumsatzes verhielt sich also wie 79 : 21. Ohne das Bevölkerungswachstum hätte der Handel 2o % (1,1 % jährlich) weniger umgesetzt, stellte der Deutsche Fachverlag fest[2].

In der hier vorliegenden Betrachtung wird die Entwicklung der durchschnittlichen Bevölkerung[3] von 195o bis 1978 resp. 1985 betrachtet[4]. Von 195o an verlief die Bevölkerungsentwicklung stetig aufwärts von ca. 5o Mio Personen und hatte 1974 mit ca. 62 Mio Personen ihren höchsten Nachkriegsstand erreicht, was einen Zuwachs von etwa 24 % bedeutet.

Betrachtet man jedoch die Wachstumsraten innerhalb verschiedener Zeiträume, so ist zu erkennen, daß das Bevölkerungswachstum sich ständig verlangsamt hat. 1974 aber kippte die Entwicklung erstmals um, denn seitdem nimmt die Bevölkerungszahl jährlich ab und betrug 1978 nur noch 6o,7 Mio Menschen.

Aus der folgenden Übersicht läßt sich diese Entwicklung deutlich ablesen:

---

1 Unter Wohnbevölkerung wird in der amtlichen Statistik (StaBuA, Fachserie A, Reihe 1, I) die an einem Stichtag (hier: 31.12. des jeweiligen Jahres) gezählte Bevölkerung verstanden, die ihren Wohnsitz in einer im Bundesgebiet gelegenen Gemeinde hat, also auch z. B. ausländische Gastarbeiter, Ausländer auf Montage in der Bundesrepublik Deutschland, u. ä.

2 Deutscher Fachverlag, Der Textilmarkt ..., a.a.O., S. 5.

3 Unter 'Durchschnittliche Bevölkerung' wird die durschnittliche Wohnbevölkerung während eines Zeitraums (hier: 1.1. - 31.12. eines jeweiligen Jahres) verstanden.

4 vgl. Tabelle 49

SCHAUBILD 47: DIE BEVOELKERUNGSENTWICKLUNG 1950 BIS 1978 SOWIE
DIE AMTLICHE VORAUSSCHAETZUNG BIS 1985 IN 1000

QUELLE: STABUA, STAT. JAHRBUCH BRD, 1979, U. FACHS. A, REIHE 1, SONDERBEITRAG:
VORAUSSCHAETZ. BEVOELK. 1972 BIS 2000 (HIER VAR. II/WA-ALT. III)

FATM

Übersicht 12: Entwicklung der Bevölkerung in v. H.

Zeitraum	Veränderung in v. H. pro Jahr
1955 - 196o	+ 1,16
196o - 1965	+ 1,29
1965 - 197o	+ o,58
197o - 1974	+ o,57
1974 - 1978	- o,39
1978 - 198o	- o,o5
198o - 1985	- o,16

Quelle: StaBuA, Fachserie 1, Bevölkerung und Erwerbstätigkeit, Reihe 1, sowie 1,1, Sonderbeitrag, Vorausschätzung der Bevölkerung 1972 bis 2ooo; hier Variante II, Wanderungsalternative III, sowie eigene Berechnungen.

Anm.: Es wurde hier die Variante II gewählt, da die geschätzte Entwicklung die bisher beste Anpassung an die seit 1972 zu beobachtende reale Entwicklung zeigte.

Das in der vorigen Übersicht veranschaulichte verlangsamte Bevölkerungswachstum seit Mitte der 6oer Jahre und der seit 1974 zu beobachtende absolute Rückgang der Bevölkerungszahl hat verschiedene Ursachen. Um nur einige Gründe anzuführen, möge folgende stichwortartige Aufzählung genügen: Familienplanung, empfängsnisverhütende Medikamente, Rollenverständnis der Frau, Berufstätigkeit und längere Ausbildungszeiten der Frau, unterschiedliche Besetzung der gebärenden Jahrgänge.
Es würde den Rahmen dieser Arbeit sprengen, das Phänomen der rückläufigen Bevölkerungsentwicklung detailliert zu untersuchen. Daher mögen die o. a. Stichworte als Erklärung genügen, ohne den Anspruch auf Vollständigkeit zu erheben und ohne durch die Reihenfolge der Aufzählung eine Wertung vornehmen zu wollen.

Noch im Jahre 1971 war in der 'Textil-Wirtschaft' zu diesem Thema zu lesen:

"Das Statistische Bundesamt ist aber auf Grund umfangreicher Untersuchungen zu dem Schluß gekommen, daß vorerst noch nicht beurteilt werden kann, ob es sich bei dem Rückgang der Geburtenhäufigkeit um eine andauernde oder nur um eine vorübergehende Erscheinung handelt."[1]

Es hat sich jedoch in kurzer Zeit gezeigt, daß ein tatsächlicher Bevölkerungsrückgang eingetreten ist. Und es ist zu vermuten, daß das Statistische Bundesamt seine Zahlen zur Vorausschätzung der deutschen Bevölkerung bis zum Jahre 2ooo noch einmal revidieren muß. Aus der o. a. Übersicht ist zu ersehen, daß die effektive Entwicklung bereits 1974 bis 1978 eine durchschnittliche Veränderungsrate von - o,39 % pro Jahr zeigte, während die amtlich geschätzte Entwicklung für 1974 bis 1978 noch von durchschnittlich - o,o5 % resp. - o,16 % für 198o bis 1985 ausging. Diese Vorausschätzungen scheinen bereits von der Realität überholt worden zu sein.

2.5.1.2 Die Entwicklung der Eheschließungen

Von der Entwicklung der bundesdeutschen Bevölkerung als einer Bestimmungsgröße für die Nachfrage nach Textilien kommt man fast zwangsläufig zu zwei weiteren Einflußgrößen, die von den Heim- und Haushaltstextilienherstellern aufmerksam beobachtet werden: Die Entwicklung der Eheschließungen und - die im folgenden Kapitel behandelten - privaten Haushalte.

Die Entwicklung der Eheschließungen zeigt seit 195o einen schwankenden Verlauf[2]. 195o wurden noch fast 536.ooo Heiraten verzeichnet und 1954 nur noch gut 453.ooo. Ab da nahm die Heiratslust wieder zu; 1962 vermeldeten die Standesämter fast wieder den Stand von 195o. Aber seit Mitte der 6oer Jahre - Index 1962 = 119,1 - ist die Zahl der Eheschließungen stetig zurückgegangen und erreichte 1978 mit 76,6 Indexpunkten ihren Tiefstand nach dem Kriege.

Sucht man nach Erklärungen für die ständig abnehmende Anzahl der Eheschließungen, so muß festgestellt werden, daß ähnlich

---

1 Deutscher Fachverlag, Der Textilmarkt ..., a.a.O., S. 5

2 vgl. hierzu Tabelle 49

SCHAUBILD 48: DIE ANZAHL DER EHESCHLIESSUNGEN;
1950 BIS 1978

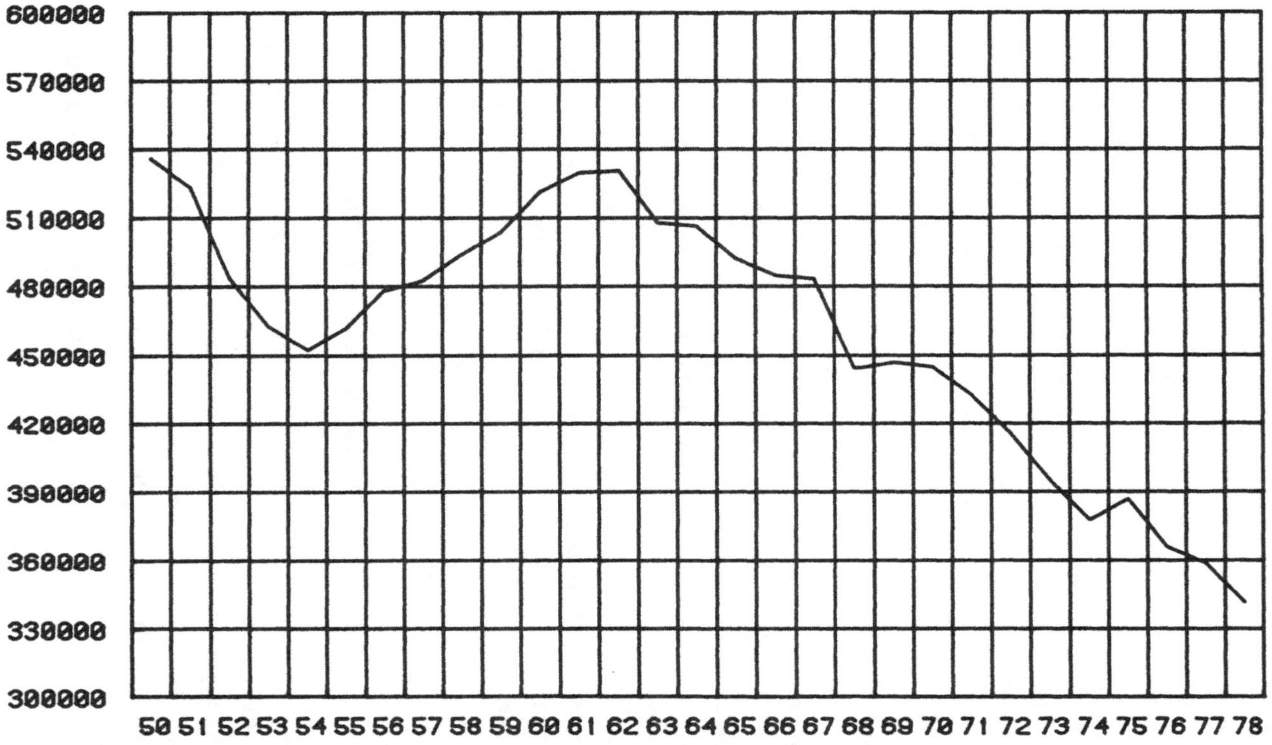

QUELLE: STABUA, FACHSERIE A, REIHE 1, GEBIET UND BEVOELKERUNG
ANM.: 1978 VORLAEUFIGES ERGEBNIS

FATM

wie bei der Entwicklung der bundesdeutschen Bevölkerung, wiederum verschiedene Ursachen denkbar sind. So können unterschiedliche Besetzungen der heiratsfähigen Jahrgänge, verändertes Rollenverhalten und Selbstverständnis in Bezug auf Ehe und/oder Partnerschaft Gründe sein. (Wie später noch zu zeigen sein wird, steigt im gleichen Zeitraum die Anzahl der privaten Haushalte ständig an.) Sicherlich mag auch die Emanzipation der Frau mit Berüfstätigkeit, qualifizierterer Ausbildung und größerer finanzieller Selbständigkeit als Ursache angesehen werden können. Es würde in der vorliegenden Arbeit jedoch zu weit führen, dieses Phänomen eingehender zu untersuchen.

Diese Entwicklung ist den Produzenten von Haushaltstextilien ein Anlaß zur Besorgnis. Denn in verschiedenen Untersuchungen[1] über den Markt für Haushaltstextilien wird immer wieder verdeutlicht, daß Haus-, Bett- und Tischwäsche noch immer primär Zweckkonsumartikel sind, die als sog. 'Brautausstattung' und danach nur noch als Ersatz für verbrauchte und verschlissene Ware angeschafft werden. Denn trotz umfangreicher Bemühungen und intensiver Werbekampagnen konnte das Verbraucherverhalten gegenüber Haushaltstextilien offensichtlich in puncto Mode- und Konsumbewußtsein nicht so etabliert werden wie es z. B. die Konsumenten bei Oberbekleidung aufweisen.

2.5.1.3 Die Anzahl der privaten Haushalte

Gibt die Entwicklung der Eheschließungen den Textilproduzenten Grund zur Sorge, so hat sich im Gegensatz dazu die Entwicklung der Anzahl der privaten Haushalte[2] in der Bundesrepublik Deutschland als erfreulicher erwiesen, wie aus der folgenden Übersicht deutlich wird:

---

1 vgl. Deutscher Fachverlag, Der Markt für Haus- und Tischwäsche, Frankfurt 1972, S. 2; sowie derselbe, Der Markt für Bettwäsche, Frankfurt 1971, S. 2.

2 vgl. hierzu Tabelle 5o

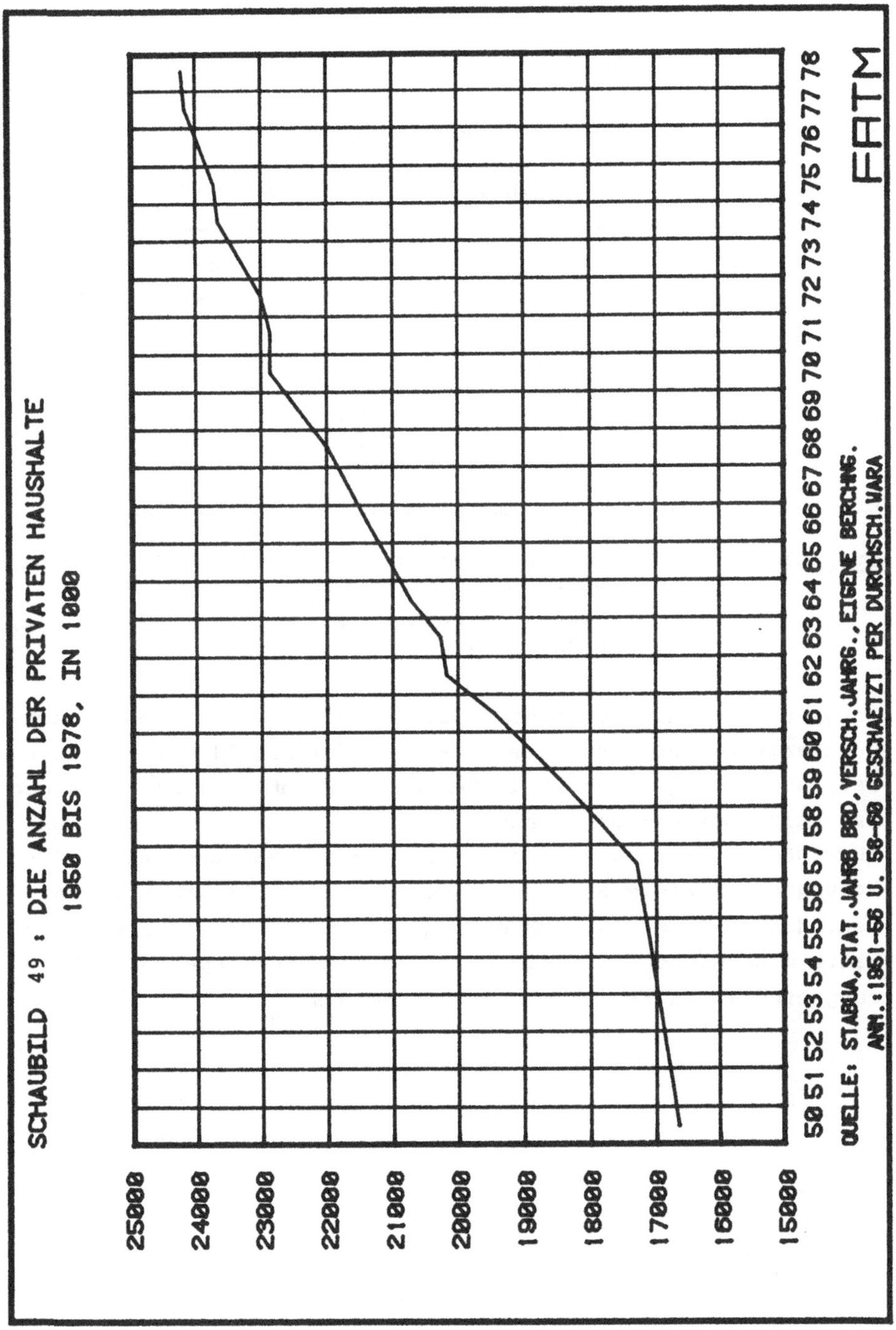
SCHAUBILD 49 : DIE ANZAHL DER PRIVATEN HAUSHALTE
1950 BIS 1978, IN 1000
25000
24000
23000
22000
21000
20000
19000
18000
17000
16000
15000
50 51 52 53 54 55 56 57 58 59 60 61 62 63 64 65 66 67 68 69 70 71 72 73 74 75 76 77 78
QUELLE: STABUA,STAT.JAHRB BRD,VERSCH.JAHRG.,EIGENE BERCHNG.
ANM.:1951-56 U. 58-60 GESCHAETZT PER DURCHSCH.WARA
FATM

Übersicht 13: Die Anzahl der privaten Haushalte in 1.ooo und Personen je Haushalt

Jahre	Zahl der Privathaushalte	Personen je Haushalt
195o	16.64o	3,o7
1961	19.46o	2,88
1966	21.362	2,74
1969	22.414	2,68
1975	23.722	2,64
1978	24.221	2,61
198o+	23.77o	2,58

Quelle: 195o-1978: StaBuA, Statistisches Jahrbuch für die Bundesrepublik Deutschland, versch. Jahrg.
198o+ Deutscher Fachverlag, Der Textilmarkt ..., a.a.O., S. 5

Diese o. a. Zahlen veranschaulichen für den gesamten Betrachtungszeitraum ein stetiges Anwachsen der Anzahl der privaten Haushalte bei gleichzeitig rückläufiger Zahl der Personen pro Haushalt. Die vom Deutschen Fachverlag prognostizierte Zahl für 198o ist analog zur amtlichen Vorausschätzung der Bevölkerungsentwicklung auch schon von der Realität überholt worden, denn bereits 1975 waren real schon soviel private Haushalte ausgewiesen, wie sie nach der hier vorliegenden Schätzung erst im Jahre 198o vorhanden sein sollten.

2.5.1.4 Die Einkommensentwicklung

Da die Konsumgüternachfrage neben der Höhe des gesamten Verbrauchs und der Präferenzstruktur der Konsumenten stark von der Einkommensentwicklung abhängig ist, soll nun im folgenden näher untersucht werden:

- Volkseinkommen
- Pro-Kopf-Einkommen
- Verfügbares Einkommen
- Privater Verbrauch

2.5.1.4.1 Die Entwicklung des Volkseinkommens

Das Nettosozialprodukt (NSP) zu Faktorkosten[1, 2] entwickelte sich in den beobachteten 29 Jahren stetig aufwärts, sowohl nominal als auch real. Die einzige Ausnahme bildet die allgemeine wirtschaftliche Rezession von 1966/67.

---

1 vgl. Tabelle 51

2 Zu den Begriffen der Volkswirtschaftlichen Gesamtrechnung vgl. A. Stobbe, Volkswirtschaftliches Rechnungswesen, 3. Aufl., Berlin 1972, insbesondere S. 1o2 f. sowie S. 116 ff.

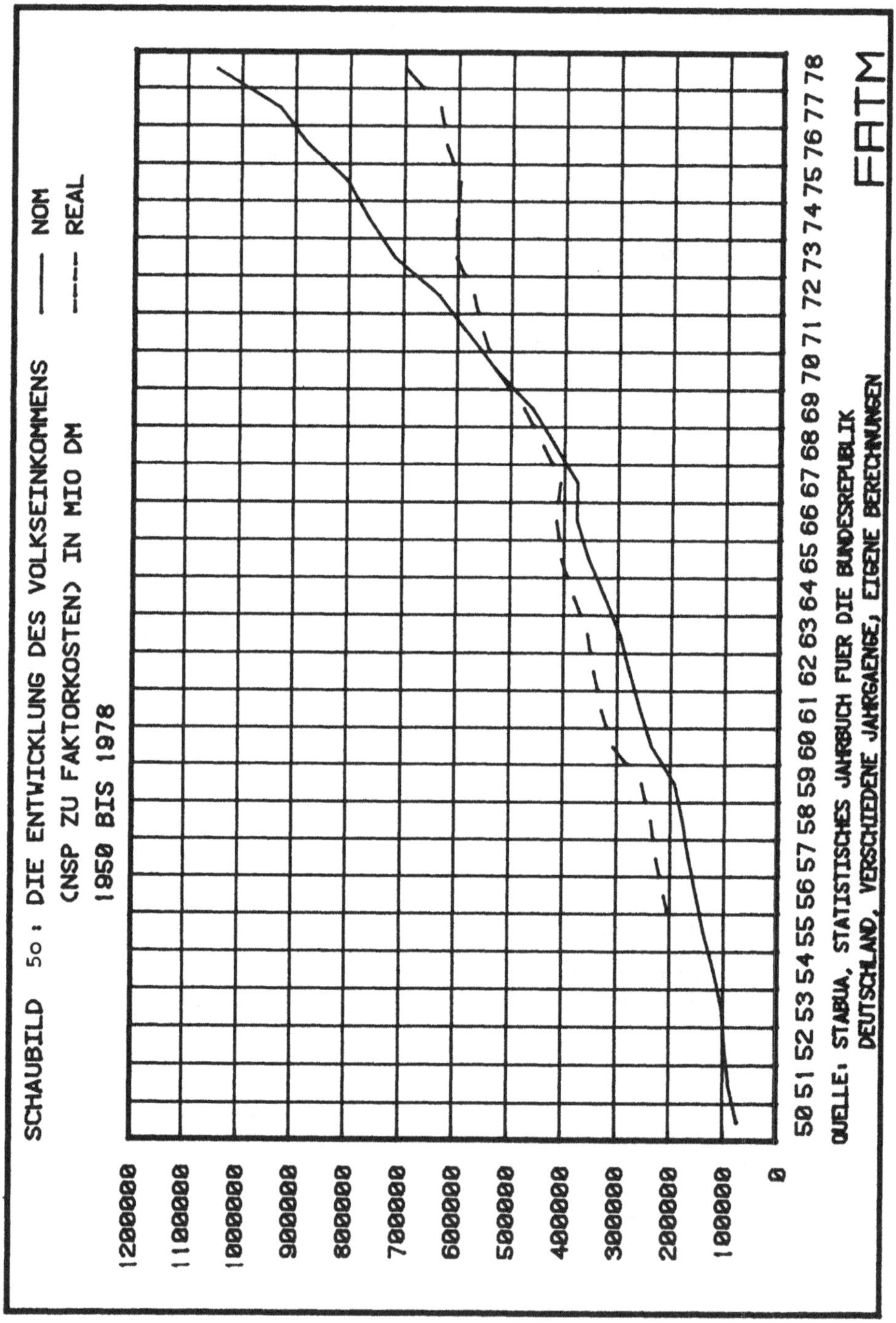
SCHAUBILD 5o : DIE ENTWICKLUNG DES VOLKSEINKOMMENS
(NSP ZU FAKTORKOSTEN) IN MIO DM
1950 BIS 1978
NOM
REAL
1200000
1100000
1000000
900000
800000
700000
600000
500000
400000
300000
200000
100000
0
50 51 52 53 54 55 56 57 58 59 60 61 62 63 64 65 66 67 68 69 70 71 72 73 74 75 76 77 78
QUELLE: STABUA, STATISTISCHES JAHRBUCH FUER DIE BUNDESREPUBLIK
DEUTSCHLAND, VERSCHIEDENE JAHRGAENGE, EIGENE BERECHNUNGEN
FATM

Übersicht 14: Die Entwicklung des Volkseinkommens (NSP zu Faktorkosten) in Mio DM

Jahr	nominal	real+
1955	137.52o	196.738
196o	235.7oo	3o8.1o5
1965	355.3oo	4o5.131
197o	529.19o	529.19o
1975	8o1.94o	595.353
1978	1.o45.79o	696.729

+ Zu Preisen von 197o.

Quelle: StaBuA, Statistisches Jahrbuch für die Bundesrepublik Deutschland; versch. Jahrg., sowie eigene Berechnungen.

Über den o.a. Zeitraum von 1955 bis 1978 hat sich somit das Volkseinkommen nominal um 66o % resp. real 254 % erhöht.

2.5.1.4.2 Die Entwicklung des Pro-Kopf-Einkommens

Analog zur Entwicklung des Volkseinkommens verhielt sich das Pro-Kopf-Einkommen.

Übersicht 15: Die Entwicklung des Pro-Kopf-Einkommens in DM

Jahr	nominal	real+
1955	2.625	3.755
196o	4.252	5.558
1965	6.o2o	6.864
197o	8.725	8.725
1975	12.97o	9.629
1978	15.99o	1o.653

+ Zu Preisen von 197o.

Quelle: StaBuA, Statistisches Jahrbuch für die Bundesrepublik Deutschland, versch.Jahrg., sowie eigene Berechnungen.

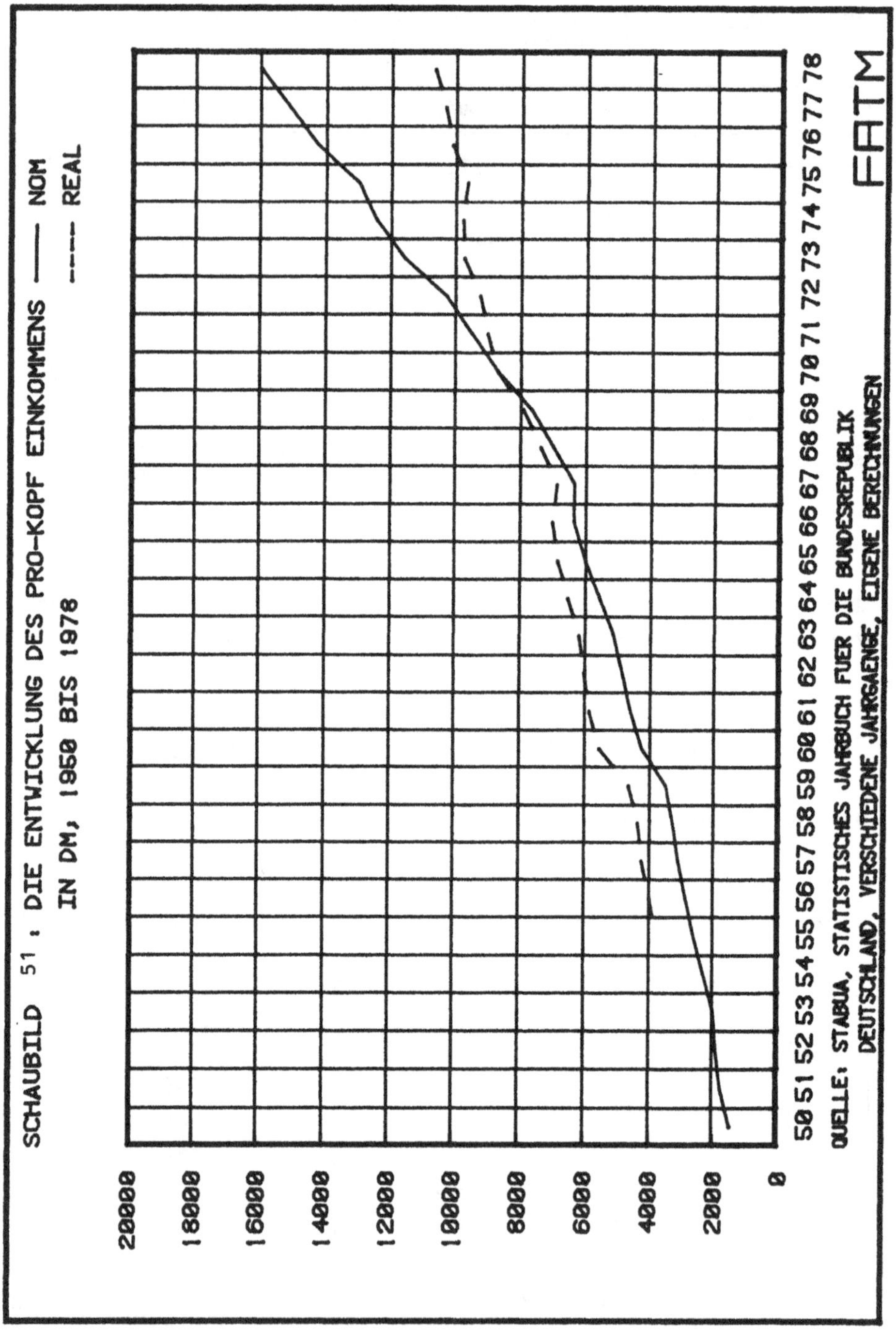
SCHAUBILD 51 : DIE ENTWICKLUNG DES PRO-KOPF EINKOMMENS —— NOM
IN DM, 1950 BIS 1978
---- REAL
20000
18000
16000
14000
12000
10000
8000
6000
4000
2000
0
50 51 52 53 54 55 56 57 58 59 60 61 62 63 64 65 66 67 68 69 70 71 72 73 74 75 76 77 78
QUELLE: STABUA, STATISTISCHES JAHRBUCH FUER DIE BUNDESREPUBLIK
DEUTSCHLAND, VERSCHIEDENE JAHRGAENGE, EIGENE BERECHNUNGEN
FATM

Auch hier wiederholt sich der stetige Anstieg von 1955 bis 1978, und auch hier wieder die einzige Ausnahme: 1966/67.[1]

2.5.1.4.3 Die Entwicklung des verfügbaren Einkommens

Wie aus der folgenden Übersicht und aus dem Tabellenanhang ersichtlich, zeigt die Entwicklung des verfügbaren Einkommens[2] einen analogen Verlauf zu den beiden oben betrachteten Größen. Über den gesamten Zeitraum gesehen war ein Anstieg nominal von 12o.11o Mio DM auf 798.2oo Mio DM (= 664 %) und real von 171.831 Mio DM auf 531.779 Mio DM (= 1o9 %) von 1955 bis 1978 zu verzeichnen.

Wie die folgende Übersicht veranschaulicht, stieg zwar das verfügbare Pro-Kopf-Einkommen und der Pro-Kopf-Textilverbrauch ständig, während jedoch die Einkommenselastizität des Textilverbrauchs im Beobachtungszeitraum stark schwankte. So ist zu sehen, daß die Elastizitäten in der Rezession von 1967 sogar negativ wurden, während in den Boom-Zeiten 1961 1965 und gegen Ende der 6oer Jahre nach Überwindung der 67er Rezession die Einkommenselastizitäten deutlicher zunahmen und über 1 anwuchsen.
Man kann also sagen, daß die Nachfrage nach Textilien sehr konjunkturreagibel ist.
Dies läßt sich an der Darstellung der Durchschnittselastizitäten ebenfalls ablesen. In den Jahren 196o-1965 betrugen die jahresdurchschnittlichen Elastizitäten mehr als das Doppelte gegenüber denen von 1965 bis 197o.

---

1 Vgl. Tabelle 51

2 Vgl. Tabelle 52

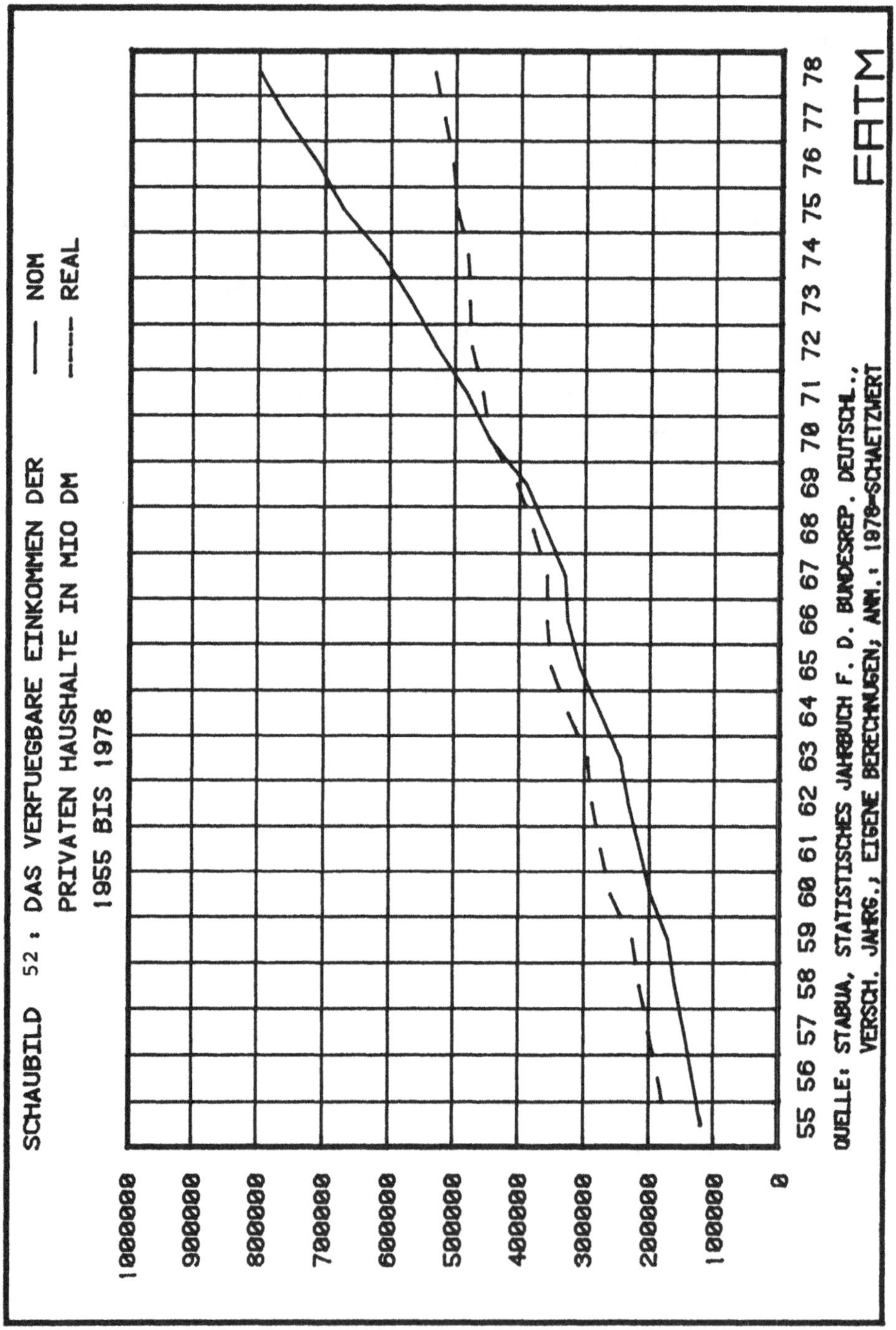

SCHAUBILD 52: DAS VERFUEGBARE EINKOMMEN DER PRIVATEN HAUSHALTE IN MIO DM 1955 BIS 1978

QUELLE: STABUA, STATISTISCHES JAHRBUCH F. D. BUNDESREP. DEUTSCHL., VERSCH. JAHRG.; EIGENE BERECHNUGEN; ANM.: 1978=SCHAETZWERT

Übersicht 16: Verfügbares Einkommen[1], Textilverbrauch, Einkommenselastizitäten[2] des Textilverbrauchs[3]

Jahr	Pro Kopf der Bevölkerung in DM		Einkommenselastizität des Textilverbrauchs	
	Verfügbares Einkommen	Textilverbrauch	gegenüber Vorjahr	von ... zu
1955	2.344	261	-	1955/6o
196o	3.4o1	343	-	= o,69
1961	3.688	379	1,24	
1962	3.953	4oo	o,77	196o/65
1963	4.2o4	411	o,43	= o,88
1964	4.536	439	o,86	
1965	4.936	482	1,11	1965/7o
1966	5.246	495	o,43	= o,38
1967	5.338	488	- o,8o	
1968	5.68o	5oo	o,38	196o/7o
1969	6.257	545	o,89	= o,63
197o	6.611	576	1,o1	

Quelle: Deutscher Fachverlag, Der Textilmarkt ..., a.a.O., S. 9.

1 Das verfügbare Einkommen ist das Einkommen privater Haushalte aus Erwerbs- und Vermögenseinkommen sowie Transferzahlungen abzüglich der direkten Steuern sowie der Sozialabgaben; vgl. hierzu A. Stobbe, Volkswirtschaftliches Rechnungswesen, a.a.O., S. 316.

2 Die Einkommenselastizität des Textilverbrauchs gibt an, wie hoch die Zunahme des Textilverbrauchs in .. v.H. ist, wenn sich das Einkommen um 1 v.H. erhöht. Sie wird berechnet wie folgt:

$$\text{Einkommenselastizität des Textilverbrauchs} = \frac{\text{Prozentuale Veränderung des Textilverbrauchs}}{\text{Prozentuale Veränderung des verfügbaren Einkommens}}$$

Vgl. hierzu A.E. Ott, Grundzüge der Preistheorie, Göttingen 1968, S. 141.

3 Die Übersicht 16 konnte nicht bis 1978 verlängert werden, da die fehlende Quellenangabe ein detailliertes Nachvollziehen der Berechnungen nicht möglich machte.

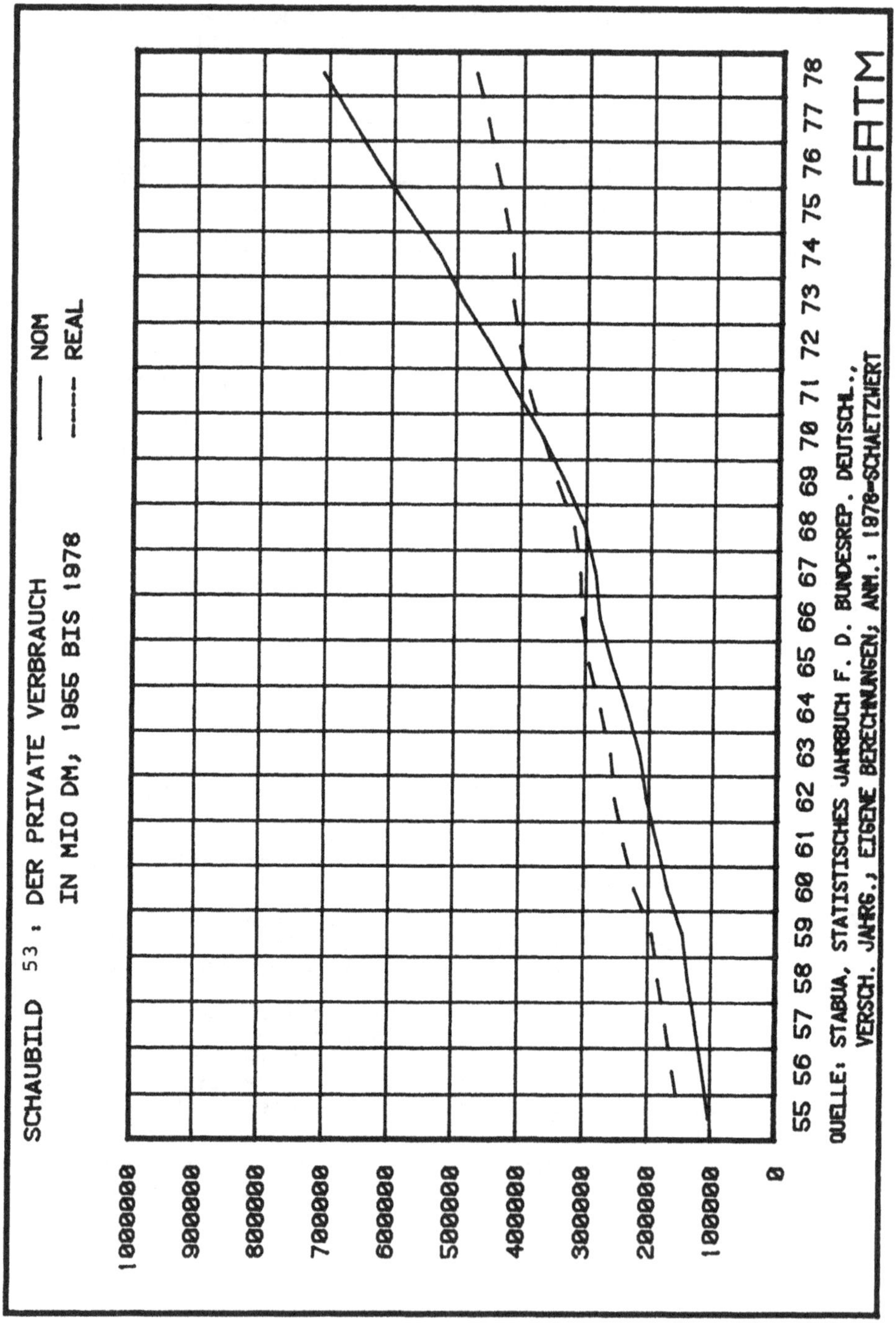
SCHAUBILD 53 : DER PRIVATE VERBRAUCH
IN MIO DM, 1955 BIS 1978
NOM
REAL
1000000
900000
800000
700000
600000
500000
400000
300000
200000
100000
0
55 56 57 58 59 60 61 62 63 64 65 66 67 68 69 70 71 72 73 74 75 76 77 78
QUELLE: STABUA, STATISTISCHES JAHRBUCH F. D. BUNDESREP. DEUTSCHL.,
VERSCH. JAHRG.; EIGENE BERECHNUNGEN; ANM.: 1978=SCHAETZWERT
FATM

2.5.1.4.4 Die Entwicklung des privaten Verbrauchs

Die letzte hier betrachtete Nachfragedeterminante aus dem Bereich der Einkommensgrößen soll der private Verbrauch[1] sein.

Diese Größe kann auch als Nachfrage-Determinante für Haushaltstextilien angesehen werden, wenn man den Privaten Verbrauch als Haushaltsbudget der privaten Haushalte betrachtet. Dieses Budget wird nach Präferenzstrukturen auf die verschiedenen Bedürfnisse aufgeteilt, von denen die Nachfrage nach Haushaltstextilien eines unter mehreren ist. Ändert sich nun das Einkommen der privaten Haushalte, so ist auch eine Veränderung der Verbrauchsausgaben und mit ihnen der Nachfrage nach Textilien zu erwarten.

Auch hier wiederholt sich die von den o. a. Einkommensgrößen bereits bekannte Entwicklung.

Übersicht 17: Die Entwicklung des privaten Verbrauchs in Mio DM

Jahr	nominal	real+
1965	1o3.42o	147.954
196o	17o.o3o	222.261
1965	258.67o	294.949
197o	367.55o	367.55o
1975	576.54o	428.o18
1978	7o9.48o	472.672

+ Zu Preisen von 197o.

Quelle: StaBuA, Statistisches Jahrbuch für die Bundesrepublik Deutschland, versch. Jahrg., sowie eigene Berechnungen.

1 vgl. Tabelle 52

2.5.1.5 Die Entwicklung der Anzahl der Erwerbspersonen und der Erwerbstätigen

Unter Erwerbsperson wird in der amtlichen Statistik eine Person mit Wohnsitz in der Bundesrepublik Deutschland verstanden, die eine auf Erwerb gerichtete Tätigkeit ausübt oder sich auf der Suche nach einer derartigen Tätigkeit befindet, während ein Erwerbstätiger eine Person ist, die in einem tatsächlichen Arbeitsverhältnis steht.

Wie aus der folgenden Übersicht zu ersehen ist, hat während des 29jährigen Beobachtungszeitraumes die Anzahl der Erwerbstätigen von 2o auf 25 Mio Personen (= 25 %) zugenommen und die Anzahl der Erwerbspersonen[1] von ca. 22 auf fast 27 Mio Personen (= 22 %). Hierbei ist zu beobachten, daß die Erwerbstätigenzahl seit ca. 1966 und dann wieder seit 1973 rückläufig ist - Zeitpunkte an denen sich die drohende Rezessionen bemerkbar machten. Die Entwicklung der Anzahl der Erwerbspersonen ist seit 1974 im Rückschritt begriffen, wobei jedoch die amtliche Vorausschätzung der Erwerbspersonen für 1985 fast 2 Mio Personen mehr schätzt als 1978 effektiv vorhanden waren. Es liegt hier die Schluß nahe - analog zu den Überlegungen zur amtlichen Vorausschätzung der Bevölkerungsentwicklung, die a.a.O. dieser Arbeit angestellt wurden -, daß auch diese amtliche Prognose von zu optimistischen Wachstumsraten für die Zukunft ausging. Es ist durchaus realistisch anzunehmen, daß in naher Zukunft die amtliche Vorausschätzung zur Bevölkerungs- und Erwerbspersonenentwicklung revidiert werden wird.

---

1 vgl. hierzu Tabelle 53

SCHAUBILD 54 : DIE ANZAHL DER ERWERBSTAETIGEN (——) SOWIE DIE ANZAHL DER ERWERBSPERSONEN 1950 BIS 1978 UND DIE AMTLICHE VORAUSSCHAETZUNG BIS 1985 (----) IN 1000

QUELLE: STABUA, STATISTISCHES JAHRBUCH F. D. BUNDESREP. DEUTSCHL., VERSCH. JAHRGAENGE; SOWIE WISTA, 9/1978, S. 459 FF.; EIGENE BERECHNUNGEN

FATM

Übersicht 18: Die Anzahl der Erwerbspersonen und Erwerbstätigen sowie die amtliche Vorausschätzung bis 1985, in 1.ooo

Jahr	Erwerbstätige	Erwerbspersonen
195o	2o.376	21.96o
196o	26.247	26.518
1965	27.153	27.159
197o	26.668	26.61o
1975	25.323	26.878
1978	25.2o9	26.952
198o		27.764
1985		28.694

Quelle: StaBuA, Statistisches Jahrbuch für die Bundesrepublik Deutschland, versch. Jahrg., sowie derselbe, Wirtschaft und Statistik, WiSta, 9/197o, S. 459 ff.

2.5.1.6 Die Entwicklung des Wohngebäude- und Wohnungsbestandes

Es darf unterstellt werden, daß eine Veränderung des Bestandes an Wohnungen und Wohngebäuden sicherlich eine Veränderung des Bedarfs an Haushaltstextilien nach sich ziehen wird.

Wohnungen und auch Wohngebäude[1] haben sich über den gesamten Beobachtungszeitraum hinweg ungebrochen und kräftig vorwärtsentwickelt.

Von 195o bis 1978 wurde der Bestand an Wohngebäuden von anfangs 5,2 Mio auf 1o,8 Mio Wohnhäusern mehr als verdoppelt, während sich die Anzahl der Wohnungen in diesem Zeitraum fast verdreifachte, nämlich von 9,3 Mio auf fast 25,1 Mio Wohneinheiten.

Die hier veranschaulichten Bestandsgrößenveränderungen bedeuten auch einen potentiell veränderten resp. erhöhten Absatz an Haushaltstextilien, der jedoch nur als eine Determinante der Nachfrage unter mehreren gesehen werden darf.

1 vgl. Tabelle 54

SCHAUBILD 55: DER BESTAND AN WOHNGEBAEUDEN;
1950 BIS 1978 IN 1000

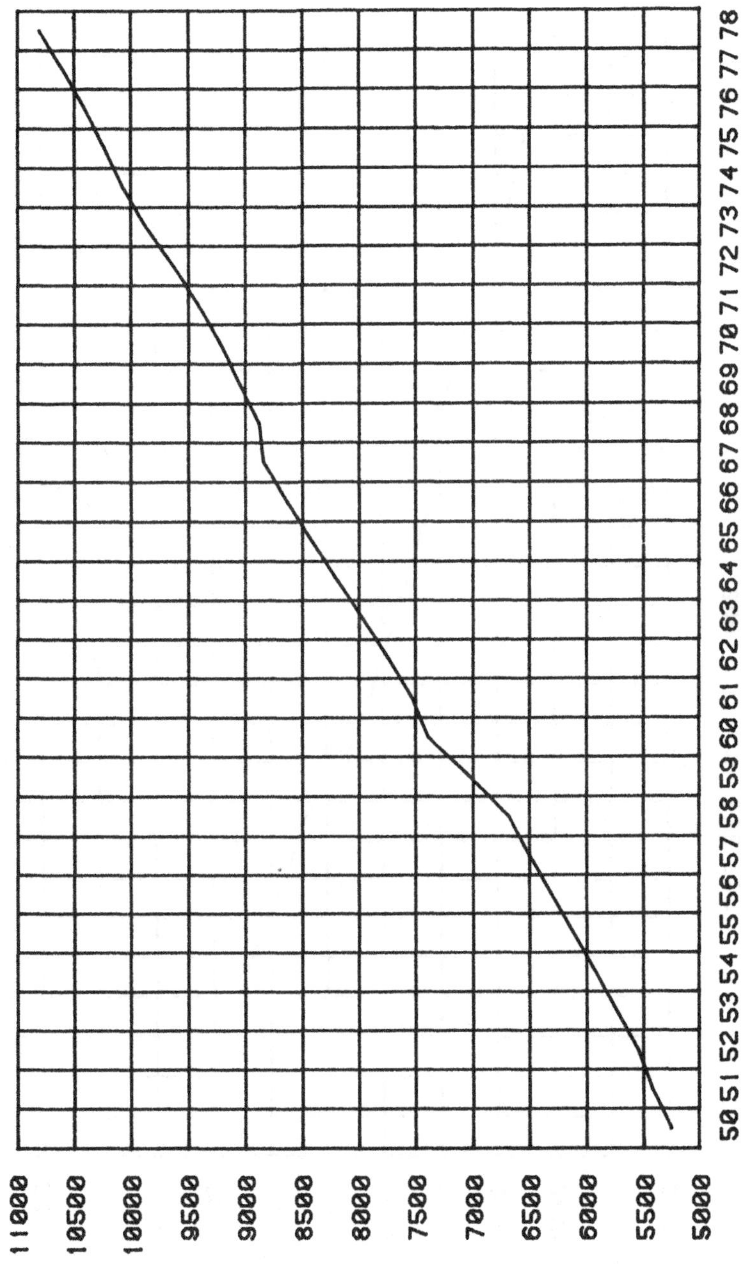

QUELLE: STABUA, STATISTISCHES JAHRBUCH FUER DIE BUNDESREPUBLIK DEUTSCHLAND
ANM.: 1978 VORLAEUFIGES ERGEBNIS

FATM

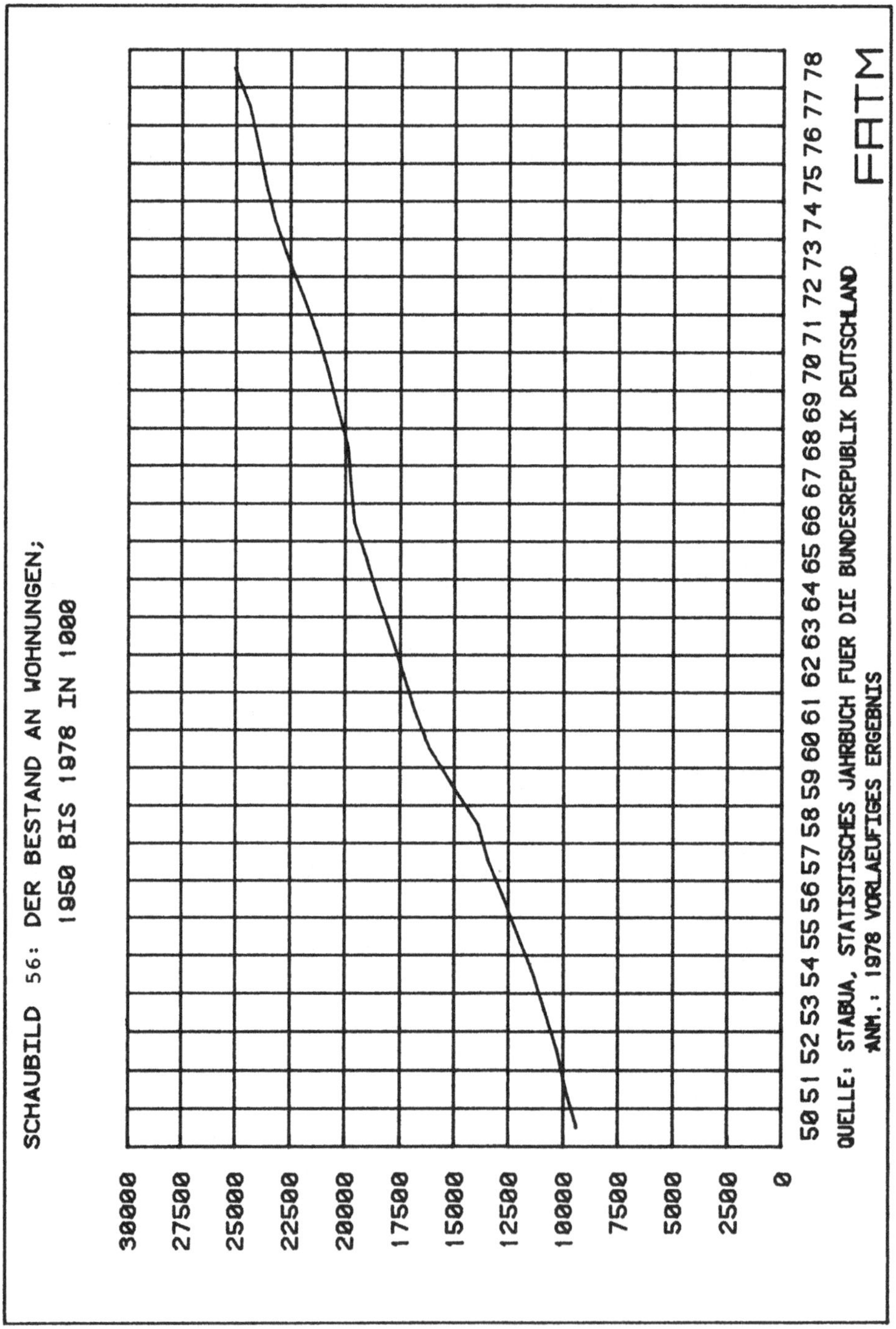

SCHAUBILD 56: DER BESTAND AN WOHNUNGEN;
1950 BIS 1978 IN 1000

QUELLE: STABUA, STATISTISCHES JAHRBUCH FUER DIE BUNDESREPUBLIK DEUTSCHLAND
ANM.: 1978 VORLAEUFIGES ERGEBNIS

2.5.2 Der Objektbereich

Dieses Kapitel beschäftigt sich mit der Entwicklung der nachfragedeterminierenden Bereiche Krankenhauswesen, Wohnungsbau, Hotel- und Beherbergungsgewerbe. Diese Faktoren stellen einen einflußreichen Absatzmarkt dar, können aber nicht in definitiven Zahlen dargestellt werden, da Absatz-, Nachfrage- oder Verbrauchsausweise bezogen auf Haus-, Bett- und Tischwäsche in den Statistiken fehlen.

Auch hier wird versucht, die Entwicklungstendenzen der Nachfrage mittels ihrer Bestimmungsgrößen zu beschreiben.

2.5.2.1 Die Entwicklung des Krankenhaus- und -betten-Bestandes

Seit 195o ist ein ständiges Ansteigen der Krankenhauszahlen zu beobachten, ebenso wie das der Krankenhausbetten.[1] In jenem Jahr zählte man 3.271 Krankenhäuser mit 51o.237 planmäßigen Betten.[2] Bis 1962 entwickelten sich beide betrachteten Größen gleichermaßen aufwärts: es gab 3.651 Häuser mit fast 6o5.ooo Betten. Von 1963 nahm nun die Zahl der Hospitäler kontinuierlich ab - 1978 gab es noch 3.397 Krankenhäuser -, während die Zahl der planmäßigen Betten weiterhin zunahm und 1975 ihren Höchststand mit knapp 73o.ooo erreichte. Bis 1978 wurden dann etwa 9.ooo Betten abgebaut.

Hier zeigte sich analog zur bereits behandelten Entwicklung der Branchenstruktur der Haushaltstextilienhersteller auch im Krankenhauswesen ein deutlicher Trend zur Rationalisierung, also zu weniger, aber größeren Häusern mit höherer Bettenkapazität.

---

1 Vgl. Tabelle 55

2 Unter 'planmäßigen' Betten wird die Anzahl der regulären Belegbetten verstanden ohne Notbetten oder Zusatzbetten für Zeiten der Überbelegung durch Seuchen, Epidemien o.ä.

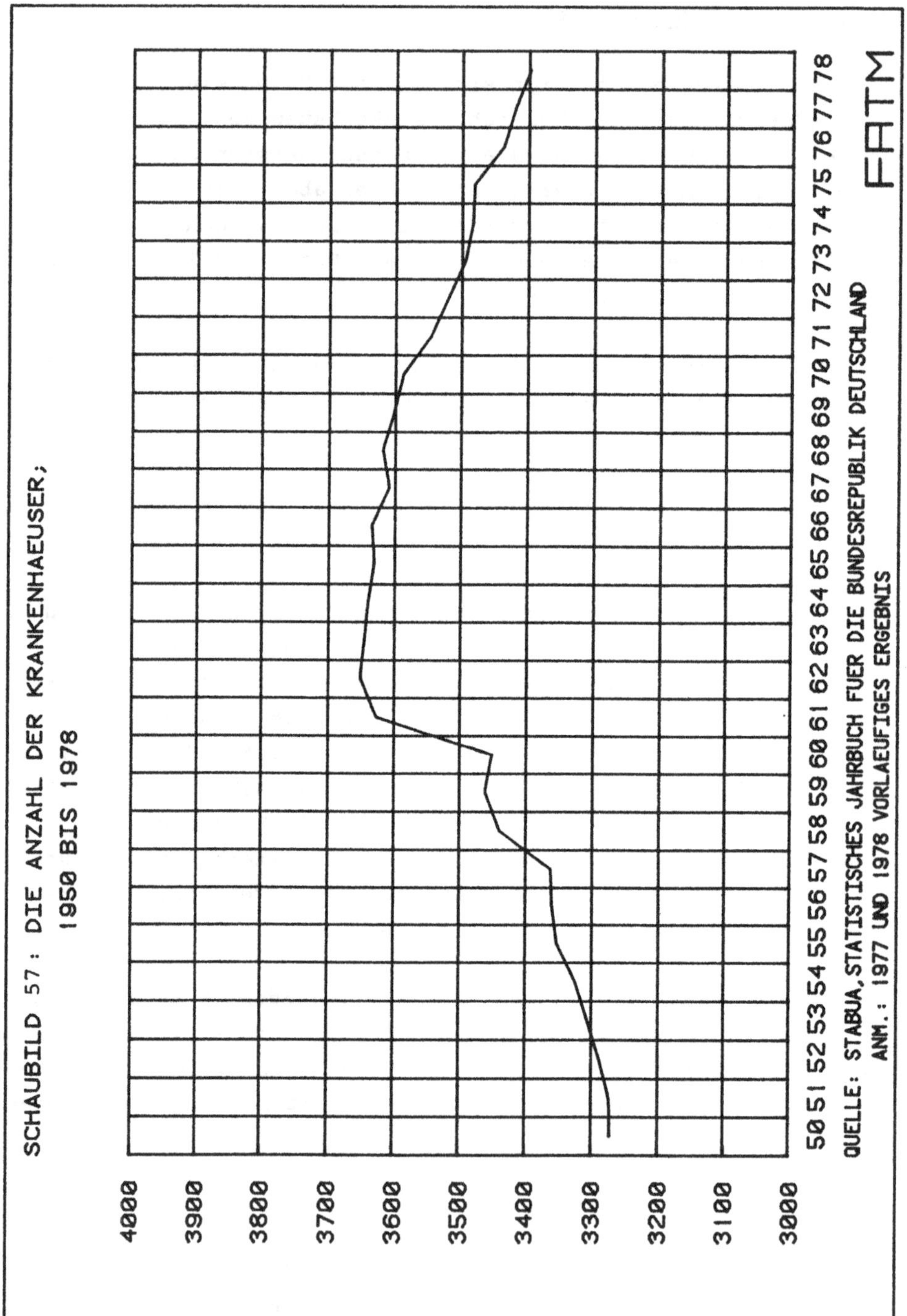

SCHAUBILD 57 : DIE ANZAHL DER KRANKENHAEUSER;
1950 BIS 1978

QUELLE: STABUA, STATISTISCHES JAHRBUCH FUER DIE BUNDESREPUBLIK DEUTSCHLAND
ANM.: 1977 UND 1978 VORLAEUFIGES ERGEBNIS

SCHAUBILD 58: DIE ANZAHL DER PLANMAESSIGEN BETTEN IN KRANKENHAEUSERN; 1950 BIS 1978

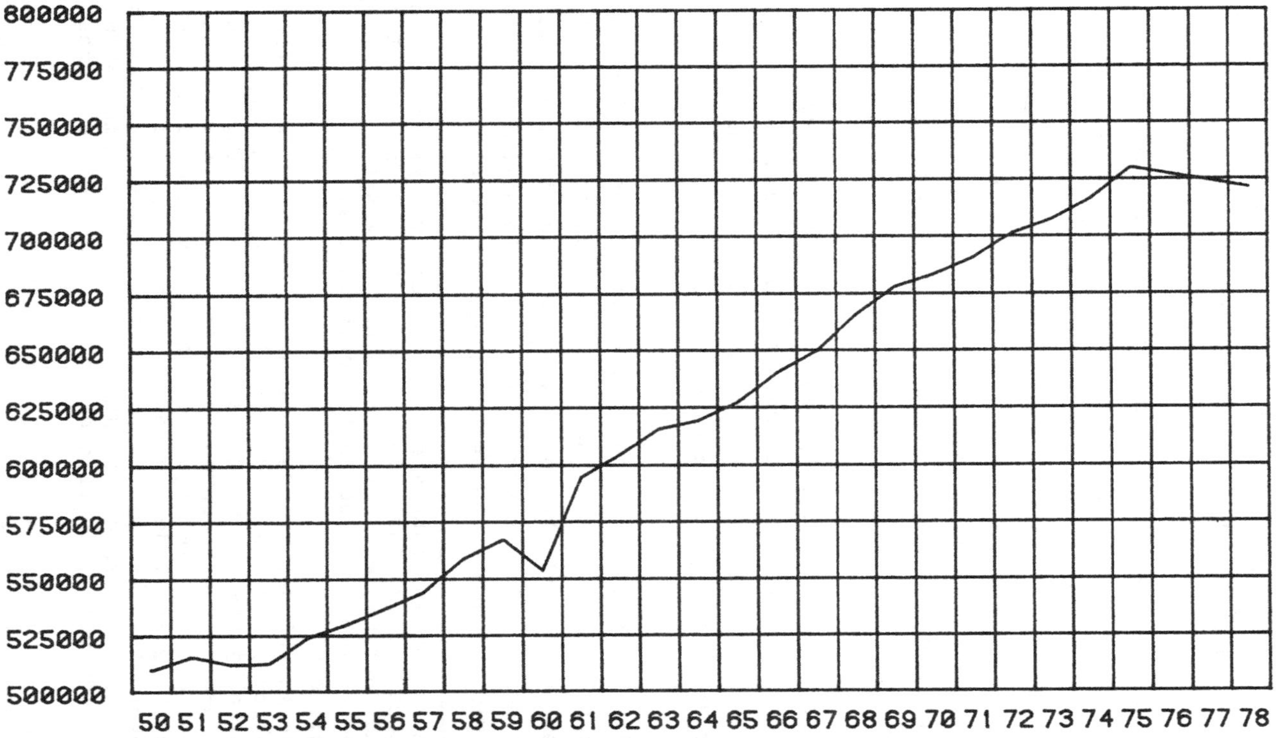

QUELLE: STABUA, STATISTISCHES JAHRBUCH FUER DIE BUNDESREPUBLIK DEUTSCHLAND
ANM.: 1977 UND 1978 VORLAEUFIGES ERGEBNIS

FATM

2.5.2.2 Die Entwicklung des Bestandes von Beherbergungsbetrieben, Fremdenbetten und Fremdenübernachtungen

Analog zur o. a. Entwicklung im Krankenhauswesen können auch im Beherbergungssektor gegenläufige Entwicklungstendenzen sichtbar gemacht werden. Während die Zahl der Fremdenbetten und Fremdenübernachtungen im 29jährigen Beobachtungszeitraum ungebrochen und kräftig anstieg, war die Entwicklung des Bestandes an Beherbergungsbetrieben[1, 2] von einigen Schwankungen und auch Rückschlägen gekennzeichnet.

Die Zahl der Häuser stieg zwar von 195o bis 1978 um mehr als das Doppelte von anfangs ca. 25.ooo auf fast 55.ooo an, jedoch waren in den Jahren 1967 und zu Anfang der 7oer Jahre Rückgänge zu verzeichnen.

In diesem Zeitraum stieg jedoch die Bettenzahl auf das fast Dreieinhalbfache, nämlich von 373.ooo auf 1,4 Mio. Einen noch deutlicheren Aufschwung erkennt man bei der Zahl der Fremdenübernachtungen[3, 4]; sie stieg von 37 auf 236 Mio Buchungen und hat sich damit mehr als versechsfacht.

---

1 Unter 'Beherbergungsbetrieben' soll verstanden werden, sämtliche Hotels, Gasthöfe, Fremdenheime, Pensionen, Erholungs- und Ferienheime, Heilstätten und Sanatorien, Appartement- und Ferienhäuser sowie Ferienbungalows.

2 vgl. Tabelle 55

3 Die Anzahl der Fremdenübernachtungen wird im Statistischen Jahrbuch für die Bundesrepublik Deutschland jeweils im Winterhalbjahr- und Sommerhalbjahrrhythmus ausgewiesen, so daß in den hier als Jahreszahlen angeführten Werten das vierte Quartal des jeweiligen Vorjahres enthalten ist, während das letzte Quartal des laufenden Jahres nicht einbezogen wird. Unter Winterhalbjahr wird der Zeitraum vom 1. Okt. bis zum 31. März des folgenden Jahres, und unter Sommerhalbjahr die Periode vom 1. April bis zum 3o. Sept. eines Jahres verstanden.

4 Nicht enthalten sind die Fremdenübernachtungen in Jugendherbergen, Kinderheimen und auf Campingplätzen, so daß eine direkte Beziehung zwischen Fremdenübernachtungen und Gästebettenkapazität des Beherbergungsgewerbes unterstellt werden kann.

SCHAUBILD 59: DIE ANZAHL DER BEHERBERGUNGSBETRIEBE;
1950 BIS 1978

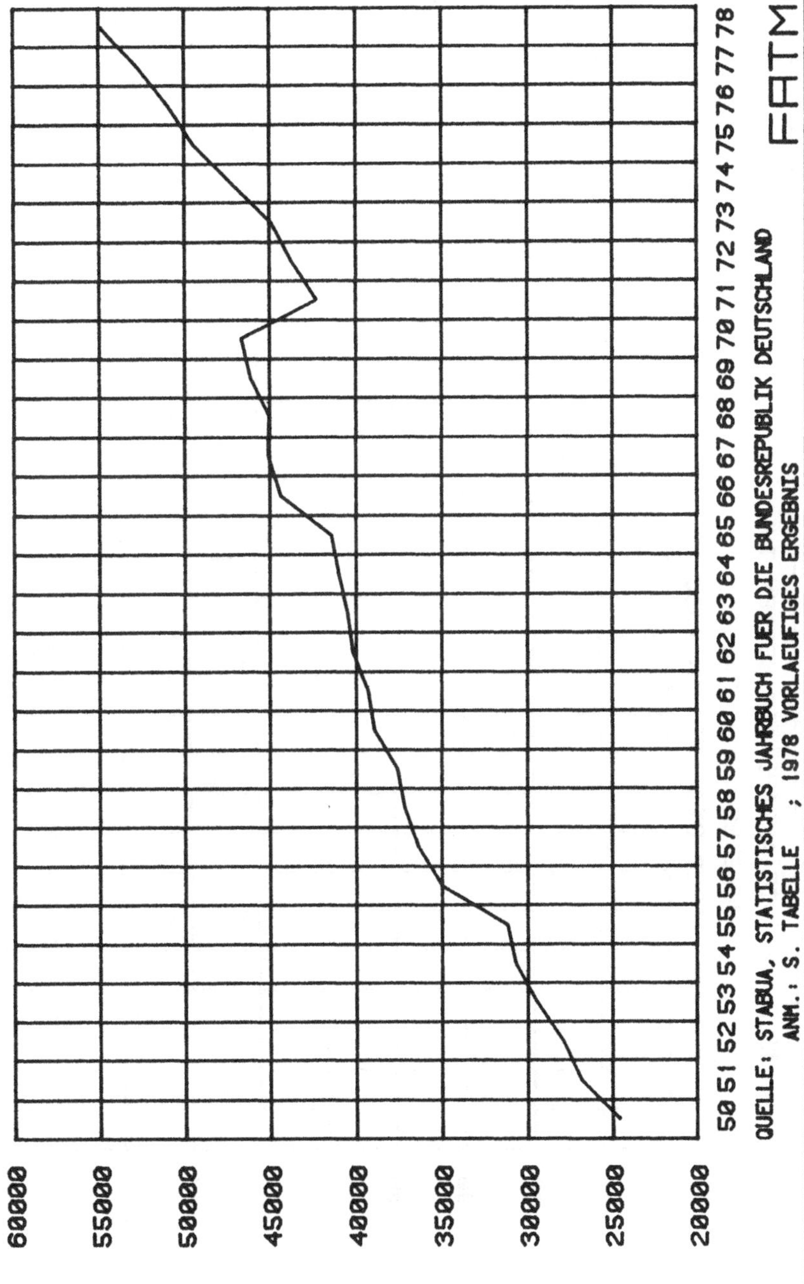

QUELLE: STABUA, STATISTISCHES JAHRBUCH FUER DIE BUNDESREPUBLIK DEUTSCHLAND
ANM.: S. TABELLE ; 1978 VORLAEUFIGES ERGEBNIS

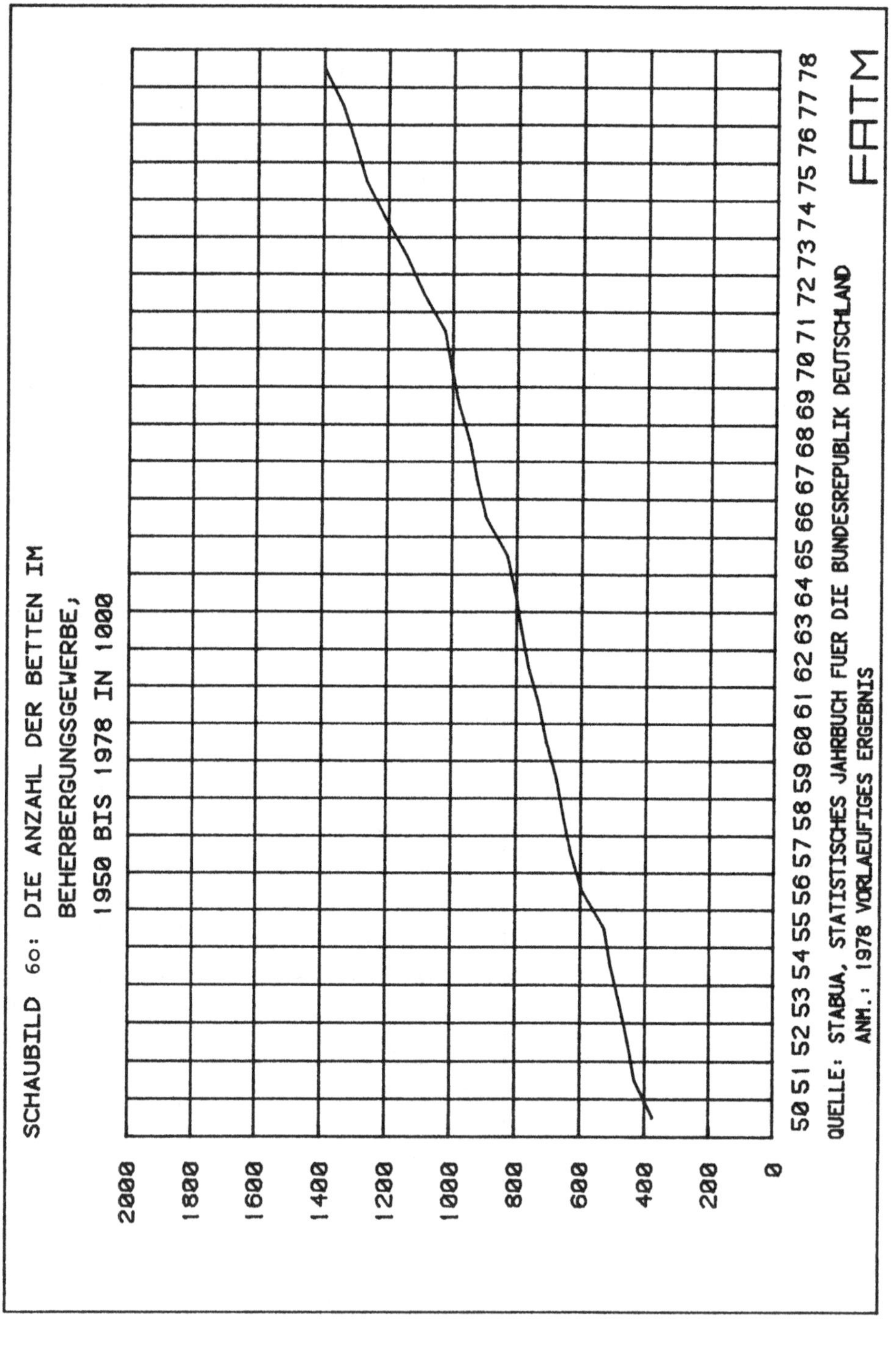

SCHAUBILD 60: DIE ANZAHL DER BETTEN IM BEHERBERGUNGSGEWERBE, 1950 BIS 1978 IN 1000

QUELLE: STABUA, STATISTISCHES JAHRBUCH FUER DIE BUNDESREPUBLIK DEUTSCHLAND
ANM.: 1978 VORLAEUFIGES ERGEBNIS

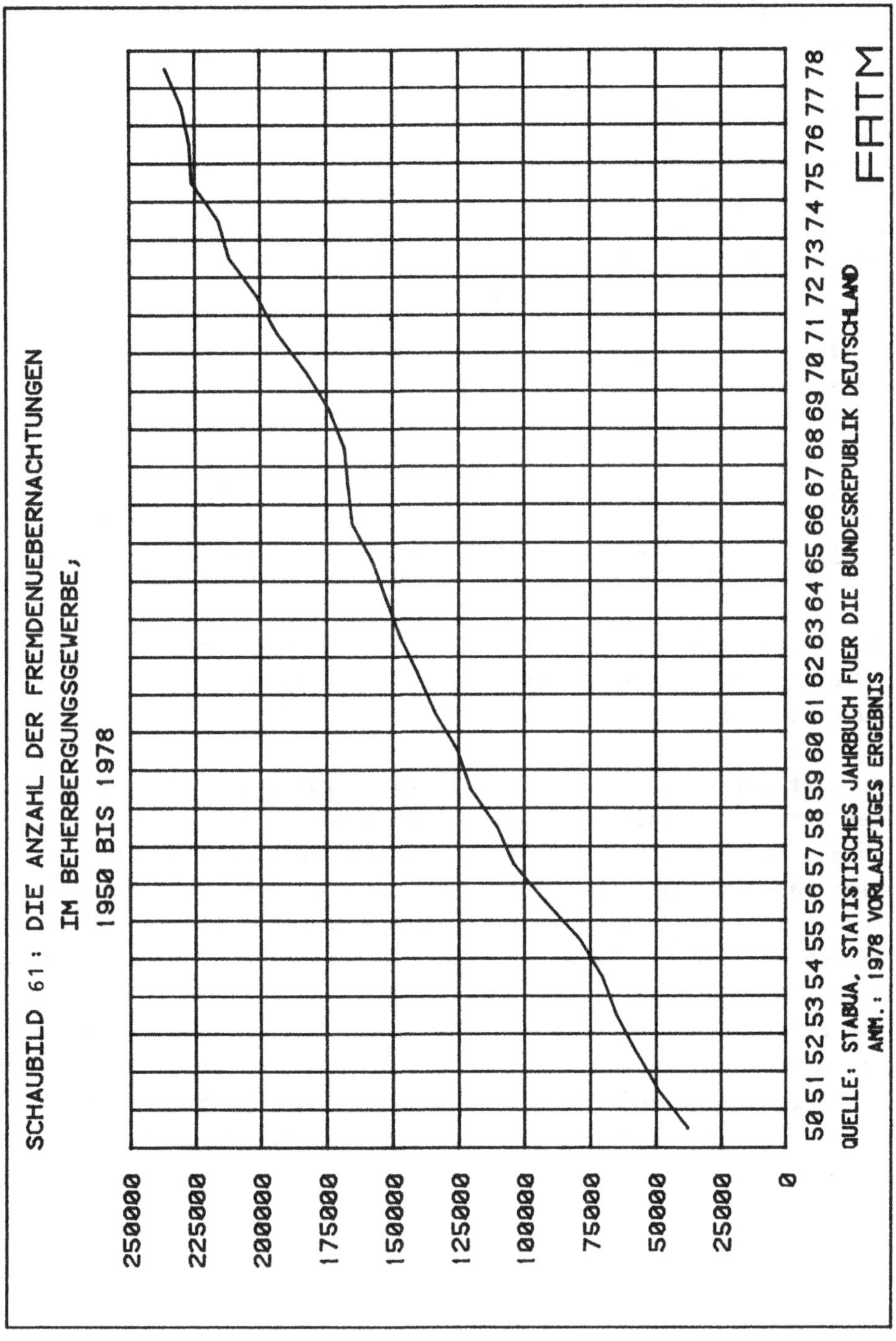
SCHAUBILD 61 : DIE ANZAHL DER FREMDENUEBERNACHTUNGEN
IM BEHERBERGUNGSGEWERBE,
1950 BIS 1978
250000
225000
200000
175000
150000
125000
100000
75000
50000
25000
0
50 51 52 53 54 55 56 57 58 59 60 61 62 63 64 65 66 67 68 69 70 71 72 73 74 75 76 77 78
QUELLE: STABUA, STATISTISCHES JAHRBUCH FUER DIE BUNDESREPUBLIK DEUTSCHLAND
ANM.: 1978 VORLAEUFIGES ERGEBNIS
FATM

Auch hier zeigt sich ein Trend zur Erhöhung der Anzahl der Betten je Haus, wie die folgende Übersicht zeigt.

Übersicht 19: Anzahl der Beherbergungsbetriebe, Fremdenbetten und Ø-Bettenzahl je Haus

Jahr	Beherbergungsbetriebe in 1.000	Fremdenbetten in 1.000	Ø Anzahl an Betten je Haus
195o	24,6	373	15,2
1955	31,2	527	16,9
196o	38,9	7o8	18,2
1965	41,5	829	2o,o
197o	46,6	1.oo4	21,5
1975	49,5	1.27o	25,7
1978	54,9	1.4o1	25,6

Quelle: StaBuA, Statistisches Jahrbuch für die Bundesrepublik Deutschland, versch. Jahrg., sowie eigene Berechnungen.

Die Betrachtungen dieser drei Größen aus dem Fremdenverkehrsgewerbe zeigte während des Beobachtungszeitraumes kräftige Zuwachsraten.

Es darf unterstellt werden, daß eine Veränderung der Anzahl der Hotels und Gasthäuser, der Fremdenbetten und der Übernachtungen einen Einfluß auf den Bedarf an Haus-, Bett- und Tischwäsche gehabt haben und auch haben werden. Denn zum einen muß in den Hotels u. ä. der Bestand an Wäsche erhöht werden, je mehr Betten ein Haus hat, und zum anderen dürften steigende Übernachtungszahlen vermutlich einen häufigeren Wechsel von Frischwäsche verursachen, als Folge davon einen steigenden Waschrhythmus und damit erfahrungsgemäß einen erhöhten Verschleiß, der seinerseits eine permanente Ersatz-Nachfrage an Haus-, Bett- und Tischwäsche nach sich ziehen wird.

2.5.3 Die Determinanten der Auslandsnachfrage

Bisher wurden ausschließlich Determinanten der Nachfrage des Inlandes beschrieben, von denen angenommen wird, daß sie Einfluß auf das Nachfrageverhalten nach Haus-, Bett- und Tischwäsche nehmen. Nachfolgend müssen noch einige Bestimmungsgrößen der Nachfrage nach deutschen Haustextilien erläutert werden, deren Ursprünge im Ausland liegen.

Aussagen über zukünftige Exportentwicklungen bringen den Prognostiker in die unangenehme Lage, Voraussagen über Entwicklungen machen zu müssen, die außerhalb seines 'Prognosegebietes' liegen[1].

Die Einflußfaktoren, die hier berücksichtigt werden sollen, sind:

- das Sozialprodukt der OECD-Länder
- der Export der OECD-Länder

Ein Einbezug der OECD-Daten in diese Überlegungen erschien plausibel, da die OECD-Länder die bedeutendsten Konkurrenten und Partner bundesdeutscher Exporteure der Textil- und Bekleidungsindustrie sind[2].

Da die später zu behandelnden Zeitreihen der deutschen Exporte von Haus-, Bett- und Tischwäsche in der amtlichen Statistik erst mit dem Jahr 1966 beginnen, werden die o. a. Nachfragedeterminanten des Auslandes ebenfalls erst ab 1966 erläutert.

---

1 Helmstädter, E., Kleine, E., Thiele, W., Entwicklung eines ökonometrischen Prognosemodells für die Textilwirtschaft der Bundesrepublik Deutschland; Schlußbericht des Forschungsvorhabens Nr. S-36; unveröffentlicht, Münster 198o, S. 44;
Veröffentlichung in Vorbereitung, Hrsg. FATM, Forschungsstelle für allgemeine und textile Marktwirtschaft an der Universität Münster.

2 vgl. ebenda, S. 45.

2.5.3.1 Das Sozialprodukt der OECD-Länder

Die Nachfragedeterminante mit der höchsten Aussagekraft für die Auslandsnachfrage ist sicherlich das 'Sozialprodukt der OECD-Länder'. Da wir aber über eine derartige Zeitreihe nicht verfügten, waren wir gezwungen, andere Einflußgrößen in unsere Überlegungen einzubeziehen.

Nachdem es weiterhin nicht möglich war, Zeitreihen über Einkommensgrößen des OECD-Auslandes zu erstellen, erschien es plausibel, die folgenden Größen

- Nettoproduktion der OECD-Länder
- Auftragseingang aus dem Ausland in der deutschen
  - Textilindustrie
  - Bekleidungsindustrie

als Bestimmungsfaktoren der Auslandsnachfrage nach deutschen Haushaltstextilien zu betrachten.

Wie die folgende Übersicht zeigt, nahm in den betrachteten 12 Jahren die Nettoproduktion der OECD-Länder einen steigenden Verlauf, der nur von einem kurzen Einbruch 1974/75 gekennzeichnet ist.

Übersicht 2o: Index der Nettoproduktion der OECD-Länder Index 197o = 1oo

Jahr	Index	Jahr	Index
1966	82,oo	1973	118,25
1967	84,75	1974	118,5o
1968	91,oo	1975	1o9,oo
1969	97,75	1976	12o,oo
197o	1oo,oo	1977	125,oo
1971	1o1,5o	1978	128,5o
1972	1o8,25		

Quelle: OECD/OCDE, Industrial Production, versch. Jahrg., sowie eigene Berechnungen.

Wie zu ersehen ist, war im Beobachtungszeitraum ein etwas mehr als 5o %-iger Anstieg zu verzeichnen. In der gleichen Zeitspanne stieg der Nettoproduktionsindex der gesamten bundes-

SCHAUBILD 62 : INDEX DER GESAMTEN EXPORTE UND DER INDUSTRIELLEN NETTOPRODUKTION DER OECD VON 1965 BIS 1978

INDEX 1970 = 100

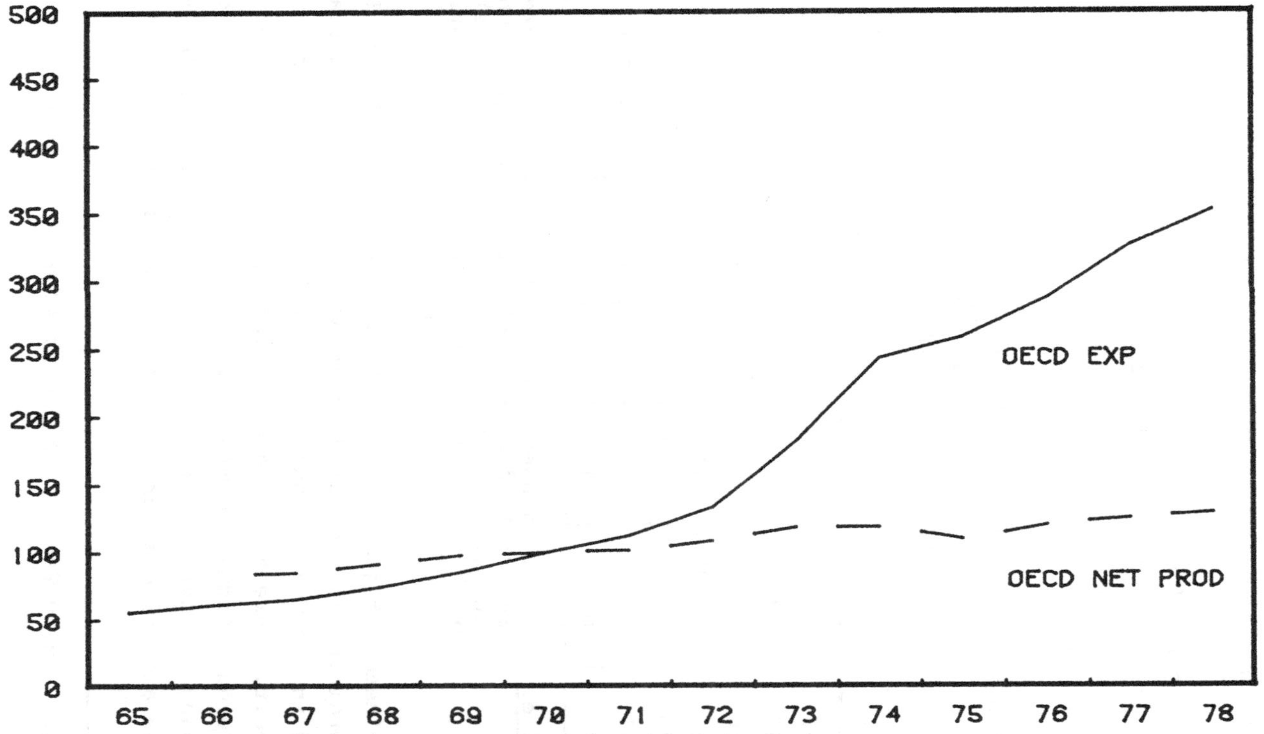

QUELLE: OECD, STATISTICS OF FOREIGN TRADE; OECD/OCDE, INDUSTRIAL PRODUCTION, HISTORICAL STATISTICS; JEWEILS VERSCH. JAHRG; SOWIE EIGENE BERECHNUNGEN

FATM

deutschen Industrie von 76,8o auf 118,9o und der der deutschen Textilindustrie von 86,7o auf 1o5,1o Indexpunkte an[1].

Die folgende Übersicht verdeutlicht, daß die <u>ausländischen Auftragseingänge</u> in der bundesdeutschen Textil- und Bekleidungsindustrie in zweierlei Hinsicht unterschiedlichen Verläufen gefolgt sind.

<u>Übersicht 21:</u> Auftragseingang aus dem Ausland in der deutschen Textilindustrie (AATEX) und Bekleidungsindustrie (AABKL)
Index 197o = 1oo

Jahr	AATEX	AABKL	Jahr	AATEX	AABKL
1966	6o,6o	71,95	1973	128,1o	141,o2
1967	69,27	76,15	1974	1o9,o2	152,67
1968	77,77	92,72	1975	1o8,27	159,12
1969	95,85	113,o5	1976	137,55	219,12
197o	1oo,oo	1oo,oo	1977	127,85	219,77
1971	112,37	116,3o	1978	135,4o	227,27
1972	1o7,97	14o,35			

<u>Quelle:</u> StaBuA, Fachserie D (4), Industrie und Handwerk, (Produzierendes Gewerbe), Reihe 2, Produktionsindices (Indices für das produzierende Gewerbe), versch. Jahrgänge, sowie eigene Berechnungen.

Gemeinsam ist jedoch beiden Zeitreihen der steigende Trend, allerdings hat sich im Betrachtungszeitraum der Auftragseingang in der Textilindustrie 'lediglich' etwas mehr als verdoppelt, während sich die ausländischen Orders in der Bekleidungsindustrie mehr als verdreifachten. Der Auftragseingang in der Textilindustrie wurde im Jahre 1972, möglicherweise als Vorbote der sich ankündigenden Rezession, rückläufig,

1 vgl. hierzu Tabelle 1o dieser Arbeit

SCHAUBILD 63 : DIE ENTWICKLUNG DES AUFTRAGSEINGANGS AUS DEM AUSLAND IM TEXTILGEWERBE (AATEX) UND IM BEKLEIDUNGSGEWERBE (AABKL), INDEX 1970 = 100

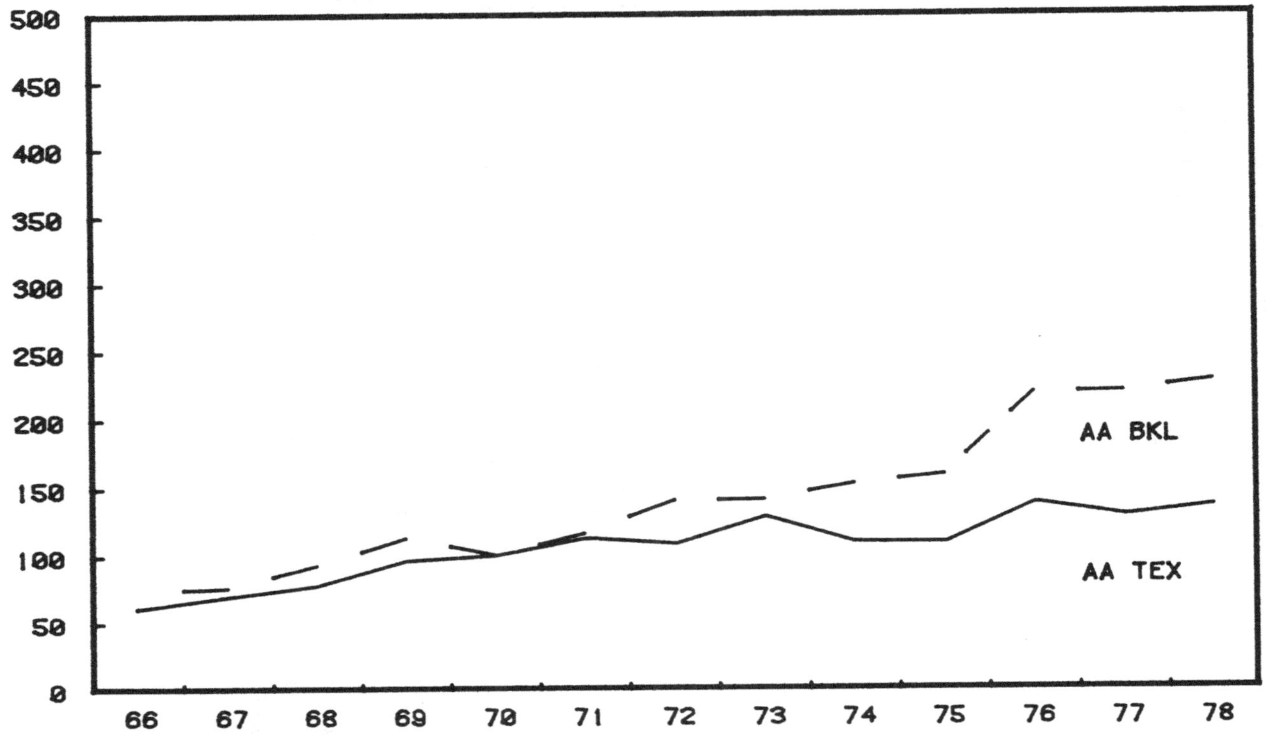

QUELLE: STABUA, FACHSERIE D, INDUSTRIE UND HANDWERK, REIHE 2, VERSCHIEDENE JAHRGAENGE; SOWIE EIGENE BERECHNUNGEN

FATM

was bis 1976 vorhielt. Im Unterschied hierzu ist ein derartiger Einbruch bei den Aufträgen für die Bekleidungsbranche nicht festzustellen; 1976/77 machte sich zwar ein plötzlich drastisch gesunkenes Wachstum bemerkbar, das aber im Jahr danach bereits überwunden schien.

2.5.3.2 Gesamtexport der OECD-Länder

Aus der untenstehenden Übersicht ist zu ersehen, daß die Entwicklung der gesamten Exporte der OECD-Länder im 14-jährigen Beobachtungszeitraum einen überaus kräftigen Aufschwung zu verzeichnen hatte:

Übersicht 22: Index der gesamten Exporte der OECD-Länder
Index 197o = 1oo

Jahr	Index	Jahr	Index
1965	55,o9	1972	132,74
1966	6o,92	1973	182,15
1967	65,oo	1974	243,47
1968	73,47	1975	259,15
1969	84,96	1976	287,91
197o	1oo,oo	1977	326,4o
1971	112,38	1978	352,31

Quelle: OECD, Statistics of Foreign Trade, versch. Jahrgänge, sowie eigene Berechnungen.

Durch keinerlei Rückschläge oder Einbrüche getrübt, hat sich der Gesamtindex der OECD-Länder in 14 Jahren fast versiebenfacht.

2.5.4 Der Einfluß von Substitutionseffekten, Konsumentengewohnheiten und Mode auf die Nachfrage nach Haus-, Bett- und Tischwäsche

Bisher wurden zur Beschreibung der Nachfrageseite des Marktes für Haus-, Bett- und Tischwäsche Nachfragedeterminanten betrachtet, die helfen sollten, diese Marktseite wegen des Fehlens geeigneterer statistischer Daten zu durchleuchten.

Abgerundet werden soll die Betrachtung der Nachfrageseite nun durch einige allgemeine Ausführungen.

Sicherlich kann nicht unterstellt werden, daß die bisher betrachteten Bestimmungsgrößen die Gesamtnachfrage dieses Textilmarktes vollständig erklären können. Aus diesem Grunde sollen zur abgerundeten Darstellung einige 'sonstige' Einflußgrößen betrachtet werden. Auf diese Weise kann ein differenzierteres Bild des untersuchten Marktes geschaffen werden, so daß ein umfaßenderer Überblick die Beurteilung der Marktsituation erleichtern hilft.

Im Objekt- und Privatbereich existieren weitere Nachfragefaktoren, die aber aus verschiedenen Gründen nicht quantifizierbar sind, und die sich somit auch nicht als Variablen in ökonomische und ökonometrische Verfahren einreihen lassen.

So ist z.B. im statistischen Sinne eine für den Handtuchmarkt relevante Größe wie die Anzahl öffentlicher resp. gemeinschaftlich genutzter Toiletten- und Waschräume nicht quantifizierbar;[1] gleiches gilt für das Verbrauchsvolumen in Bundesbahnschlaf- oder Speisewagen (Bettwäsche, Tischwäsche, Handtücher); ebensowenig bekannt ist der Bedarf der Bundeswehr, der Haftanstalten, der Schiffahrts- oder Fluglinien, die sicherlich jeder für sich ein gehöriges Absatzpotential für den Markt der Haushaltstextilien darstellen. Und hierbei sind die o.a. Nachfrager des Objektbereichs nur einige exemplarisch aufgezählte Verbraucher von Haus-, Bett- und Tischwäsche.

Die im folgenden dargestellten 'sonstigen Nachfragedeterminanten' können zum überwiegenden Teil unter dem Begriff des 'Konsumentenverhaltens' zusammengefaßt werden. Es handelt sich hierbei um einen zum Teil quantitativ nur schwer erfaßbaren Bereich, denn die Beziehung zwischen seinen einzelnen Komponenten und dem Absatz bestimmter Waren ist nicht eindeutig und zeitlich unabhängig bestimmbar und entzieht sich deshalb häufig einer exakten empirischen Bestandsaufnahme.

Nachfolgend werden nun einige Variablen exemplarisch dargestellt, die das Konsumverhalten bei Haus-, Bett- und Tischwäscheerzeugnissen beeinflussen können.

1. Der Absatz einer Ware wird unter anderem mitbestimmt durch die Existenz, Anzahl und Verbreitung verschiedener Konkurrenzerzeugnisse, die als alternative Produkte mit gleichem

---

1 Vgl. Kapitel 2.2.2.2.3

oder ähnlichem Nutzwert die Anschaffung bzw. den Verbrauch bestimmter Warenartikel reduzieren.[1]

Im Hinblick auf die in dieser Arbeit untersuchten Produkte wäre zunächst das Ersetzen von Handtüchern in öffentlichen Gebäuden, Gemeinschaftstoiletten, Gaststättenbetrieben u.a. aus hygienischen Gründen durch Papier-Handtücher und Heißlufttrockner zu erwähnen. Jedoch auch in Privathaushalten erfreuen sich Krepp-Papierwaren, Tissues und andere Papiererzeugnisse anstelle von Textilien immer größerer Beliebtheit. Die große Steigerung der Produktion von Krepp-Papier-Waren und Tissues verdeutlicht diese Entwicklung.[2] Handtücher aus Frottiergewebe unterliegen allerdings weniger der Konkurrenz derartiger nicht-textiler Artikel, da ihre Vorteile - sie sind sehr saugfähig, haltbar und sympathisch im Griff - von den entsprechenden Produkten der Papier-Branche nicht in diesem Ausmaß verwirklicht werden können.[3]

Als eine in der Zukunft vermutlich immer stärker werdende Konkurrenz für Geschirr- und Gläsertücher müssen Spülautomaten beachtet werden, die in Gaststättenbetrieben und Kantinen immer häufiger eingesetzt werden und deren Anzahl auch in Privathaushalten ständig zunimmt.[4]

Daneben wird auch die Tischwäscheindustrie mit steigenden Mengen von Krepp-Papierwaren konfrontiert, die als Tischdecken (z.T. mit Kunststoff beschichtet) und vor allem als Mundtücher besonders in Gaststättenbetrieben und Kantinen sowie in Privathaushalten als Alternative zu den entsprechenden textilen Produkten verwendet werden.[5]

---

1 Vgl. P.W. Weyer, Absatz- und Absatzorganisation, in: Handwörterbuch der Betriebswirtschaft, H. Seischab und K. Schwantag (Hrsg.), 3. Auflage, Band I, Stuttgart 1965, S. 3o ff.

2 Vgl. Kapitel 2.2.2.2.3 dieser Arbeit.

3 Vgl. Deutscher Fachverlag, Der Markt für Haus- und Tischwäsche, Frankfurt 1972, S. 14.

4 Vgl. ebenda, S. 19, vgl. auch Kapitel 2.2.2.2.3 dieser Arbeit

5 Vgl. ebenda, S. 24.

Zusammenfassend kann also festgestellt werden, daß sowohl die einzelnen Erzeugnisse der Papierindustrie als auch Heißlufttrockner und Geschirrspülmaschinen als Beeinflussungsfaktoren für den Absatz der genannten Haus- und Tischwäscheprodukte eine beachtenswerte Rolle spielen, wobei der Einfluß dieser Artikel auf die Entwicklung der Wäscheindustrie vermutlich eher anwachsen als abnehmen wird.

2. Als weitere wichtige Einflußgröße für den Absatz von Haus-, Bett- und Tischwäschewaren sollte das Konsumverhalten im Sinne von Besitz und Gebrauch im Hinblick auf diese Produkte beachtet werden.

Einige Aspekte des Wäschekonsums sollen an dieser Stelle beispielhaft dargestellt werden.

Den Angaben des medizinischen Informationsdienstes[1] zufolge, hängt in 75 % aller bundesdeutschen Haushalte ein Gemeinschaftshandtuch. Im Vierpersonen-Haushalt werden im Mittel pro Person 1,6 Handtücher benutzt, ein Fünfpersonen-Haushalt muß durchschnittlich sogar mit 1,3 Handtüchern auskommen. In 8o % der erfaßten Haushalte werden einmal pro Woche die Handtücher gewechselt und nur in 1o % der Fälle hatte jedes Familienmitglied zwei Handtücher zur Verfügung. Gästehandtücher waren in 39 % der befragten Einheiten nicht vorhanden, weitere 35 % hielten sie auch nicht für notwendig.

Die Zeitschrift "Neue Revue" ermittelte,[2] daß 8o % der befragten Frauen Bettwäsche alle 2 bis 3 Wochen wechselten, 13 % erneuerten sie alle vier Wochen und nur 7,5 % nahmen den Austausch gebrauchter gegen frischer Bettwäsche wöchentlich vor. Aus diesen hier exemplarisch dargestellten Umfrageergebnissen

1 Vgl. Medizinischen Informationsdienst, zitiert in: Deutscher Fachverlag, Der Markt für Haus- und Tischwäsche, Frankfurt 1972, S. 9 f.

2 Vgl. Neue Revue, zitiert in: Deutscher Fachverlag, Der Markt für Bettwäsche, Frankfurt 1971, S. 7.

lassen sich für das Verbraucherverhalten im Hinblick auf Haushaltswäscheartikel bzw. deren Absatz folgende Schlußfolgerungen ziehen: Das Konsumverhalten der Verbraucher von Haushaltswäscheerzeugnissen deutet auf einen sehr geringen Pro-Kopf-Verbrauch und Verschleiß sowohl von Handtüchern als auch von Bettwäsche hin. Auch in Anbetracht der Vermutung, daß sich in den kommenden Jahren die Ausgaben für Hygiene vermehren werden,[1] muß das Verhalten der Verbraucher den entsprechenden Produkten gegenüber als nicht-absatzfördernd bezeichnet werden.

Entsprechend niedrig sind auch die monatlichen Ausgaben privater Haushalte für Haushaltswäsche. Im Durchschnitt wurden 1972 bei mittlerem Einkommen im Monat 2,73 DM für Haus-, Bett- und Tischwäsche aufgewendet (1971 waren es 2,86 DM und 197o ein Betrag von 2,13 DM), während sich beispielsweise die Ausgaben für Oberbekleidung auf 81,16 DM (1972) beliefen.[2]

3. Eine weitere für den Absatz von Haushaltstexitlien bedeutsame Gruppe von Faktoren betreffen Produktänderungen und -verbesserungen sowie damit zusammenhängende Modetrends.

In den letzten Jahren wurden verstärkt Anstrengungen unternommen, den Markt für Haushaltswäsche - ursprünglich fast ausschließlich ERsatzmarkt - durch die Berücksichtigigung und Ausnutzung modischer Effekte zu beleben.[3] Der Kauf von Haus-, Bett- und Tischwäsche soll nicht mehr ausschließlich unter rein funktionellen und Nutzaspekten stattfinden, so daß modische Trends im Hinblick auf Form, Farbe, Musterung

---

1 Vgl. Deutscher Fachverlag, Der Markt für Haus- und Tischwäsche, Frankfurt 1972, S. 14.

2 Vgl. Deutscher Fachverlag, Textil Fakten 1973/74, Markt und Strukturdaten der Textil- und Bekleidungswirtschaft, Frankfurt 1973, S. 4o.

3 Vgl. Deutscher Fachverlag, Der Markt für Haus- und Tischwäsche, a.a.O., S. 1, sowie derselbe, der Markt für Bettwäsche, a.a.O., S. 2.

o.ä. für eine günstige Entwicklung des Absatzes dadurch sorgen, daß der sich am aktuellen Zeitgeschmack orientierende Verbraucher zum Ersatz zwar noch funktionell vollwertiger, aber unmodischer Ware angeregt werden kann. Die Auffassung, "der Verbraucher sei schließlich nur über modische Ware zu bewegen, seine alten Bestände durch Neuheiten zu aktualisieren"[1] und die Erfahrung, daß der Käufer häufig von Muster und Farbe mehr beeindruckt ist als vom Preis,[2] führte zu vielen Produktveränderungen oder -verbesserungen. Nachdem sich durch die Fabrikation farbiger Wäsche der Anteil buntgewebter und bedruckter Ware gegenüber weißer Wäsche durchgesetzt hat, verändern sich beispielsweise die Bettwäscheerzeugnisse ständig in Farbgebung und Musterung, den erwarteten Verbraucherwünschen entsprechend. Dies veranschaulicht eine ältere Übersicht.

Übersicht 23: Der Privatverbrauch von Bettbezügen in der Bundesrepublik Deutschland nach Farben und Muster

	1971		1972	
	Mill.qm	%	Mill.qm	%
Uni	19,5	39	21,8	34
Floral	15,5	31	24,3	38
Streifen	8	16	6,4	1o
Karo	4	8	3,8	6
Fantaiemuster	1	2	4,5	7
andere	2	4	3,2	5
Gesamt	5o	1oo	64	1oo

Quelle: Deutscher Fachverlag, Textile Heimkultur, 4/1974, Frankfurt 1974, S. 9.

1 Vgl. Hennessen Verlag, Textil-Mitteilungen, Nr. 123, Düsseldorf 1974, S. 9.

2 Vgl. Deutscher Fachverlag, Der Markt für Haus- und Tischwäsche, a.a.O., S. 15.

Zusätzlich zu Veränderungen in Dessin und Farbe ändern sich auch andere Forderungen an die Bettwäsche: So hat sich in den letzten Jahren ein zunehmendes Interesse für bügelfreie Bettwäsche[1] gezeigt; man denke nur beispielsweise an Spannbettlaken aus Frottier.

Inwieweit der Tatbestand, daß die Käufe für Aussteuer derzeit nur noch 25 % ausmachen, aber 6o % für die Ergänzung des eigenen Bedarfs und 15 % als Geschenke gekauft werden,[2] allerdings vornehmlich auf die Ausnützung modischer Trends zurückzuführen ist, kann in Anbetracht der Schwierigkeit, diese Variablen zu quantifizieren, nicht entschieden werden. Zumindest legen diese Zahlen die Vermutung nahe, daß auf dem Bettwäschemarkt modische Einflüsse eine gewisse Rolle spielen.

Allerdings ist die Produktion modischer Ware immer mit einem größeren Risiko behaftet[3] bzw. bestimmte Entwicklungen des Zeitgeschmacks können sich auch negativ auf die Produktionsmenge der entsprechenden Waren auswirken. Ein Beispiel hierfür liefert der Absatz für Tischwäsche, bei dem Runddecken, Tischläufer und Platzgedecke auf Kosten großer Tischdecken auf ein größeres Käuferinteresse stoßen.[4]

Zusammenfassend kann also festgehalten werden, daß die Produktionsentwicklung und einige hier dargestellten Anhaltspunkte die Annahme rechtfertigen, daß die Betonung bzw. Ausnützung modischer Effekte sich zumindest auf dem Bettwäschemarkt (im Hinblick auf die anderen Produkte liegen nur spärliche Informationen vor) als Ganzes positiv ausgewirkt hat.

---

1 Vgl. Deutscher Fachverlag, Textile Heimkultur, Heft 4, Frankfurt 1975, S. 43.

2 Vgl. ebenda, Heft 9, Frankfurt 1975, S. 6.

3 Vgl. ebenda, Heft 12, Frankfurt 1974, S. 14.

4 Vgl. Deutscher Fachverlag, Der Markt für Haus- und Tischwäsche, a.a.O., S. 21.

Die Beschreibung 'sonstiger Determinanten' des Absatzes soll damit abgeschlossen werden, auch wenn diese Ausführungen den gesamten Bereich weiterer möglicher Beeinflussungsgrößen nicht vollständig abdecken. Beispielsweise wurde der im Ausmaß seiner Wirkung zwar nur schwer meßbare, jedoch ebenfalls bedeutsame Faktor der Werbung nicht berücksichtigt. Diese Darstellung wollte jedoch nur den Anspruch der exemplarischen Darstellung einzelner Bestimmungsgrößen verwirklichen, um so die Beschreibung der Nachfrageseite des Haus-, Bett- und Tischwäschemarktes abzurunden.

3 Die Prognose der Entwicklung des Marktes für Haus-, Bett- und Tischwäsche bis 1985

Die vorangegangenen Untersuchungen des Marktes für Haushaltstextilien haben verdeutlicht, daß die verschiedenen Größen dieses Marktes sehr unterschiedliche, teilweise gegenläufige Entwicklungen zu verzeichnen hatten.

Die Betrachtung der Branchenstruktur ergab , daß die Anzahl der Betriebe, Beschäftigten und betriebsbereiten Maschinen kräftig geschrumpft ist.
Gleichzeitig stiegen der Automationsgrad und die Produktivität sehr deutlich.

Die Produktionszahlen insgesamt zeigen seit Mitte der 7oer Jahre überwiegend rückläufige Tendenzen. Außerdem ist festzuhalten, daß fast alle Produktionszeitreihen durch die Rezessionen 1967 und 1974 teilweise erhebliche Einbußen hinnehmen mußten. Ein weiteres Problem für die inländischen Produzenten ist in steigenden Importen aus Billigpreisländern zu sehen.

Die Diskussion der Nachfragedeterminanten nach Haus-, Bett- und Tischwäsche wies ebenfalls unterschiedliche bzw. gegenläufige Entwicklungen auf.
So nahmen Bevölkerungszahl und Eheschließungen ab, während sich gleichzeitig die Zahl der privaten Haushalte ebenso wie die Anzahl der Wohnungen und Wohngebäude ständig vergrößerte. Die verschiedenen Einkommensgrößen nahmen zu. Gleichzeitig ging die Zahl der Erwerbstätigen zurück.

Insgesamt gesehen sind die einzelnen Komponenten dieses Marktes durch uneinheitliche Entwicklungen gekennzeichnet.

Im folgenden soll nun versucht werden, Aussagen über die zukünftige Entwicklung des Marktes für Haus-, Bett- und Tischwäsche zu treffen.

Zunächst wird diskutiert, welches der verschiedenen Prognoseverfahren für unsere Zwecke am besten geeignet ist. Hierbei kommen wir zu dem Schluß, daß die Konstruktion eines ökonometrischen Modells den gestellten Anforderungen am besten entspricht.

Das erarbeitete ökonometrische Modell hat eine rekursive Struktur, in dem die oben diskutierten Nachfragedeterminanten als exogene Variablen eingehen und mit Hilfe von Trendextrapolationsverfahren vorausgeschätzt werden.

Dann werden mit Hilfe regressionsanalytischer Schätzverfahren die endogenen Variablen 'Absatz des Einzelhandels mit Haushaltstextilien', 'Außenhandel' und 'inländische Produktion' vorausgeschätzt.

Insgesamt besteht das Modell aus 1o Gleichungen mit 8 exogenen und 1o endogenen Variablen.

Nach Abschluß der Prognoserechnungen zeigte sich, daß der Markt für Haus-, Bett- und Tischwäsche nicht mehr mit großen Zuwächsen rechnen kann.

Die Nachfrage im Textileinzelhandel wird bis 1985 um durchschnittlich 1,4 % p.a. steigen.

Der Druck der Importe auf die inländische Produktion wird sich weiter verstärken, er kann durch steigende Exporte in dem Maße nicht kompensiert werden.

Daher wird die Inlandproduktion von Haus-, Bett- und Tischwäsche nachgeben müssen. Bis 1985 wird sie im Jahresdurchschnitt um 1,15 % zurückgehen.

3.1 Die Auswahl des Prognoseverfahrens

Um die Entwicklung ökonomischer Größen prognostizieren zu können, stehen nach Zarnowitz[1] die folgenden vier methodischen Ansätze zur Verfügung:

- Die Extrapolation von einzelnen Zeitreihen
- Die Befragung beteiligter Wirtschaftssubjekte nach ihren Planungen und Zukunftserwartungen
- Die Berechnungen generalisierender Konjunkturindikatoren
- Die Erstellung ökonometrischer Modelle

Jede der vier o.a. Ansätze ist mit Vor- und Nachteilen behaftet, so daß ihr Gebrauch für den Zweck einer längerfristigen Prognose bestimmte Erfordernisse erfüllen muß.

Bei der Extrapolation einer Zeitreihe wird die zu prognostizierende Größe als eine Funktion der Zeit betrachtet, wobei

---

1 vgl. Zarnowitz, V., Die Einflüsse der Methode und der Zeitspanne von Vorausschätzungen auf ihre Treffsicherheit, Ifo-Studien, 18. Jahrg. (1972), Heft 2, S. 481, zitiert bei: Helmstädter, E., Was leisten Prognosemodelle?, in: Zeitschrift für allgemeine und textile Marktwirtschaft, Heft 2/3, Münster 1973, S. -18 ff.

man der vergangenen Entwicklung dieser Variablen eine Gesetzmäßigkeit unterstellt. Unter der Annahme, daß dieser beobachtete Verlauf in der Zukunft beibehalten wird, erfolgt eine Fortschreibung der Variablen.

Bei der Zeitreihenextrapolation muß zwischen kurzfristigen und langfristigen Vorausschätzungen unterschieden werden.

Soll eine Kurzfristprognose erstellt werden, so ist von der Trendverlängerung i.d.R. abzuraten, da Zeitreihen gerade von kurzfristigen Entwicklungen, Schwankungen und Störeinflüssen - z.B. von Saisonbewegungen - überlagert werden, die Abweichungen vom beobachteten Trend verursachen. Derartig kurzfristige Schwankungen lassen sich dann nur durch Verfahren der Zerlegung von Zeitreihen erfassen und eliminieren, so daß die derart 'bereinigte' Zeitreihe die Bewegung der Ursprungsreihe nachvollziehen kann. Notwendige Bedingung hierfür aber ist die zeitliche Kongruenz der Oszillationen der einzelnen Zeitreihenwerte.

Wird eine Langfristprognose erstellt, so sollte die vorauszuschätzende ökonomische Variable einem relativ autonomen und evolutionären Prozeß unterliegen, da dieser prognosemethodische Ansatz auf die Spezifizierung des Evolutionsgesetzes zielt.[1] Als Beispiele solcher autonomen ökonomischen Variablen nennt Helmstädter[2] die Bevölkerungsentwicklung, die Erwerbstätigkeit und das Sozialprodukt.

1 Vgl. Kemmann, Ch., Die Determinanten ..., a.a.O., S. 66.

2 Vgl. Helmstädter, E., Was leisten Prognosemodelle?, a.a.O., S. 119.

"Der Zweck solcher einfacher Trendextrapolationen wird für den ökonomischen Analytiker ... darin bestehen, den extrapolierten Wert in den zweckdienlich erscheinenden Zusammenhang einzubauen und daraus die Folgerung für andere ökonomische Größen, die ihn stärker interessieren, zu ziehen. Die extrapolierten Größen stellen somit die 'autonomisierten' Daten bei der Betrachtung der eigentlich interessierenden Größen dar."[1]

Die Befragung als ein weiteres Instrument zur Vorausschätzung muß ebenfalls unter lang- oder kurzfristigen Prognoseaspekten gesehen werden.

Die Befragung der Wirtschaftssubjekte zu ihren Plänen und Erwartungen, die einmalig, mehrmalig oder periodisch erfolgen kann, hat den Vorteil der Aktualität, da die Ergebnisse schneller verfügbar sind als offizielle, amtliche Statistiken. Ihr Nachteil liegt aber in der Subjektivität der Antworten, die ausschließlich Meinungen und Stimmungen innerhalb der befragten Gruppe widerspiegeln.[2] Somit sind Langfristprognosen durch Befragung immer sehr stark durch die momentane und aktuelle Situation und Stimmung der Befragten zum Erhebungszeitpunkt gefärbt.

Bei der Kurzfristprognose wäre die Subjektivität der Antworten aber nicht von Nachteil, weil durch die Erfassung der Meinungen und Stimmungen der Befragten, wie Helmstädter es darstellt,[3] Tatbestände sichtbar werden, die einem zeitlichen Auf und Ab folgen und geeignete Ansätze zur Konjunkturdiagnose und -prognose sind.

---

1 Helmstädter, E., Was leisten Prognosemodelle?, a.a.O., S.119.

2 Vgl. ebenda, S. 12o.

3 Vgl. ebenda.

Insgesamt gesehen ist die Befragung eine Methode zur Darstellung kurzfristiger Tendenzen und Trends, denn die hierin eingegangenen Meinungen der Befragten dienen letztlich als Grundlage der eigenen wirtschaftlichen Orientierung und Disposition.

Es sei noch ein Einwand erwähnt, der Zweifel an der erforderlichen Objektivität der Prognosequalität anmeldet, denn die Befragung als Prognoseverfahren bedeutet, "daß man die Aufgabe der Prognoseerstellung wieder an den Personenkreis zurückgibt, der vornehmlich an der Lösung dieser Aufgabe interessiert ist".[1]

Neuere Untersuchungen[2] haben ergeben, daß dieses sog. 'intuitive' Prognoseverfahren, auch bekannt unter dem Namen 'Delphi-Prognose', methodisch noch zu verbessern ist. So werden den befragten Experten nach der Auswertung die Ergebnisse in einem 'informatorischen Rückkoppelungsprozeß' zur neuerlichen Befragung und evtl. Korrektur der vorher abgegebenen Meinung vorgelegt. Man verspricht sich von dieser Rückkoppelung eine geringere Streuung der Antworten um den Mittelwert und nimmt an, daß die Schätzungen gegen einen bestimmten Wert konvergieren, den man als den 'wahren' Wert ansieht.

Es hat sich, nach Wittgen "in breit angelegten Untersuchungen in den USA nachweisen ... (lassen) ..., daß dieses Verfahren zu durchaus guten Ergebnissen führt und den rein quantitativen Methoden in manchen Bereichen überlegen ist".[3]

---

1 Kemmann, Ch., Die Determinanten der Teppichnachfrage, a.a.O., S. 65.

2 Vgl. Wittgen, R., Prognosen mit der Delphi-Methode, (unveröffentlichte) Materialien zum Vortrag in der Doktoranden-Arbeitsgemeinschaft, Leitung: Prof.Dr. E. Helmstädter, Münster 1978; Diss. 198o, Veröffentlichung in Vorbereitung.

3 Ebenda, S. 7.

Das Verfahren der Befragung ist in hohem Maße von der Qualität der befragten Wirtschaftssubjekte abhängig und wird insbesondere im Bereich der absatzorientierten Marktforschung angewandt. Es bietet sich immer dann an, wenn explizite analytische Methoden der Prognose wegen fehlenden bzw. unzulänglichen Datenmaterials nicht anwendbar sind oder ein sog. 'Expertengespräch am runden Tisch' aus Kosten- oder Zeitgründen nicht durchführbar ist oder aber der Einfluß gruppendynamischer Mechanismen ausgeschlossen werden soll.[1]

Der 'Gesamtindikator für die Konjunkturdiagnose' des Sachverständigengutachtens[3] komprimiert eine Vielzahl konjunktureller Einflüsse zu einem einzigen Indikator. Das hat den Nachteil des Informationsverlustes zum einen, und zum anderen kann die Wertigkeit des Einflusses einzelner Variablen, die in diesen Indikator eingehen, umstritten sein.

"Der Konjunkturwissenschaft und -politik werden durch den Gesamtindikator kaum neue Erkenntnisse vermittelt. Wirtschaftspolitisch verantwortliche Instanzen werden sich nicht mit der Information begnügen können, daß die Stabilität der 'Preise' und 'Vollbeschäftigung' gefährdet erscheinen."[2]

---

1 vgl. Wittgen, R., Prognosen mit der Delphi-Methode, a.a.O., S. 8

2 Lindhorst, H., Versuch einer Neuberechnung des Gesamtindikators zur Konjunkturdiagnose, in: Zeitschrift für allgemeine und textile Marktwirtschaft, Heft 2, Jahrg. 1972, Münster 1972, S. 175.

3 Gemeint ist der Sachverständigenrat zur Begutachtung der gesamtwirtschaftlichen Entwicklung.

Antworten auf Fragen nach den Ursachen von veränderten Konjunktursituationen und nach geeigneten Reaktionsmechanismen kann ein derartig stark aggregierter Gesamtindikator nicht geben.

Um die Möglichkeit zu haben, Zeitpunkt, Dimension, Richtung und Ursache von veränderten konjunkturellen Situationen erkennen oder angemessen darauf reagieren zu können, sollte der Gesamtindikator disaggregiert werden. Als Alternative sind mehrere Einzelindikatoren für Sektor-, Branchen- und Regionalaspekte sowie für Preis- und Kostenentwicklungen zu empfehlen. Aus all diesen Einzelreihen könnte dann ein exakteres Bild der gesamtökonomischen Situation abgeleitet werden.[1]

Abgesehen von den oben kurz skizzierten Problemen der konjunkturellen Diagnostik mit Hilfe des Gesamtindikators des Sachverständigenrates ist die Frage umstritten, ob ein Gesamtindikator auch für prognostische Aufgaben geeignet ist, da die Prognosequalität zum einen von der Verhaltenskonstanz[2] der Indikatorreihe abhängen wird, und zum anderen die Ökonometrie noch über zu wenig Erfahrung im Umgang mit dieser Methode verfügt.[3]

---

1 Vgl. Lindhorst, H., Versuch einer Neuberechnung des Gesamtindikators, a.a.O., S. 175.

2 Vgl. Krelle, W., Möglichkeiten und Grenzen der Konjunkturdiagnose, in: Giersch, H. und Borchard, K. (Hrsg.), Diagnose und Prognose als wirtschaftswissenschaftliches Methodenproblem, Schriften des Vereins für Socialpolitik, Neue Folge, Bd. 25, S. 51 ff., zitiert bei: Helmstädter, E., Was leisten Prognosemodelle?, a.a.O., S. 121.
Krelle zählt die fünf von Mitchell und Burns aufgestellten Kriterien auf, die ein 'idealer' Konjunkturindikator erfüllen müßte:
1. Beobachtungszeitraum ca. 5o Jahre
2. Vorauslaufen um exakt mehrere Monate
3. keine zufälligen Abweichungen
4. zur Konjunktur proportionale Ausschläge
5. Verhaltenskonstanz

3 Vgl. Helmstädter, E., Krupp, R. und Meyer, B., Ein Ökonometrisches Prognosemodell für die Textilwirtschaft der Bundesrepublik Deutschland, Schriften zur Textilwirtschaft, Bd.19, Münster 1976, S. 3 f.

Ökonometrische Modelle sind dadurch gekennzeichnet, daß die zu prognostizierende Variable als eine zu erklärende Größe eines ökonomischen Gesamtzusammenhanges betrachtet wird.

Im Gegensatz zum Verfahren der Trendextrapolation, bei dem ohne besondere ökonomische, sondern vielmehr mit mathematischer Argumentation gearbeitet wird, strebt die Erstellung eines ökonometrischen Modells eine Kausalität zwischen Prognosegröße und anderen ökonomisch relevanten Systemelementen an.

Handelt es sich bei der zu erstellenden Prognose um eine quantitative Aussage, so muß sich der in Hypothesenform geschaffene Gesamtzusammenhang auch quantitativ, also in Form einer funktionalen Gleichungsbeziehung darstellen lassen.[1] Diese Funktionalität kann erfüllt sein bei Vorliegen einer einzigen Gleichung für eine abhängige und nur eine einzige unabhängige Variable, jedoch wird der Terminus 'Prognosemodell' i.d.R. gebraucht, wenn eine Mehrzahl von Gleichungen mit mehreren unabhängigen Variablen vorliegt.

Die beiden Verfahren, die in der hier vorliegenden Arbeit angewandt werden sollen, sind die Trendextrapolation und das Erstellen eines ökonometrischen Modells, zwischen denen im weiteren Sinne verwandte Beziehungen bestehen.

Die Trendextrapolation ist durchaus auch im Sinne eines ökonometrischen Modells mit nur einer Gleichung zu verstehen, bei der die zu erklärende Größe als Funktion der Zeit angesehen werden kann. "Der umgekehrte Fall wäre ebenfalls denkbar, daß eine vermeintliche Kausalbeziehung im Grunde eine Zeitreihenextrapolation darstellt. Wenn eine vermutete erklärende Variable sehr stark trendbehaftet ist und in einer linearen

---

1 Vgl. Helmstädter, E., Was leisten Prognosemodelle?, a.a.O., S. 122.

Beziehung zur Zeit steht, ist es für das Ergebnis mathematisch gleichwertig, ob die Korrelation direkt zwischen der Zeit oder zwischen der betreffenden Variablen und der Analysegröße hergestellt wird. Wenn man dies nicht erkennt, kann man sehr leicht einer Scheinkausalität erliegen, indem man annimmt, daß der Erklärungsgrad der extrahierten Variablen durch die Regression bestimmt sei. In Wirklichkeit ist es aber möglich, daß diese Variable ähnlich der Zeitvariablen nur eine Indikatorenfunktion für andere außerhalb des betrachteten Zusammenhangs stehende Wirkungsgrößen ausübt."[1]

3.2 Das Schätzverfahren und die verwendeten statistischen Prüfmaße

Die Regressionsanalyse ist das geeignete Verfahren, wenn ein hypothetischer Zusammenhang zwischen zu prognostizierender Größe und erklärender Größe statistisch-mathematisch und ökonomisch sinnvoll aufgezeigt und quantifiziert werden soll. Sie erlaubt es, diesen hypothetischen Zusammenhang in Form einer mathematischen Gleichung darzustellen und dabei die Annahmen über eine funktionale Beziehung mit Hilfe von statistischen Prüfmaßen mit einer statistischen Wahrscheinlichkeit zu bewerten.

Die Schätzung der Parameter des hypothetischen funktionalen Zusammenhangs kann mit Hilfe des Kleinste-Quadrate-Verfahrens (KQ) vorgenommen werden.[2] Es wird dabei unterstellt, daß nur lineare Beziehungen zwischen den einzelnen Variablen bestehen, so daß die Funktionshypothese in ihrer einfachsten Form wie folgt geschrieben werden kann:[3]

---

1 Kemmann, Ch., Die Determinanten ..., a.a.O., S. 66 f.; sowie: Vgl. Gerfin, H., Langfristige Wirtschaftsprognose, Tübingen 1964, S. 66.

2 Kleinste-Quadrate-Verfahren wird im folgenden mit 'KQ' abgekürzt.

3 Vgl. hierzu auch Kmenta, J., Elements of Econometrics, New York 1971, S. 531 ff.; sowie Johnston, J., Econometric Methods, New York 1972, 2nd Ed., S. 123 ff. und S. 341 ff.

$$y_t = \alpha + \beta x_t + u_t \qquad \text{für } t = 1,\ldots,n$$

wobei y_t = endogene Variable in t

x_t = exogene Variable in t

u_t = Störvariable in t

Nach der KQ-Methode erhält man für den gesuchten Parameter β durch folgende Beziehung den Schätzwert $\hat{\beta}$:

$$\hat{\beta} = \frac{\sum_{t=1}^{n} (x_t - \bar{x})(y_t - \bar{y})}{\sum_{t=1}^{n} (x_t - \bar{x})^2}$$

Und für den gesuchten Parameter α den Schätzwert $\hat{\alpha}$ wie folgt:

$$\hat{\alpha} = \bar{y} - \hat{\beta}\bar{x}$$

Hierbei stellen $\bar{x}$ und $\bar{y}$ die Mittelwerte der Variablen dar. Damit die Störvariable u_t die besten linearen und unverzerrten Schätzwerte (BLUS)[1] für die gesuchten Parameter der Gleichung ergibt, müssen nach Gollnick folgende drei Voraussetzungen erfüllt sein:[2,3]

- $E(u_t) = 0 \qquad \text{für } t = 1,\ldots,n$
  Der Erwartungswert einer jeden Restschwankung je Zeitperiode t muß gleich null sein
- $E(u_t^2) = \text{const.} \qquad \text{für } t = 1,\ldots,n$
  Die Varianz der Restschwankung muß wärend des Beobachtungszeitraums konstant sein

---

1 Vgl. zu BLUS = bester, linearer, unverzerrter Schätzwert, oder im Original: best, linear, unbiased estimator, Schönfeld, P., Methoden der Ökonometrie, Bd. I, Berlin/Frankfurt 1969, S. 61.

2 Vgl. Gollnick, H., Einführung in die Ökonometrie, Stuttgart 1968, S. 47 f., zitiert bei: Kemmann, Ch., Die Determinanten ..., a.a.O., S. 7o.

3 Vgl. Schneeweiß, H., Ökonometrie, 3. durchgesehene Auflage, Würzburg/Wien 1978, S. 29 f.

- $E(u_t \, u_s) = 0$ für $s,t = 1,\dots,n$ 1 und $s \neq t$
  Die Störvariablen müssen voneinander stochastisch unabhängig sein

Es reicht jedoch nicht aus, nur die ermittelten Regressionskoeffizienten zu kennen. Um zu statistisch gesicherten Ergebnissen zu kommen, die erst über die Güte einer Schätzfunktion entscheiden, werden Regressionsfunktionen in der vorliegenden Arbeit noch folgenden ausgewählten Prüfmaßen unterworfen:

- Das Bestimmtheitsmaß (R^2)
- Der F-Test (F)
- Der t-Test (t)
- Der Durbin-Watson-Koeffizient (DW)

Der 'multiple Korrelationskoeffizient' oder das '<u>Bestimmtheitsmaß</u>' gibt den prozentualen Anteil der Varianz der endogenen Variablen, die durch die Regressionsfunktion erklärt ist, zur Gesamtvarianz an:

$$R^2 = \frac{\sum_{t=1}^{n} (\hat{y}_t - \bar{y})^2}{\sum_{t=1}^{n} (y_t - \bar{y})^2} \qquad \text{wobei: } 0 \leq R \leq 1$$

Diese Maßzahl bewegt sich zwischen den Grenzen Null und Eins. Ist $R^2 = 1$, so ist der Idealwert erreicht und die Anpassung der geschätzten an die tatsächliche Funktion am höchsten.

Ist R^2 in der Nähe von Null, so kann die Hypothese eines linearen Zusammenhanges zwischen den Variablen verworfen werden.[1]

Mit Hilfe des <u>F-Tests</u> kann der multiple Korrelationskoeffizient statistisch überprüft werden. Durch Aufstellen der Nullhypothese ($R^2 = 0$) wird unterstellt, daß keinerlei Beziehung zwischen den Variablen existiert.

$$F = \frac{\sum_{t=1}^{n} (y_t - \bar{y})^2}{\sum_{t=1}^{n} (\hat{y}_t - y_t)^2} \cdot \frac{n - k - 1}{k}$$

wobei: k = Anzahl der exogenen Variablen
n = Stichprobenumfang

Durch Bestimmung des F-Wertes und einen Vergleich mit einem bestimmten, festgelegten Signifikanzniveau und dem dazugehörigen Wert der theoretischen F-Verteilung mit den Freiheitsgraden $\nu_1 = k$ und $\nu_2 = n-k-1$ wird die Prüfung durchgeführt. Ist nun der theoretische F-Wert kleiner als der errechnete Testwert, so ist die Nullhypothese als widerlegt zu betrachten und die hypothetische Beziehung zwischen den untersuchten Variablen als existent anzusehen. Damit ist die Regressionsfunktion als gesichert anzusehen.

---

1 Diese Aussage gilt uneingeschränkt ausschließlich für lineare Regressionsfunktionen. Als Gütekriterium für eine nichtlineare Regressionsfunktion ist das aus der linearen Approximation bestimmte R^2 u.U. unbrauchbar. Vgl. hierzu <u>Schönfeld, P.</u>, Methoden der Ökonometrie, Bd. I, a.a.O., S. 46, sowie <u>Pfanzagl, J.</u>, Allgemeine Methodenlehre der Statistik II, Berlin 1968, S. 267 f.

Die Bedeutung des F-Tests liegt darin, daß

- der errechnete F-Wert ein Instrument zur Feinauslese bei alternativen Schätzansätzen mit identischen R^2 liefert,
- er durch seine Abhängigkeit von der Anzahl der exogenen Variablen einen Hinweis darauf gibt, ob die Einbeziehung einer zusätzlichen Variablen sinnvoll ist, da hierbei zwar i.d.R. das R^2 steigt, der errechnete F-Wert aber sinkt.

Mit Hilfe des T-Tests[1] werden die Regressionskoeffizienten der exogenen Variablen unter Benutzung Ihres Standardfehlers gegen Null getestet. Hierbei wird mit einer vorher festgelegten Sicherheitswahrscheinlichkeit untersucht, ob die exogene Variable (k)einen Einfluß auf die endogene hat.

$$T = \frac{\hat{\beta}}{\hat{\sigma}_{\hat{\beta}}}$$

Der somit berechnete T-Wert hat nur dann volle Gültigkeit, wenn die Restschwankungen normal verteilt sind.

Die Nullhypothese wird verwiesen, wenn der absolute Wert des errechneten T-Wertes höher ist als der kritische Wert, festgestellt mit Hilfe der vorgegebenen Freiheitsgrade n-k-1, einer Student-t-Verteilung bei gegebenem Signifikanzniveau.[2]

---

1 Üblicherweise wird 't-Test' mit Kleinbuchstaben 't' geschrieben; um jedoch Verwechslungen zu vermeiden mit t = Zeit, soll hier nur der Großbuchstabe für 'T-Test' benutzt werden.

2 Vgl. hierzu Schneeweiß, H., Ökonometrie ..., a.a.O., S.69 f., sowie Schönfeld, P., Methoden ..., Bd. I, a.a.O., S. 118 ff.

Mit dem <u>DURBIN-WATSON-Test</u>

$$DW = \frac{\sum_{t=2}^{n} (\hat{u}_t - \hat{u}_{t-1})^2}{\sum_{t=1}^{n} \hat{u}_t^2} \qquad \text{wobei: } 0 \leq DW \leq 4$$

kann man überprüfen, ob die Störvariablen einer KQ-Regressionsfunktion autokorreliert sind.[1] Diese Maßgröße hat ihren Idealwert bei 2. Es wird die Nullhypothese aufgestellt, daß die Residualgrößen voneinander unabhängig sind.

Mit Hilfe einer gegebenen Irrtumswahrscheinlichkeit und der Anzahl des Stichprobenumfangs gibt der Durbin-Watson-Test zwei theoretische Meßwerte an, die jeweils ein symmetrisches Intervall um den Wert Zwei beschreiben: Liegt nun der errechnete Testwert außerhalb des äußeren Intervalls, so ist die Nullhypothese als abgelehnt anzusehen, liegt der empirische Wert innerhalb des inneren Intervalls, so wird die Nullhypothese der Non-Autokorrelation akzeptiert. Finden sich die empirischen Werte zwischen den Intervallen, so ist keine Erklärung zur Annahme oder Ablehnung der aufgestellten Nullhypothese möglich.

Die Bedeutung des DW-Koeffizienten für die Regressionsanalyse mit (langen) Zeitreihen liegt in der wahrscheinlichkeitstheoretischen Absicherung von Funktionshypothesen.

---

1 Vgl. <u>Schneeweiß, H.</u>, Ökonometrie, a.a.O., S. 186 ff., sowie <u>Schönfeld, P.</u>, Methoden ..., Bd. I., a.a.O., S. 228 ff.

3.3 Die Modellstruktur

Das auf der folgenden Seite graphisch dargestellte Prognosemodell für den Markt von Haus-, Bett- und Tischwäsche beinhaltet 1o Gleichungen mit 8 exogenen und 1o endogenen Variablen. Das Modell besitzt eine rekursive Struktur, so daß iterative Schätzverfahren nicht erforderlich waren.

Wie aus dem Schaubild ersichtlich ist, werden zunächst die exogenen Variablen

- Bevölkerungsentwicklung
- Anzahl der Eheschließungen
- Anzahl der privaten Haushalte
- Pro-Kopf-Einkommen
- Privater Verbrauch
- Gesamte Exporte der OECD-Länder
- Nettoproduktion der OECD-Länder
- Auftragseingang Ausland, Bekleidungsindustrie

mit Hilfe von Trendextrapolationsverfahren bis 1985 vorausgeschätzt.

An dieser Stelle muß erwähnt werden, daß von den 2o Nachfragedeterminanten, die in den vorausgehenden Kapiteln dieser Arbeit diskutiert wurden, nur 8 in die Modellkonstruktion eingehen. Dies ist darin begründet, daß sich bei den nachfolgend beschriebenen regressionsanalytischen Schätzverfahren die anderen 12 Nachfragedeterminanten als ungeeignet erwiesen haben, die vergangene Entwicklung der endogenen Variablen angemessen zu erklären. Hierauf wird an anderer Stelle noch ausführlich eingegangen.

Die exogenen Größen, die die Forderung nach einer "autonomen Position im ökonomischen Gesamtzusammenhang" erfüllen[1], gehen dann als Erklärende in die Schätzfunktionen zur Prognose der endogenen Variablen

- Absatz im Textileinzelhandel
- Außenhandel
- inländische Produktion von Haus-, Bett- und Tischwäsche

ein.

---

1 Helmstädter, E., Krupp, R. und Meyer, B., Ein ökonometrisches Prognosemodell ..., a.a.O., S. 1

Schaubild 64: Gliederung des Prognosemodells für den Haus-, Bett- und Tischwäschemarkt

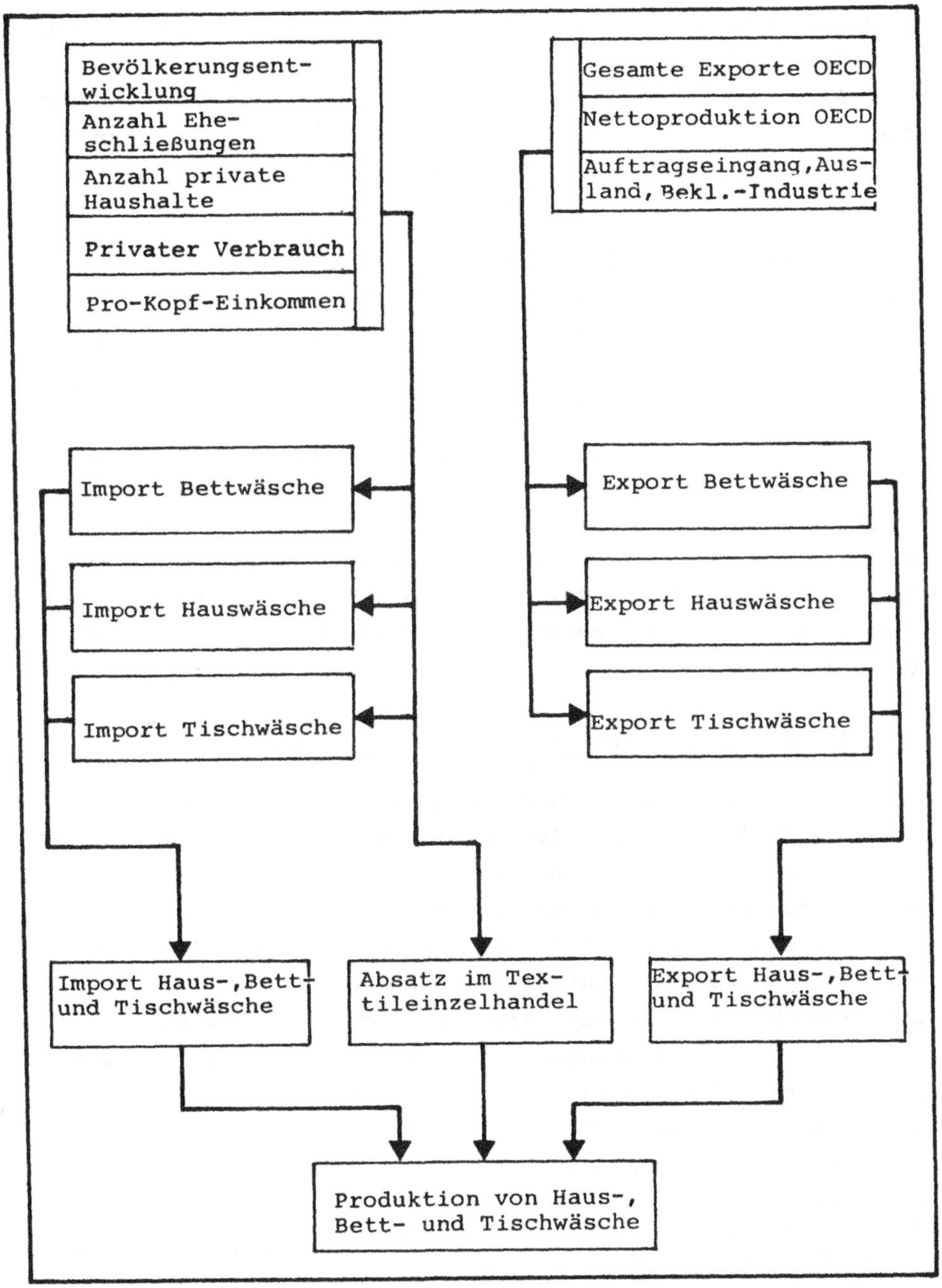

In Bezug auf die Gültigkeit der Prognoseergebnisse muß festgehalten werden, daß nur strukturelle Aussagen für die Zukunft gemacht werden können, also konjunkturelle Bewegungen unberücksichtigt bleiben müssen.
Es muß weiterhin unterstellt werden, daß die Rahmenbedingungen des gesamten ökonomischen und politischen Systems für den Prognosezeitraum konstant bleiben oder zumindest keine abrupten strukturellen Veränderungen auftreten werden.

Außerdem sei unterstellt, daß für den Prognosezeitraum keine Substitutionsprozesse eingeleitet werden, die zum einen einzelne Produkte des Haushaltstextiliensektors völlig überflüssig machen könnten, oder die zum anderen völlig neue Einsatzbereiche für Haus-, Bett- und Tischwäsche erschließen könnten.

Außerdem muß angenommen werden, daß die im folgenden beschriebenen und verwandten funktionalen Zusammenhänge ihre Kausalstruktur im Prognosezeitraum beibehalten werden. So ist z. B. denkbar, daß die Importe aus Staatshandelsländern oder sog. Niedriglohnländern ihr Volumen weiter steigern und damit nachhaltig die Relationen zwischen inländischer Produktion und Außenhandel stören können.

3.4 Die Vorausschätzung der exogenen Variablen

Eine Zeitreihe besteht aus einer Anzahl von Komponenten, die ihren Verlauf charakterisieren[1]. Hierbei gibt die Trend-Komponente jene Einflußgrößen wieder, die das Niveau, die Bewegungsrichtung und die Intensität der Bewegung innerhalb der Zeitreihe determinieren. Die weiteren Komponenten, wie z. B. konjunkturelle, saisonale, kalenderbezogene oder zufällige Bestandteile, können entweder durch Verfahren der Zeitreihenbereinigung eliminiert oder als stochastische Gegebenheiten verstanden werden. Bereinigungsverfahren kommen immer dann zum Tragen, wenn es sich um kurz- und mittelfristige Zeitreihenanalysen handelt.

1 vgl. Hannan, E.J., Zeitreihenanalyse, in: Beckmann, M.J., Menges, G., Selten, R. (Hrsg.), Handwörterbuch des Mathematischen ..., a.a.O., S. 3oo ff.

Da eine der Aufgaben der vorliegenden Arbeit darin besteht, eine Langfristprognose zu erstellen, ist von den einzelnen Zeitreihenkomponenten allein die Trendgröße von Interesse. "Die Frage nach der langfristigen Entwicklung einer Größe ist deshalb bei der Anwendung von Zeitextrapolationsverfahren identisch mit der Frage nach der Trendfunktion."[1]

Mit Hilfe der zur Verfügung stehenden EDV-Programme[2] wurden jeweils folgende Trendfunktionen untersucht:

1. Linearer Trend	$y = a + b \cdot t$
2. Logarithmischer Trend	$y = a + b\ (\ln t)$
3. Exponentieller Trend	$y = a + b^{t}$
4. Logistischer Trend	$y = \frac{k}{1 + e^{a-b \cdot t}}$

Im jeweiligen Fall wurde dann nach regressionsanalytischen Berechnungen die Trendfunktion ausgewählt, die zum einen ökonomisch plausibel erschien und zum anderen den statistischen Prüfmaßen genügte, also eine möglichst hohe Anpassung der geschätzten Werte an die tatsächlichen Werte zeigte.

Sämtlichen Zeitreihen, die weiter oben als hypothetische Nachfragedeterminanten bereits eingehend erläutert wurden, wird nun im folgenden eine 'beste' Trendfunktion zugeordnet.

---

1 Kemmann, Ch., Die Determinanten der Teppichnachfrage ..., a.a.O., S. 74.

2 Sämtliche Berechnungen dieser Arbeit wurden durchgeführt mit Hilfe eines BASIC-EDV-Programmsystems; Vgl. hierzu Steinau, G., Das FATM-Zeitreihenanalyse-Programmsystem - ZAPS -, unveröffentlichte Arbeitspapiere zum institutsinternen Gebrauch bei FATM, Forschungsstelle für allgemeine und textile Marktwirtschaft an der Universität Münster, Münster, August 1979.

Hierbei werden sowohl die absoluten Werte der Zeitreihen untersucht, als auch der Veränderungsraten zur Vorperiode sowie die Entwicklung ihrer absoluten Differenzen im Zeitablauf.

Im Kapitel 2 dieser Arbeit wurden insgesamt 2o hypothetische Einflußfaktoren der Nachfrage nach Haus-, Bett- und Tischwäsche erläutert. Hiervon erwiesen sich bei den durchgeführten Regressionsrechnungen zur Prognose nur 8 als geeignet, als exogene Variablen die kausalen Zusammenhänge angemessen zu erklären. Es sind dies:

1. Bevölkerungsentwicklung (amtliche Vorausschätzung);(BVE)
2. Anzahl der Eheschließungen;(EHES)
3. Anzahl der Privaten Haushalte;(HHPR)
4. Pro-Kopf-Einkommen;(YCAP)
5. Privater Verbrauch;(CPR)
6. Gesamte Exporte der OECD-Länder;(OECD-EXP)
7. Nettoproduktionsindex der OECD-Länder;(OECD-NETPROD)
8. Auftragseinang, Ausland, in der Bekleidungsindustrie;(AABKL)

Die oben in Klammern angeführten Kurzbezeichnungen werden im folgenden aus Platzgründen für die Beschreibung der Funktionsgleichungen verwendet.

Anzumerken ist, daß die beiden Einkommensgrößen Pro-Kopf-Einkommen (YCAP) und Privater Verbrauch (CPR) nur alternativ benutzt werden, da CPR durch YCAP determiniert wird. Es wäre sicherlich günstiger gewesen, eine für die vorliegende Untersuchung geeignete Konsumfunktion zu spezifizieren. Da ein derartiges Vorgehen jedoch einen Aufwand bedeutet, der den Rahmen dieser Arbeit sprengen würde, wurde darauf verzichtet.

3.4.1 Bevölkerungsentwicklung

Die Nachfragedeterminante 'Bevölkerungsentwicklung' wurde im Rahmen dieser Arbeit nicht fortgeschrieben; vielmehr findet die amtliche Vorausschätzung der Bevölkerung von 1972 bis zum Jahre 2000 hier Eingang[1].

1 vgl. hierzu auch Tabelle 49

Die amtliche Vorausschätzung ging im Jahre 1972 von je drei verschiedenen Geburtenraten und Wanderungsalternativen aus. In diese Arbeit übernommen wurde die Variante II/ Wanderungsalternative III, da sie zum Ende des vergangenen Beobachtungszeitraumes im Jahre 1978 die geringste Differenz zwischen tatsächlicher Bevölkerungszahl und amtlich vorausgeschätzter aufwies.

<u>Übersicht 24</u>: Die Bevölkerungsentwicklung in 1ooo; tatsächlich und amtlich geschätzt

Jahr	tatsächlich	geschätzt
1972	61.672	61.5o3
1973	61.976	61.722
1974	62.o54	61.737
1975	61.829	61.7o1
1976	61.531	61.635
1977	61.4oo	61.551
1978	61.327	61.464

Jahr	geschätzt
1979	61.373
198o	61.27o
1981	61.169
1982	61.o69
1983	6o.963
1984	6o.862
1985	6o.765

<u>Quelle</u>: Siehe Tabelle 49

Wie ersichtlich wird, hat die amtliche Schätzung mit jährlichen Veränderungsraten von -o,16 % die Entwicklung seit 1976 stets leicht überschätzt. Wie bei einer telefonischen Anfrage bei den zuständigen Stellen des StaBuA im Jahr 198o mitgeteilt wurde, existiert bereits eine bislang hausinterne revidierte Vorausschätzung der Bevölkerungsentwicklung, die in 'absehbarer Zeit' veröffentlicht werden wird.

3.4.2 Anzahl der Eheschließungen

Die beste Anpassung an die Entwicklung der Anzahl der Eheschließungen (EHES) läßt sich mit der folgenden linearen Trendfunktion

$$y = a + b \cdot t$$

oder

$$\text{EHES} = 539.595{,}12 - 11.515{,}16\ t \qquad \text{für } t = 1,\ldots,12$$
$$R^2 = o{,}9833$$

beschreiben.

Die Trendschätzung ergibt folgende Werte:

Übersicht 25: Anzahl der Eheschließungen; tatsächlich und geschätzt

Jahr	tatsächlich	geschätzt
1976	365.728	366.868
1977	358.347	355.353
1978	341.2o5	343.887
1979		332.322
198o		32o.8o7

Jahr	geschätzt
1981	3o9.292
1982	297.777
1983	286.262
1984	274.747
1985	263.231

Quelle: Siehe Tabelle 49, sowie eigene Berechnungen.

Die Auswahl dieser Trendfunktion beduetet bei einer Fortschreibung über das Jahr 2ooo hinaus, daß es in ca. 25 Jahren überhaupt keine Eheschließungen mehr geben wird. Eine derartige Entwicklung ist natürlich nicht zu erwarten. Diese Funktion wurde dennoch gewählt, weil sie die beste Anpassung an die vergangene Entwicklung zeigte und der Prognosehorizont dieser Arbeit 1985 endet.

Schaubild 65: Die Anzahl der Eheschließungen und ihre Trendfunktion von 1962 bis 1978

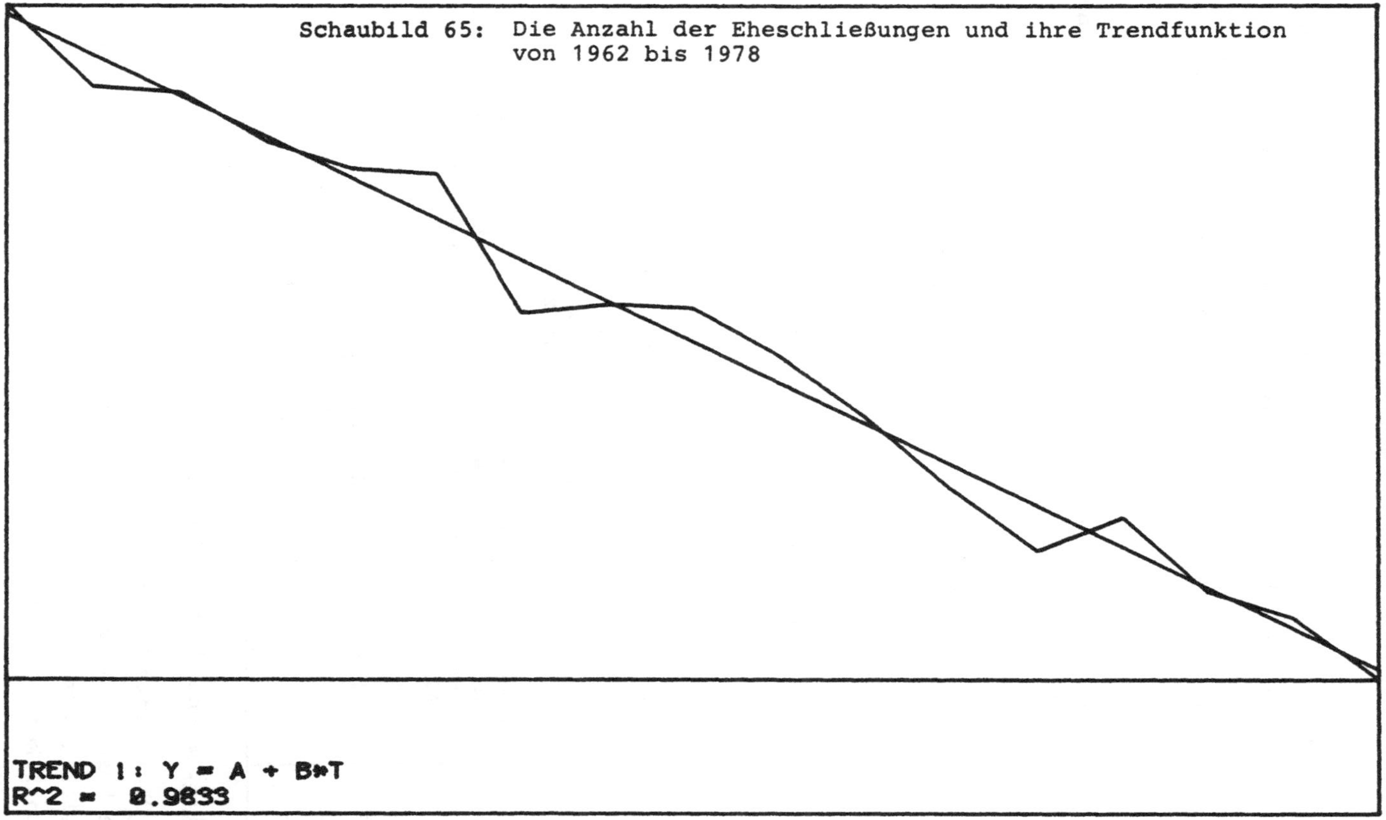

Quelle: Eigene Berechnungen.

3.4.3 Anzahl der Privaten Haushalte

Die Anzahl der Privaten Haushalte (HHPR) entwickelte sich im Vergleich zur Anzahl der Eheschließungen genau gegenläufig. Die teilweise äußerst kräftigen Steigerungen in den 6oer Jahren scheinen seit den beginnenden 7oer Jahren etwas ruhiger zu verlaufen.

Die beste Anpassung wird hier mit einer logistischen Trendfunktion erreicht:

$$y = \frac{k}{1 + e^{a-bt}}$$

oder mit vorgegebener Obergrenze und Untergrenze (u)

$$y = \frac{k - u}{1 + e^{a-bt}} + u$$

oder $$HHPR = \frac{25.000 - 15.000}{1 + e^{2,11-0,16t}} + 15.000$$ für $t = 1,...,29$

$R^2 = 0,9919$

$O = 25.000$

$U = 15.000$

Mit Hilfe dieser Funktion wurden folgende Werte geschätzt:

Übersicht 26: Anzahl der Privaten Haushalte in 1ooo; tatsächlich und geschätzt

Jahr	tatsächlich	geschätzt
1976	23.943	23.923
1977	24.165	24.o64
1978	24.221	24.189
1979		24.298
198o		24.394

Jahr	geschätzt
1981	24.477
1982	24.549
1983	24.612
1984	24.667
1985	24.713

Quelle: Siehe Tabelle 5o, sowie eigene Berechnungen.

Die Obergrenze O = 25.ooo wurde hier gewählt, weil dadurch eine bessere Anpassung der Trendfunktion an die tatsächliche Entwicklung von HHPR erzielt werden konnte als mit O > 25.ooo. Es soll keinesfalls damit eine Stagnation von HHPR ab etwa 199o impliziert werden.

Schaubild 66: Die Anzahl der Privaten Haushalte und ihre Trendfunktion 195o bis 1978

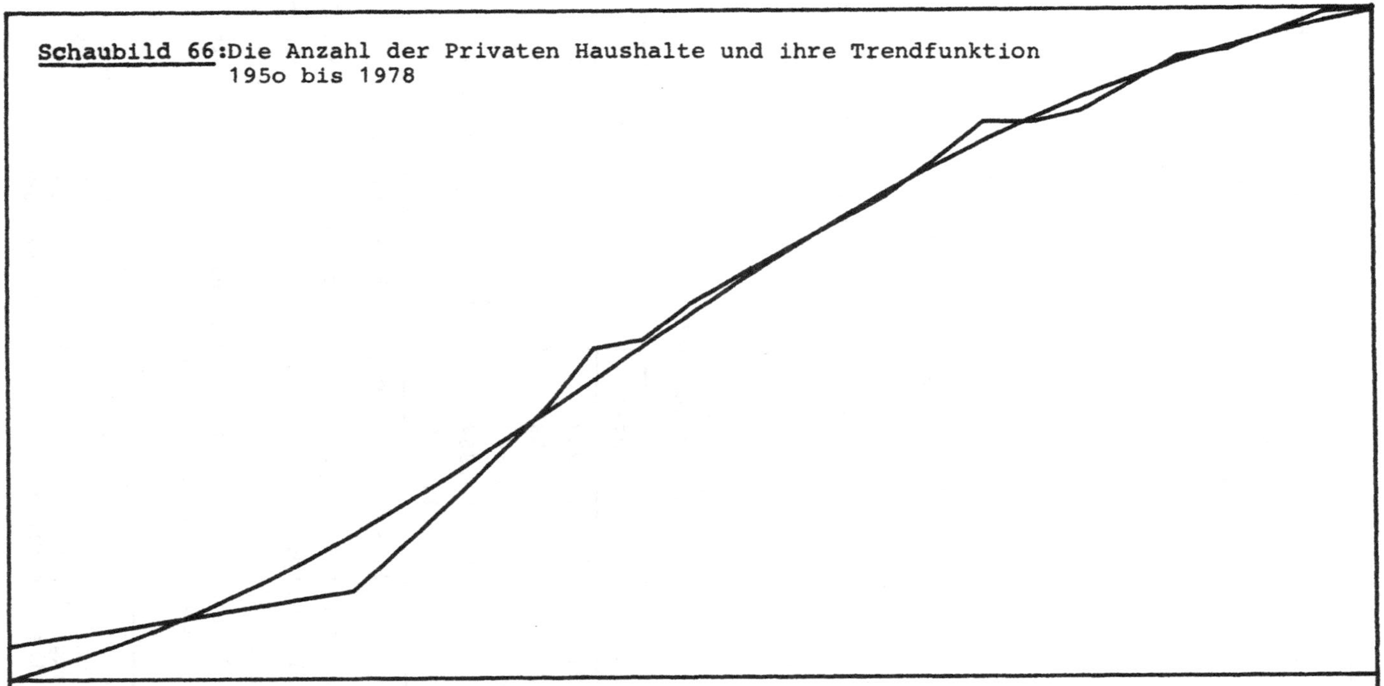

TREND 4: Y=(K-U)/(1+(EXP(A-B*T))+U
R^2 = 0.9919

Quelle: Eigene Berechnungen.

3.4.4 Pro-Kopf-Einkommen

Die Entwicklung des realen[1] Pro-Kopf-Einkommens (YCAP) nahm seit 1954 einen steig steigenden Verlauf, der nur 1967/68 und 1974/75 kurze Rückschläge zu verzeichnen hatte.

Unter allen getesteten Trendfunktionstypen erwies sich der logistische Ansatz als der plausibelste und am besten angepaßte. Die Funktion lautet:

$$y = \frac{k - u}{1 + e^{a-bt}} + u$$

oder

$$YCAP = \frac{12.000 - 3.000}{1 + e^{2,24-0,17t}} + 3.000$$

$$O = 12.000 \qquad \text{für } t = 1,...,24$$

$$U = 3.000 \qquad R^2 = 0,9830$$

Mit dieser Funktionsgleichung ergaben sich folgende Schätzwerte:

Übersicht 27: Pro-Kopf-Einkommen in DM; tatsächlich und geschätzt

Jahr	tatsächlich	geschätzt
1976	1o.121	1o.267
1977	1o.334	1o.489
1978	1o.653	1o.687
1979		1o.864
198o		11.o19

Jahr	geschätzt
1981	11.156
1982	11.275
1983	11.379
1984	11.469
1985	11.547

Quelle: Siehe Tabelle 49, sowie eigene Berechnungen.

Mit der Auswahl einer vorgegebenen Obergrenze O = 12.ooo soll nicht unterstellt werden, daß ab etwa 1991 das Pro-Kopf-Einkommen stagnieren wird. Bei O > 12.ooo ergaben sich schlechtere Anpassungen und kleinere R^2, so daß dieses Problem bei einer Prognose bis 1985 in Kauf genommen wurde.

1 Es sei daran erinnert, daß in die Prognose-Berechnungen ausschließlich reale Größen Eingang finden, um abschließend Prognoseaussagen unter realen Aspekten abgeben zu können, die keinen direkten Preiseinflüssen unterliegen.

Schaubild 67: Pro-Kopf-Einkommen und seine Trendfunktion
1954 bis 1978

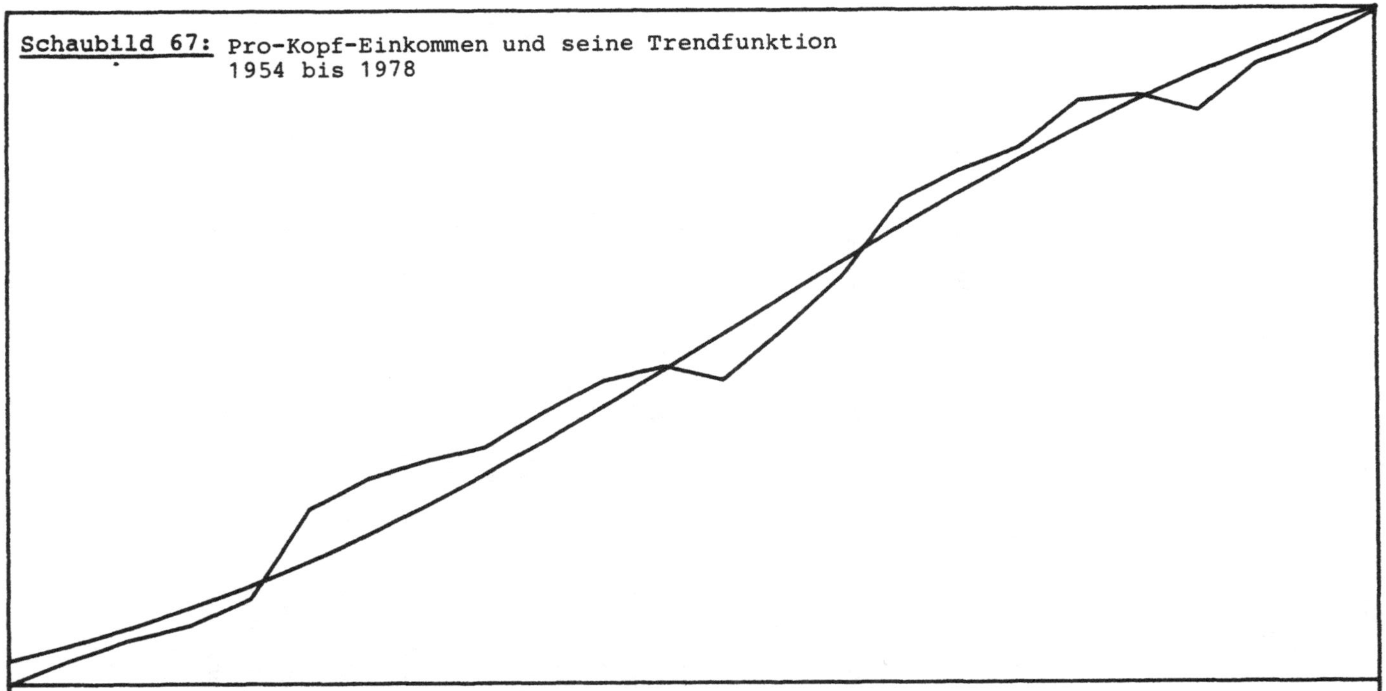

TREND 4: Y=(K-U)/(1+(EXP(A-B*T))+U
R^2 = 0.9830

Quelle: Eigene Berechnungen.

3.4.5 Privater Verbrauch

Die Entwicklung des Privaten Verbrauchs (CPR) war im Beobachtungszeitraum am besten durch eine lineare Trendfunktion zu beschreiben:

$$y = a + bt$$

oder

$$CPR = 131.982{,}18 + 14.329{,}26\ t$$

für $t = 1,...,24$
$R^2 = 0{,}9952$

Die Vorausschätzung bis 1985 ergab folgende Werte:

Übersicht 28: Privater Verbrauch in Mio DM; tatsächlich und geschätzt

Jahr	tatsächlich	geschätzt
1976	442.564	447.226
1977	455.619	461.555
1978	472.672	475.884
1979		490.214
1980		504.543

Jahr	geschätzt
1981	518.872
1982	533.201
1983	547.531
1984	561.860
1985	576.189

Quelle: Eigene Berechnungen.

Es sei an dieser Stelle nochmals darauf hingewiesen, daß in den späteren Prognoseberechnungen die exogenen Variablen YCAP und CPR ausschließlich alternativ benutzt werden.

Schaubild 68: Privater Verbrauch und seine Trendfunktion 1955 bis 1978

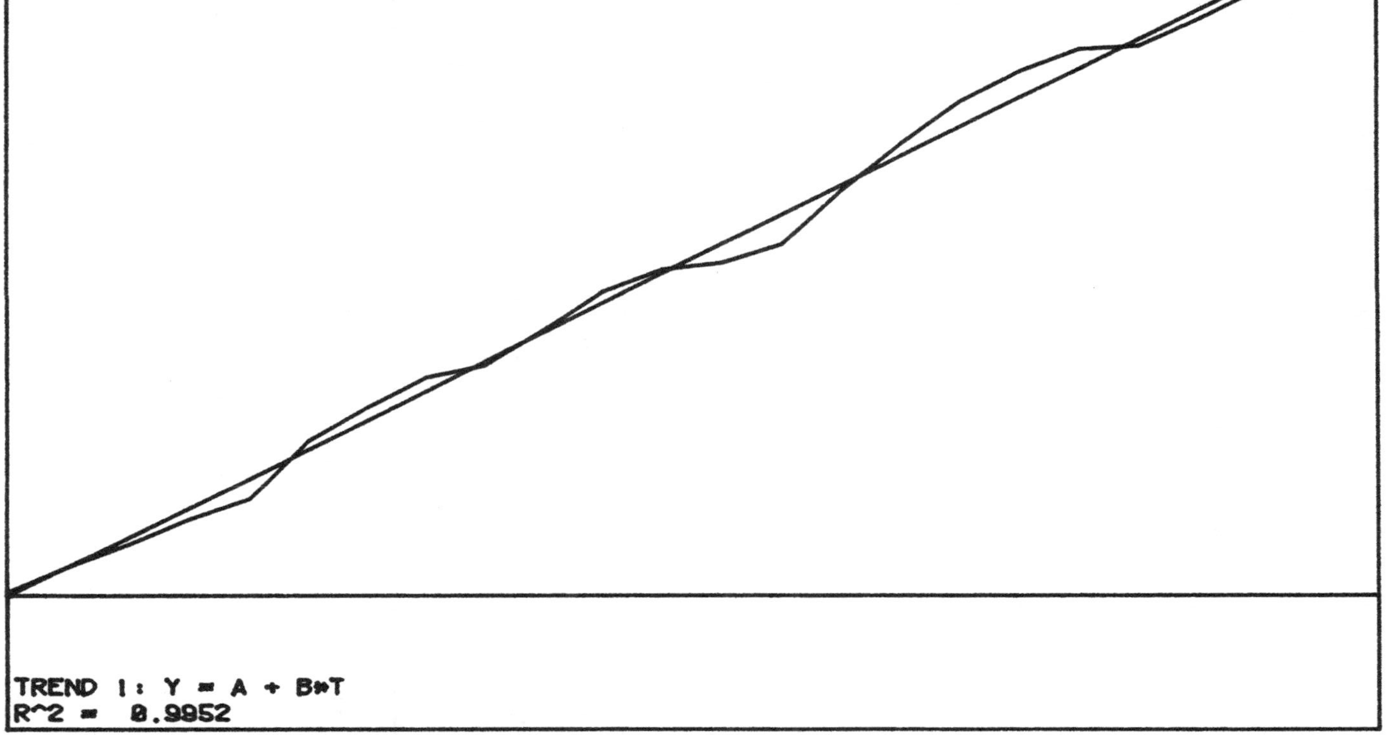

Quelle: Eigene Berechnungen.

3.4.6 Der gesamte Export der OECD-Länder

Die Entwicklung der gesamten Exporte der OECD-Länder (OECD-EXP) war für den Beobachtungszeitraum am besten durch eine logistische Funktion darzustellen:

$$y = \frac{k - u}{1 + e^{a-bt}} + u$$

oder

$$\text{OECD-EXP} = \frac{4oo - 5o}{1 + e^{4,5o-o,45t}} + 5o$$

$$O = 4oo \qquad \text{für } t = 1,\ldots,14$$

$$U = 5o \qquad R^2 = o,9939$$

Die Trendprognose bis 1985 ergab folgende Schätzwerte:

Übersicht 29 : Der gesamte Export der OECD-Länder; tatsächlich und geschätzt, Index 197o = 1oo

Jahr	tatsächlich	geschätzt
1976	287,9o	3o6,29
1977	326,4o	325,75
1978	352,3o	338,74
1979		347,o4
198o		352,18

Jahr	geschätzt
1981	355,32
1982	357,21
1983	358,34
1984	359,o1
1985	359,41

Quelle: Eigene Berechnungen.

Schaubild 69: Der gesamte Export der OECD-Länder und seine Trendfunktion 1965 bis 1978

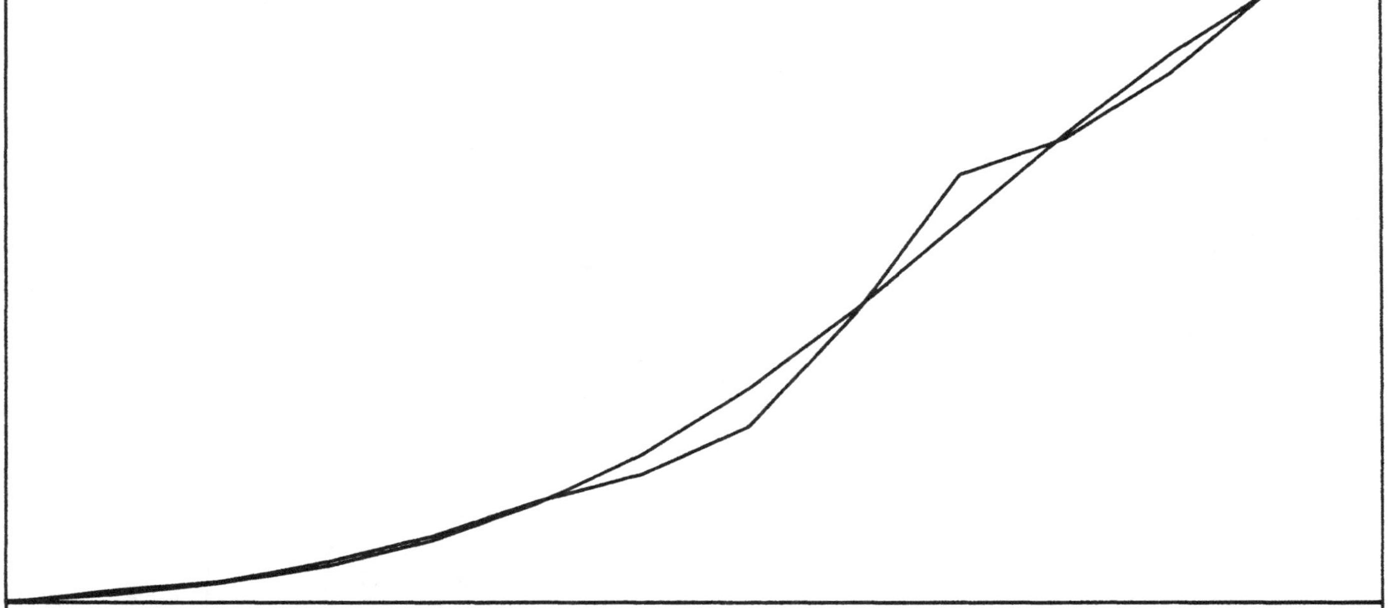

TREND 4: Y=(K-U)/(1+(EXP(A-B*T))+U
R^2 = 0.9939

Quelle: Eigene Berechnungen.

3.4.7 Die industrielle Nettoproduktion der OECD-Länder

Die Spezifizierung einer Trendfunktion zur Erfassung der Entwicklung der industriellen Nettoproduktion der OECD-Länder (OECD-NETPROD) war nicht ohne Probleme, da diese Zeitreihe durch kräftige konjunkturelle Komponenten in den Jahren 1967 und 1974 charakterisiert wurde. Die beste Anpassung wurde mit einer logarithmischen Trendfunktion erreicht:

$$y = a + b\ (\ln t)$$

oder

$$\text{OECD-NETPROD} = -\ 16{,}69 + 48{,}1o\ (\ln t)$$

$$\text{für } t = 1,\ldots,13$$
$$R^2 = o{,}9412$$

Mit Hilfe der o.a. logarithmischen Trendfunktion wurden folgende vorausgeschätzten Werte bestimmt:

Übersicht 3o: Die industrielle Nettoproduktion der OECD-Länder; tatsächlich und geschätzt, Index 197o = 1oo

Jahr	tatsächlich	geschätzt
1976	12o,oo	12o,97
1977	125,oo	123,64
1978	128,5o	126,18
1979		128,58
198o		13o,87

Jahr	geschätzt
1981	133,o6
1982	135,15
1983	137,15
1984	139,o8
1985	14o,93

Quelle: Eigene Berechnungen.

Schaubild 7o: Industrieller Nettoproduktionsindex der OECD-Länder und seine Trendfunktion 1966 bis 1978

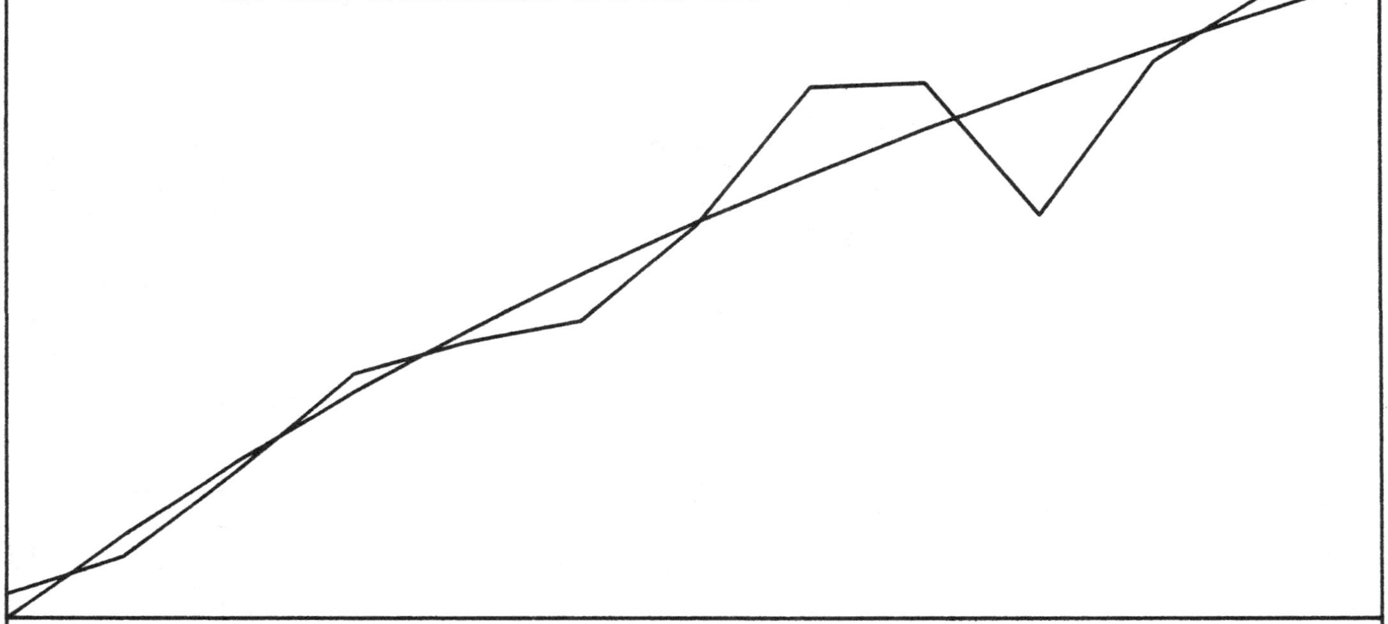

TREND 2: Y = A + B*LN(T+n/2)
R^2 = 0.9412

Quelle: Eigene Berechnungen.

3.4.8 Auftragseingang aus dem Ausland in der deutschen Bekleidungsindustrie

Zuletzt wird die Zeitreihe des ausländischen Auftragseingangs in der bundesdeutschen Bekleidungsindustrie (AABKL) betrachtet. Wegen des zeitweilig stark schwankenden Verlaufs mußte eine geringere Anpassung in Kauf genommen werden.

Zwar ergab eine Trendschätzung mittels einer Exponentialfunktion vom Typ

$$y = a + b^t \quad ,$$

gemessen an den statistischen Prüfmaßen, eine höhere Anpassung mit einem R^2 von o,9667. Eine Trendprognose mit dieser Funktion erschien aus Plausibilitätsgründen jedoch nicht angebracht, da diese Exponentialfunktion zweistellige Wachstumsraten erbracht hätte, die realistischen Zukunftserwartungen nicht entsprochen hätten.

Daher wurde die zweitbeste Lösung gewählt und die Anpassung mittels einer logistischen Trendfunktion vorgenommen:

$$y = \frac{k - u}{1 + e^{a-bt}} + u \qquad O = 23o \quad U = 7o$$

bzw.

$$AABKL = \frac{23o - 7o}{1 + e^{4,33-o,58t}} + 7o \qquad \text{für } t = 1,\ldots,14 \quad R^2 = o,9112$$

Die anschließend durchgeführte Trendprognose ergab folgende Schätzwerte:

Übersicht 31: Auftragseingang aus dem Ausland in der deutschen Bekleidungsindustrie, Index 197o = 1oo; tatsächlich und geschätzt

Jahr	tatsächlich	geschätzt
1976	219,1	211,55
1977	219,8	219,11
1978	227,3	223,7o
1979		226,41
198o		227,97

Jahr	geschätzt
1981	228,85
1982	229,35
1983	229,64
1984	229,8o
1985	229,89

Quelle: Eigene Berechnungen.

Hier tritt der Fall ein, daß die Obergrenze (O = 23o) bei der Trendschätzung bereits kurze Zeit nach 1985 erreicht sein wird, wie die Schätzwerte der o. a. Übersicht zeigen.

Wie eingangs erwähnt, handelt es sich bei dieser Trendschätzung mit einem logistischen Ansatz nur um die zweitbeste Lösung. Die beste Lösung im Sinne eines höheren R^2 lieferte der Exponentialansatz, der jedoch zweistellige Wachstumsraten nach 1978 voraussagte.
Bei dem Versuch der Trendschätzung mit linearen bzw. logarithmischen Funktionen ergaben sich deutlich schlechtere Anpassungen mit kleinen Bestimmtheitsmaßen, R^2 = o,63o5 bzw. R^2 = o,5666, so daß diese Schätzansätze verworfen wurden.

Für die Entscheidung zwischen exponentieller und logistischer Trendfunktion stellte sich also nur noch die Alternative des "kleineren Übels". Daher wurde die Exponentialfunktion wegen der ökonomisch nicht plausiblen zweistelligen geschätzten Wachstumsraten abgelehnt.

Statt dessen lag den weiteren Betrachtungen der logistische Schätzansatz zugrunde, obwohl er mit den geschilderten Nachteilen behaftet ist.

Schaubild 71: Auftragseingang aus dem Ausland in der deutschen Bekleidungsindustrie und seine Trendfunktion 1966 bis 1978

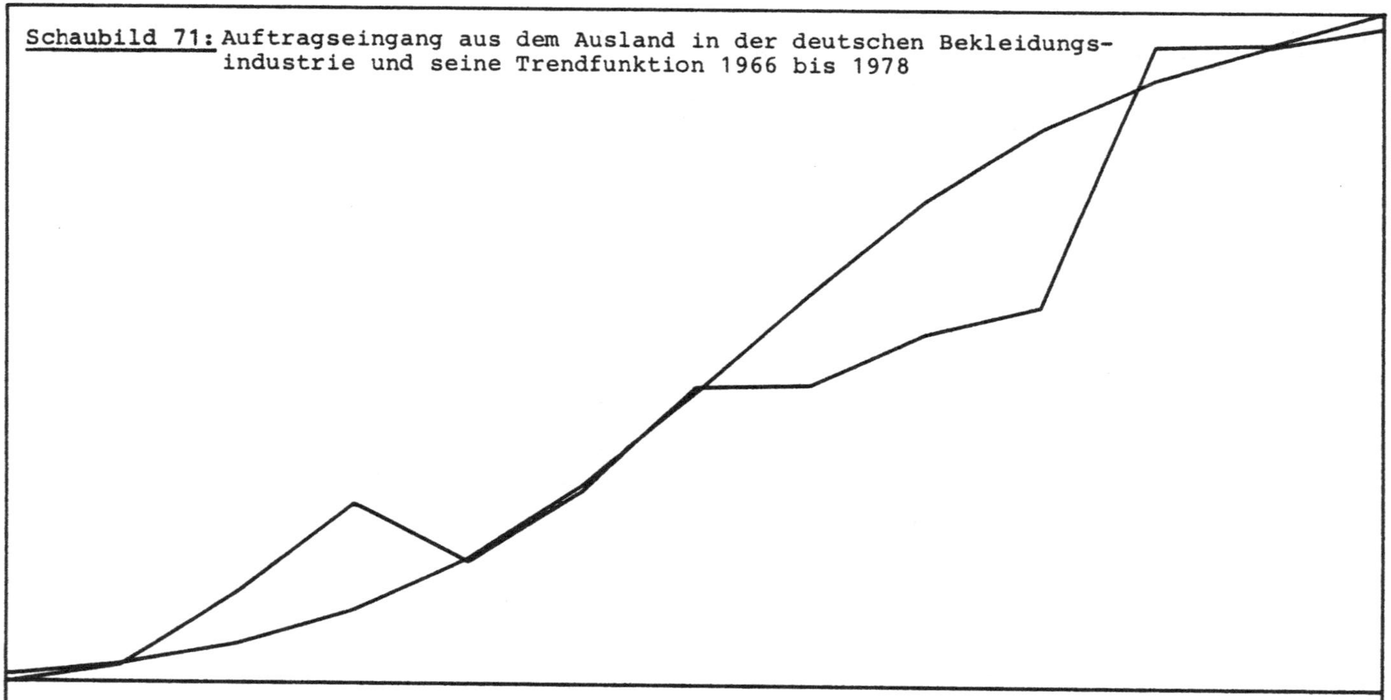

TREND 4: Y=(K-U)/(1+(EXP(A-B*T))+U
R^2 = 0.9112

Quelle: Eigene Berechnungen.

3.4.9 Zusammenfassung der Trendprognose-Ergebnisse

In der folgenden Übersicht 32 sind zusammenfassend sämtliche Trendschätzungen in einer Darstellung wiedergegeben, um für die Erläuterungen zu den im weiteren Verlauf dieser Arbeit durchgeführten Prognoserechnungen einen schnelleren und komprimierten Zugriff zu den Daten zu ermöglichen.

3.5 Die Vorausschätzung der endogenen Variablen

Bei den bisher behandelten Prognosegrößen wurde unterstellt, daß sie im Zeitablauf einer autonomen, evolutionären Eigenentwicklungsgesetzlichkeit unterliegen. Aus diesem Grunde erschien es gerechtfertigt, diese Zeitreihen mit Hilfe von Trendprognoseverfahren vorauszuschätzen.

Den im folgenden untersuchten und zu prognostizierenden Größen kann ein derartiger evolutorischer und autonomer Charakter nicht unterstellt werden. Vielmehr muß angenommen werden, daß die Größen Handelsabsatz, Import, Export und inländische Produktion als Elemente eines ökonomischen Gesamtzusammenhanges zu verstehen sind.

Aus diesem Grunde werden im folgenden kausale Ansätze zugrunde gelegt. Es wird versucht, diese Systemzusammenhänge durch funktionale Gleichungsbeziehungen zu spezifizieren.

Übersicht 32: Die Trendschätzungen für BVE, EHES, HHPR, YCAP, CPR, OECD-EXP, OECD-NETPROD, AABKL

Jahr	BVE[1]	EHES	HHPR	YCAP	CPR	OECD-EXP	OECD-NETPROD	AABKL
	in 1.ooo	abs.	in 1.ooo	in DM	in Mio DM	Index 197o = 1oo		
197o	6o.651	445.51o	22.861	8.725	367.55o	1oo,o	1oo,o	1oo,o
1971	61.3o2	432.o3o	22.852	9.o31	388.139	112,4	1o1,5	116,3
1972	61.672	414.936	22.994	9.259	4o3.o15	132,7	1o8,3	14o,4
1973	61.976	394.6o3	23.32o	9.741	413.872	182,2	118,3	141,o
1974	62.o54	377.265	23.651	9.793	415.o67	243,5	118,5	152,7
1975	61.829	386.681	23.722	9.629	428.o18	259,2	1o9,o	159,1
1976	61.531	365.728	23.943	1o.121	442.564	287,9	12o,o	219,1
1977	61.4oo	358.347	24.165	1o.334	455.619	326,4	125,o	219,8
1978	61.327	341.2o5	24.221	1o.653	472.672	352,3	128,o	227,3
1979[2]	61.373	332.322	24.298	1o.864	49o.214	347,1	128,6	226,4
198o	61.27o	32o.8o7	24.394	11.o19	5o4.543	352,2	13o,9	228,o
1981	61.169	3o9.292	24.477	11.156	518.872	355,3	133,1	228,9
1982	61.o69	297.777	24.549	11.275	533.2o1	357,2	135,2	229,4
1983	6o.963	286.262	24.612	11.379	547.531	358,3	137,2	229,6
1984	6o.862	274.747	24.667	11.469	561.86o	359,o	139,1	229,8
1985	6o.765	263.231	24.713	11.547	576.189	359,4	14o,9	23o,o

Anm.: 1 Amtliche Vorausschätzung 2 Ab 1979 Trendprognose

Quelle: Siehe Tabellen 47 bis 56, sowie eigene Berechnungen.

Untersucht werden im folgenden:

1. TEHA: Textileinzelhandelsabsatz mit Haus- und Bettwäsche sowie Bettwaren
2. IMP BW: Import Bettwäsche
3. IMP HW: Import Hauswäsche
4. IMP TW: Import Tischwäsche
5. IMP HBTW: Import Haus-, Bett- und Tischwäsche
6. EXP BW: Export Bettwäsche
7. EXP HW: Export Hauswäsche
8. EXP TW: Export Tischwäsche
9. EXP HBTW: Export Haus-, Bett- und Tischwäsche
1o. PROD HBTW: (inländ.) Produktion Haus-, Bett- und Tischwäsche

3.5.1 Textileinzelhandelsabsatz mit Haus- und Bettwäsche sowie Bettwaren

Zur Bestimmung eines funktionalen Zusammenhangs wird die Hypothese aufgestellt, daß die reale Entwicklung des Absatzes im Textileinzelhandel (TEHA) mit Haus- und Bettwäsche sowie Bettwaren von folgenden Einflußgrößen abhängen könnte:

- Bevölkerungsentwicklung (BVE)
- Anzahl der Eheschließungen (EHES)
- Anzahl der privaten Haushalte (HHPR)
- Pro-Kopf-Einkommen (YCAP) oder Privater Verbrauch (CPR)
- Zeit (t)

Die hypothetischen Nachfragedeterminanten Volkseinkommen (Y), verfügbares Einkommen (YVERF), Wohngebäudebau (WGBB), Wohnungsbestand (WBST), Anzahl der Krankenhäuser und -betten (KRKHS, KRKBETT), Anzahl der Beherbergungsbetriebe, Fremdenbetten und -übernachtungen (HOTEL, HOTBETT, HOTUEB) sowie die Anzahl der Erwerbstätigen (EWT) und Erwerbspersonen (EWP) haben sich hier und in den späteren regressionsanalytischen

Berechnungen für eine angemessene Erklärung der gesuchten Kausalzusammenhänge als ungeeignet erwiesen.

Aus Platzgründen wird von hier ab darauf verzichtet, die o.a. Variablen jedesmal anzuführen, um sie dann erneut abzulehnen.

Die Bevölkerungsentwicklung (BVE) soll ebenso wie die Anzahl der Eheschließungen (EHES) und der privaten Haushalte (HHPR) das Nachfragepotential darstellen. Wie bereits zu Anfang der Arbeit erläutert, sind Haus-, Bett- und Tischwäsche in starkkem Maße Zweckkonsumartikel, die bei Familien- und/oder Haushaltsgründungen angeschafft werden.

Es wird unterstellt, daß die Nachfrage nach diesen Produktgruppen von Einkommensverhältnissen der Konsumenten abhängig ist. Daher werden alternativ die möglichen Determinanten Pro-Kopf-Einkommen (YCAP) und Privater Verbrauch (CPR) untersucht.

Die Zeit (t) soll als Indikatorgröße für möglicherweise unberücksichtigt gebliebene Variablen und hilfsweise als Trendvariable der festgestellten Abhängigkeiten zwischen den exogenen und endogenen Variablen dienen.

Die hypothetische Funktionsgleichung läßt sich allgemein folgendermaßen darstellen:

$$TEHA = f\ (BVE,\ EHES,\ HHPR\ \left\{\begin{matrix} YCAP \\ CPR \end{matrix}\right\},\ t\ )$$

Die überprüfenden Berechnungen sämtlicher Kombinationsmöglichkeiten führten zu folgendem Ansatz als die beste Schätzung, gemessen an den zu Beginn dieses Kapitels erläuterten Prüfkriterien:

$$TEHA = f\ (t,\ BVE,\ EHES,\ CPR,\ HHPR,\ DUMMY,\ DUMMY\text{-}t)$$

oder

$$
\begin{aligned}
TEHA = & - 113{,}oooo \\
& - \quad 7{,}8o2o\ t && (6{,}26)^{1} \\
& + \quad o{,}oo22\ BVE && (2{,}3o) \\
& + \quad o{,}ooo12\ EHES && (1{,}97) \\
& + \quad o{,}ooo49\ CPR && (8{,}3o) \\
& + \quad o{,}oo27\ HHPR && (1{,}1o) \\
& - \quad 11{,}22oo\ DUMMY && (1{,}54) \\
& + \quad 1{,}o4oo\ DUMMY\text{-}t && (o{,}9o)
\end{aligned}
$$

$R^2 = o{,}994o$; $F = 356{,}o7$; $DW = 2{,}3737$

Es zeigt sich, daß die Größen Bevölkerung, Eheschließungen, private Haushalte und privater Verbrauch einen direkt proportionalen Einfluß auf den Absatz im Textileinzelhandel ausüben.

Um den weiter oben in dieser Arbeit erläuterten Strukturbruch im Jahre 1963 auszugleichen, erschien der Einbezug der Dummy-Variablen notwendig.

Die Prognoseberechnungen ergaben folgende Werte:

Übersicht 33: Die Vorausschätzung des Absatzes im Textileinzelhandel mit Haus- und Bettwäsche bis 1985; Index 197o = 1oo

Jahr	tatsächlich	geschätzt
1976	1o7,1o	1o9,48
1977	113,oo	11o,12
1978	112,8o	113,36
1979		117,23
198o		117,72

Jahr	geschätzt
1981	119,o8
1982	12o,42
1983	121,72
1984	123,oo
1985	124,28

Quelle: Eigene Berechnungen.

1 Hier und im folgenden werden die jeweils errechneten T-Werte den Regressionskoeffizienten in Klammern hinzugefügt.

SCHAUBILD 72: DIE ENTWICKLUNG DES ABSATZES IM TEXTILEINZELHANDEL UEBERWIEGEND MIT HAUS- U.BETTWAESCHE, OWIE BETTWAREN VON 1956 BIS 1978, SOWIE DIE PROGNOSE BIS 1985 ,INDEX 1970 = 100

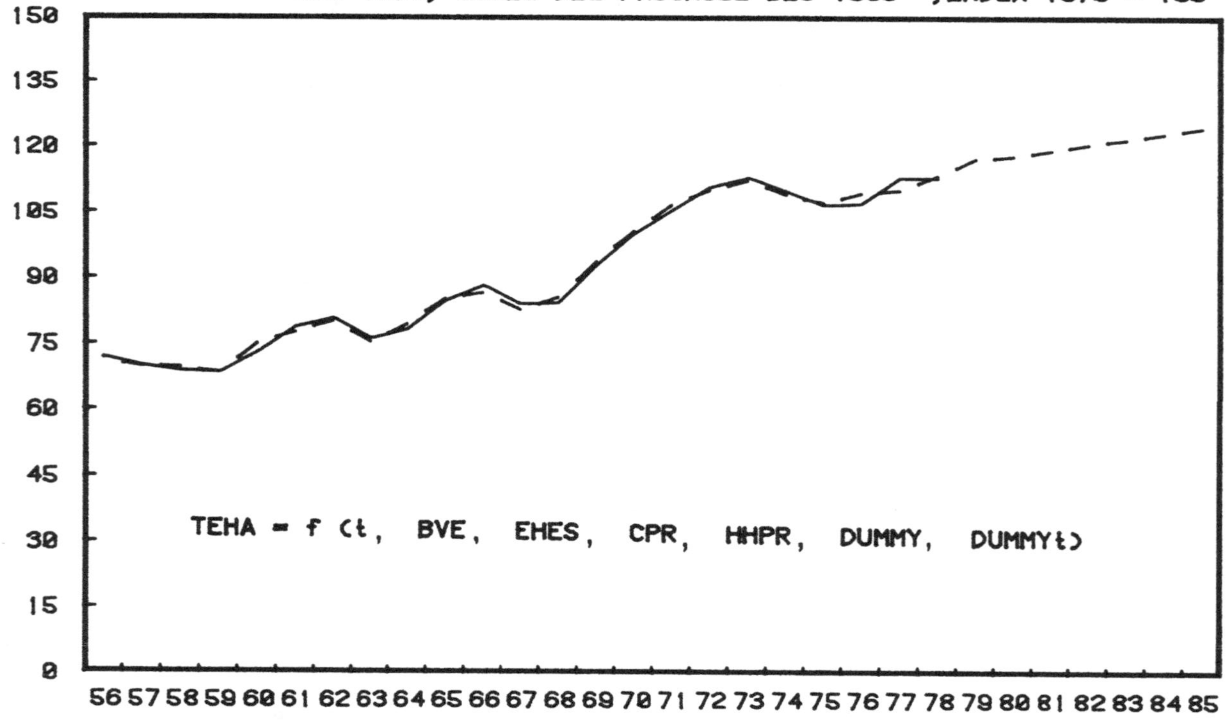

QUELLE: EIGENE BERECHNUNGEN
ZAPS PROGRAMMSYTEM

FATM

Diese Prognose sagt für den Einzelhandelsabsatz bis 1985 einen realen Anstieg um insgesamt 1o,2o % bzw. ein durchschnittliches Wachstum von 1,4o % p.a. voraus.

3.5.2 Importe

Es wird angenommen, daß die Entwicklung der Importe von Bett-, Haus- und Tischwäsche von folgenden Faktoren determiniert wird:[1]

- Bevölkerungsentwicklung	(BVE)
- Anzahl der Eheschließungen	(EHES)
- Anzahl der privaten Haushalte	(HHPR)
- Pro-Kopf-Einkommen oder Privater Verbrauch	(YCAP, CPR)
- Zeit	(t)

Die angenommene Kausalbeziehung läßt sich allgemein wie folgt darstellen:

$$\left.\begin{matrix} \text{IMP BW} \\ \text{IMP HW} \\ \text{IMP TW} \end{matrix}\right\} = f\left(\text{BVE, EHES, HHPR, } \left\{\begin{matrix}\text{YCAP}\\ \text{CPR}\end{matrix}\right\}, t\right)$$

Die rechnerischen Überprüfungen der allgemeinen Funktionshypothesen führten zu den im folgenden näher erläuterten Schätzansätzen.

3.5.2.1 Import von Bettwäsche

Gemessen an den gegebenen Prüfkriterien ergab die folgende Kausalbeziehung die beste Anpassung an die Zeitreihe der Bettwäsche-Einfuhren (IMP BW):

1 Die Abhängigkeit der Importe von relativen Preisen wurde nicht geschätzt, da ihre Handhabung in Prognoserechnungen nicht unproblematisch ist.

IMP BW = f (BVE, CPR, WaRa-BVE)

oder

IMP BW =	- 58.12o,18oo		
	+ o,8395	BVE	(2,68)
	+ 324,8ooo	CPR	(4,95)
	- 2,679o	WaRa-BVE	(7,26)

R^2 = o,9847; F = 171,24; DW = 2,42

Wie zu sehen ist, beeinflussen die Bevölkerungsentwicklung (BVE) und der Private Verbrauch (CPR) den Import von Bettwäsche direkt proportional. Die gilt ebenfalls für die jährlichen Veränderungsraten der Bevölkerungsentwicklung (WaRa-BVE), die seit Mitte der 6oer Jahre immer mehr rückläufig sind und ab 1974 sogar negativ werden.

Die Prognoseberechnungen ergaben folgende Vorausschätzungen:

Übersicht 34: Die Vorausschätzung der Bettwäsche-Importe bis 1985, in to

Jahr	tatsächlich	geschätzt
1976	9.81o	9.2o2
1977	8.761	8.795
1978	8.695	9.o36
1979		9.111
198o		1o.16o

Jahr	geschätzt
1981	1o.514
1982	1o.895
1983	11.298
1984	11.679
1985	12.o36

Quelle: Eigene Berechnungen.

Für den Bettwäschemarkt kann also prognostiziert werden, daß der Importdruck wieter ansteigen wird: real ist mit einem Anwachsen der Bettwäsche-Einfuhren um durchschnittlich 4,75 % p.a. zu rechnen. D.h. daß die Importmenge bis 1985 um insgesamt 38,42 %, also um mehr als ein Drittel, zunehmen wird.

SCHAUBILD 73: DIE ENTWICKLUNG DER IMPORTE VON BETTWAESCHE, IN TO, 1967 BIS 1978, PROGNOSE BIS 1985

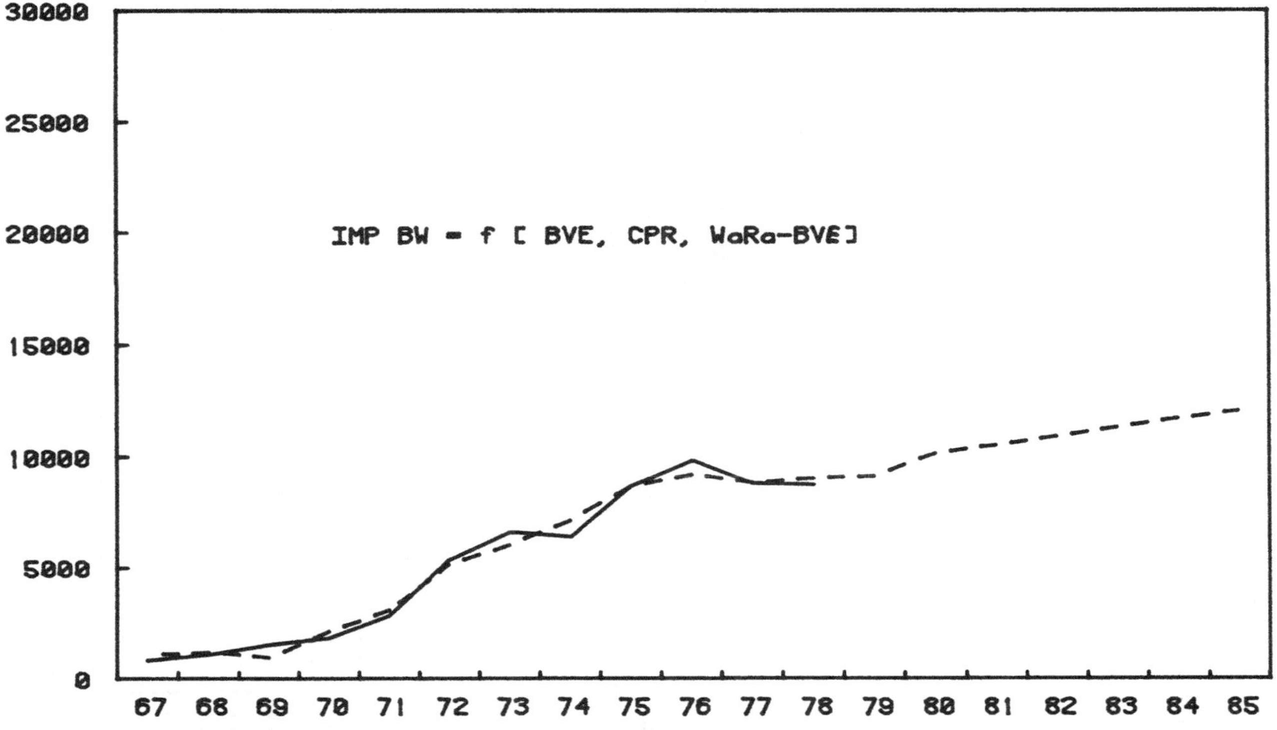

QUELLE: EIGENE BERECHNUNGEN
ZAPS-Programmsystem

3.5.2.2 Import von Hauswäsche

Von den o.a. Variablen führten die folgenden Erklärenden zum besten Schätzansatz für den Import von Hauswäsche (IMP HW):

$$IMP\ HW_t = f\ (IMP\ HW_{t-1},\ YCAP)$$

oder

$$\begin{aligned} IMP\ HW_t = &- 6.693{,}2726 \\ &+ 0{,}5513\ IMP\ HW_{t-1} \quad (2{,}52) \\ &+ 1{,}0090\ YCAP \quad (2{,}08) \end{aligned}$$

$R^2 = 0{,}9083 \quad F = 44{,}55 \quad DW = 2{,}01$

Aus Schaubild 74 ist zu ersehen, daß die Schätzfunktion nicht sehr gut an die originale Zeitreihe angepaßt ist. Das mag damit zu erklären sein, daß keine der drei untersuchten Importreihen einen derartig ungleichförmigen Verlauf aufweist wie die Importe der Hauswäsche.

Die Prognose ergibt folgende Werte:

Übersicht 35: Die Vorausschätzung der Hauswäsche-Importe bis 1985, in to

Jahr	tatsächlich	geschätzt
1976	8.568	7.4o9
1977	8.238	8.46o
1978	8.o61	8.6oo
1979		8.715
198o		9.232

Jahr	geschätzt
1981	9.656
1982	1o.oo9
1983	1o.3o9
1984	1o.565
1985	1o.785

Quelle: Eigene Berechnungen.

SCHAUBILD 74 : DIE ENTWICKLUNG DER IMPORTE
VON HAUSWAESCHE , IN TO ,
1967 BIS 1978, PROGNOSE BIS 1985

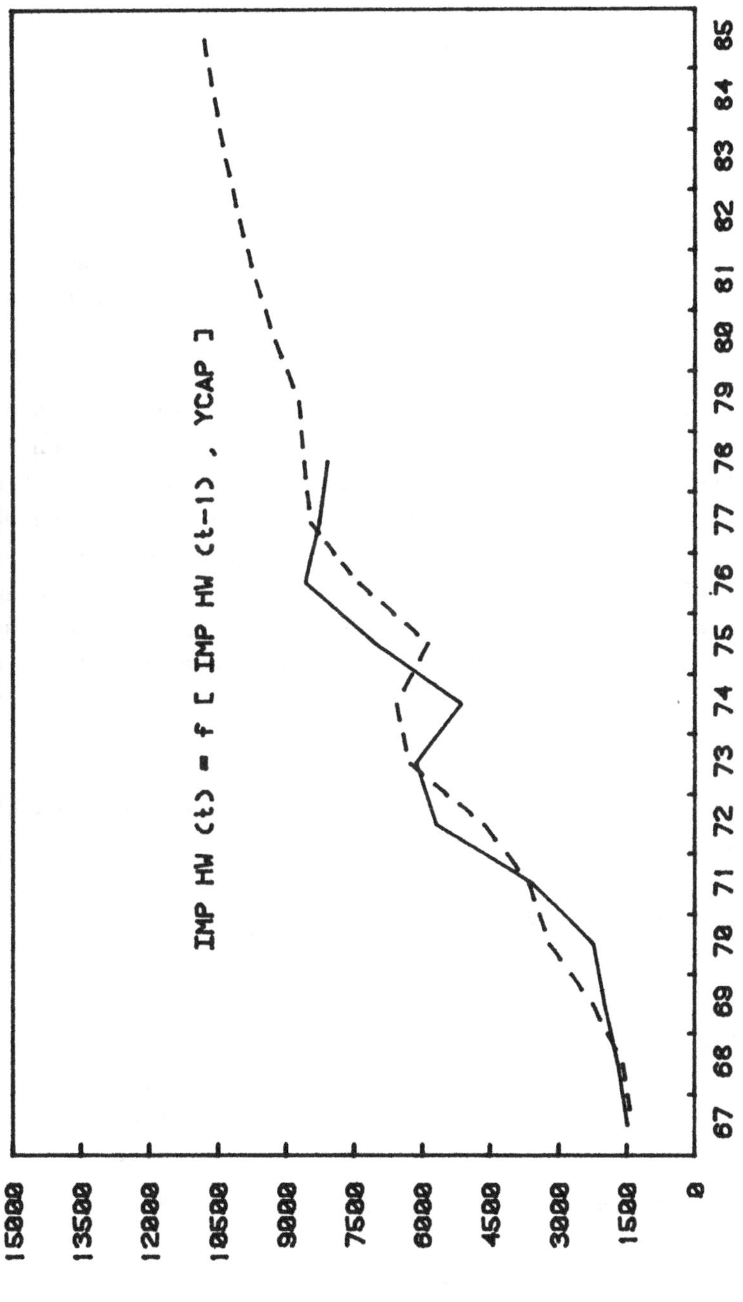

QUELLE: EIGENE BERECHNUNGEN — ORIGINALWERTE - - SCHAETZWERTE
ZAPS-Programmsystem Ab 1/1978 Modell-Prognose
FATM

Insgesamt wird auch diese importierte Produktgruppe mit kräftigen Zuwächsen rechnen können, nämlich mit insgesamt 33,79 % resp. 4,25 % im Jahresdurchschnitt.

3.5.2.3 Import von Tischwäsche

Die Einfuhren von Tischwäsche (IMP TW) konnten am besten durch die Bevölkerungsentwicklung (BVE) und den Privaten Verbrauch (CPR) erklärt werden.

Zusätzlich erklärt sich der Tischwäsche-Import noch durch sich selber zeitverzögert. Keine der beiden anderen Import-Zeitreihen war seit 1973/74 durch ein derartig kräftiges Wachstum gekennzeichnet, wie die Einfuhren von Tischwäsche. In nur fünf Jahren stieg die importierte Menge von 811 to auf 1877 to, was eine Erhöhung um mehr als 13o % bedeutet. Von daher erschien es durchaus plausibel, eine verzögerte Anpassung an die Entwicklung des privaten Verbrauchs und der Bevölkerung zu unterstellen.

Wie die folgenden Gleichungen und das folgende Schaubild 75 zeigen, bestätigte sich diese Hypothese.

$$IMP\ TW_t = f\ (IMP\ TW_{t-1},\ BVE_t,\ CPR_t)$$

oder

$$\begin{aligned} IMP\ TW_t = &+ 14.668{,}9171 & \\ &+ o{,}2183\ IMP\ TW_{t-1} & (1{,}8o) \\ &+ o{,}3o19\ BVE_t & (6{,}8o) \\ &+ o{,}o114\ CPR_t & (8{,}3o) \end{aligned}$$

$R^2 = o{,}9934;\quad F = 431{,}35;\quad DW = 1{,}88$

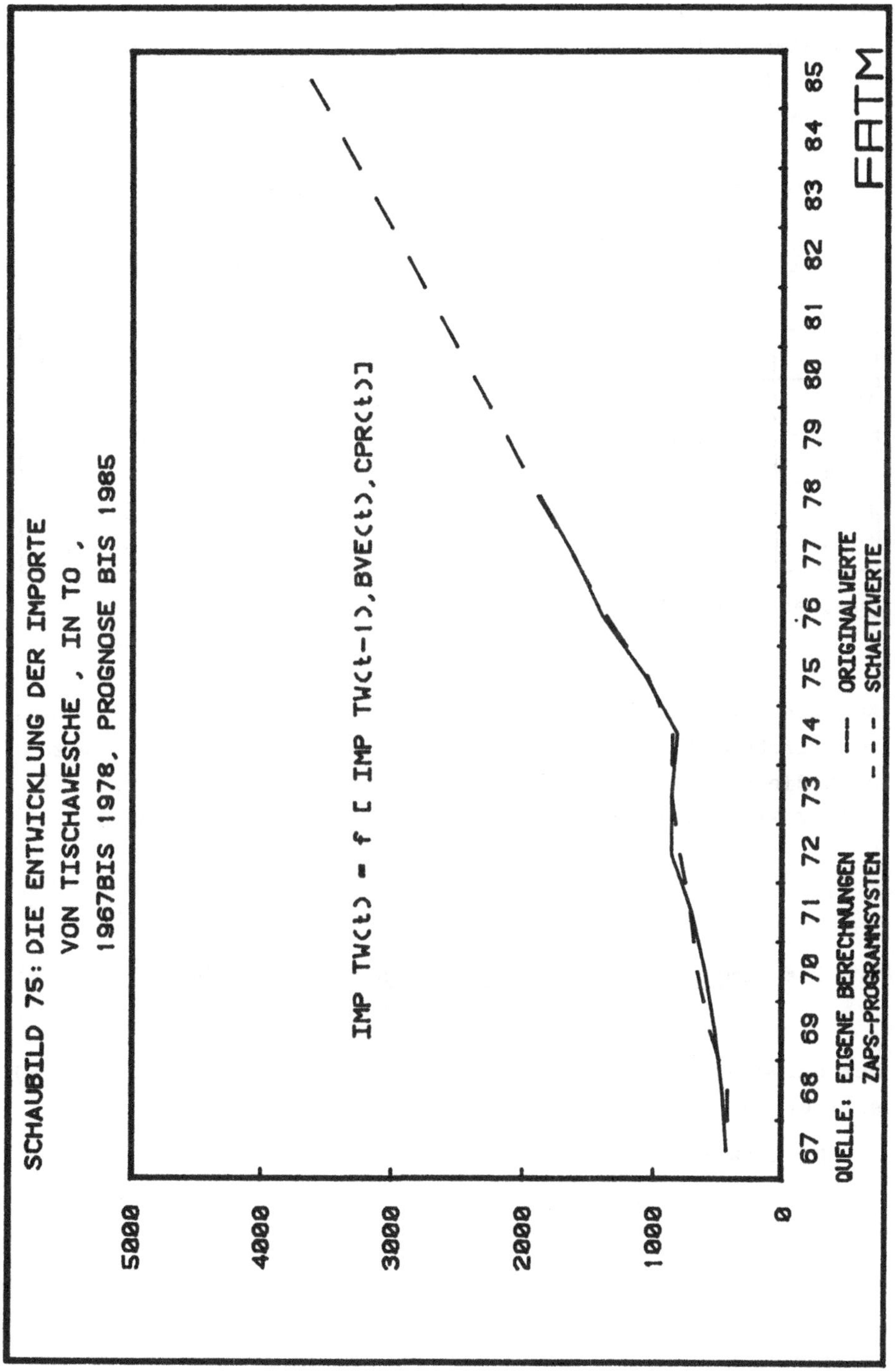
SCHAUBILD 75: DIE ENTWICKLUNG DER IMPORTE
VON TISCHAWESCHE , IN TO ,
1967BIS 1978, PROGNOSE BIS 1985
IMP TW(t) = f [IMP TW(t-1),BVE(t),CPR(t)]
5000
4000
3000
2000
1000
0
67 68 69 70 71 72 73 74 75 76 77 78 79 80 81 82 83 84 85
QUELLE: EIGENE BERECHNUNGEN
ZAPS-PROGRAMMSYSTEM
ORIGINALWERTE
SCHAETZWERTE
FATM

Wie die Funktionsgleichung zeigt, hat der selbstverstärkende und hier sich selbst beschreibende time-lag-Effekt der Tischwäsche-Importe (IMP TW_{t-1}) nur einen relativ geringen Erklärungsanteil und dominiert nicht den kausalen Zusammenhang.

Die Prognosewerte wurden wie folgt berechnet:

Übersicht 36: Die Vorausschätzung der Tischwäsche-Importe bis 1985, in to

Jahr	tatsächlich	geschätzt
1976	1.4o2	1.367
1977	1.621	1.627
1978	1.877	1.891
1979		2.133
198o		2.383

Jahr	geschätzt
1981	2.632
1982	2.88o
1983	3.129
1984	3.377
1985	3.624

Quelle: Eigene Berechnungen.

Aus den o.a. Prognoseberechnungen resultiert für die Einfuhren von Tischwäsche eine weitere kräftige Zunahme. Demnach wird sich die Einfuhrmenge bis 1985 nochmals fast verdoppeln (93,o7 %) bzw. im Jahresdurchschnitt um 9,85 % erhöhen.

3.5.2.4 Import von Haus-, Bett- und Tischwäsche

Der gesamte Import an Haus-, Bett- und Tischwäsche (IMP HBTW) soll erklärt werden durch die drei Import-Produktgruppen:

IMP HBTW = IMP HW + IMP BW + IMP TW

In der Außenhandel sstatistik stellte sich die Zeitreihe der gesamten Importe von Haus-, Bett- und Tischwäsche als eine Addition der einzelnen Importe von Hauswäsche, Bettwäsche und Tischwäsche dar. Daher soll auch hier keine ökonometrische Schätzung des Gesamtimports vorgenommen werden, sondern eine additive Verknüpfung der einzelnen geschätzten Importwerte erfolgen.

Mit dieser Gleichung lassen sich folgende Prognosewerte berechnen:

Übersicht 37: Die Vorausschätzung der gesamten Importe an Haus-, Bett- und Tischwäsche bis 1985, in to

Jahr	tatsächlich	geschätzt
1976	19.78o	17.978
1977	18.619	18.882
1978	18.632	19.527
1979		19.599
198o		21.775

Jahr	geschätzt
1981	22.8o2
1982	23.784
1983	24.736
1984	25.621
1985	26.445

Quelle: Eigene Berechnungen:

Nach dieser Vorausschätzung für die gesamten Importe an Haus-, Bett- und Tischwäsche ist mit einem Anstieg von 41,93 % bis 1985 resp. einer Wachstumsrate von 5,13 % p.a. zu rechnen.

Inwieweit dieser prognostizierte Importdruck Einfluß auf die Entwicklung der inländischen Produktion oder auf die evtl. kompensierend wirkenden Exporte haben kann, werden die folgenden Berechnungen zeigen.

SCHAUBILD 76 : DIE ENTWICKLUNG DER IMPORTE VON HAUS-
BETT- UND TISCHWAESCHE , IN TO ,
VON 1967 BIS 1976, PROGNOSE BIS 1985

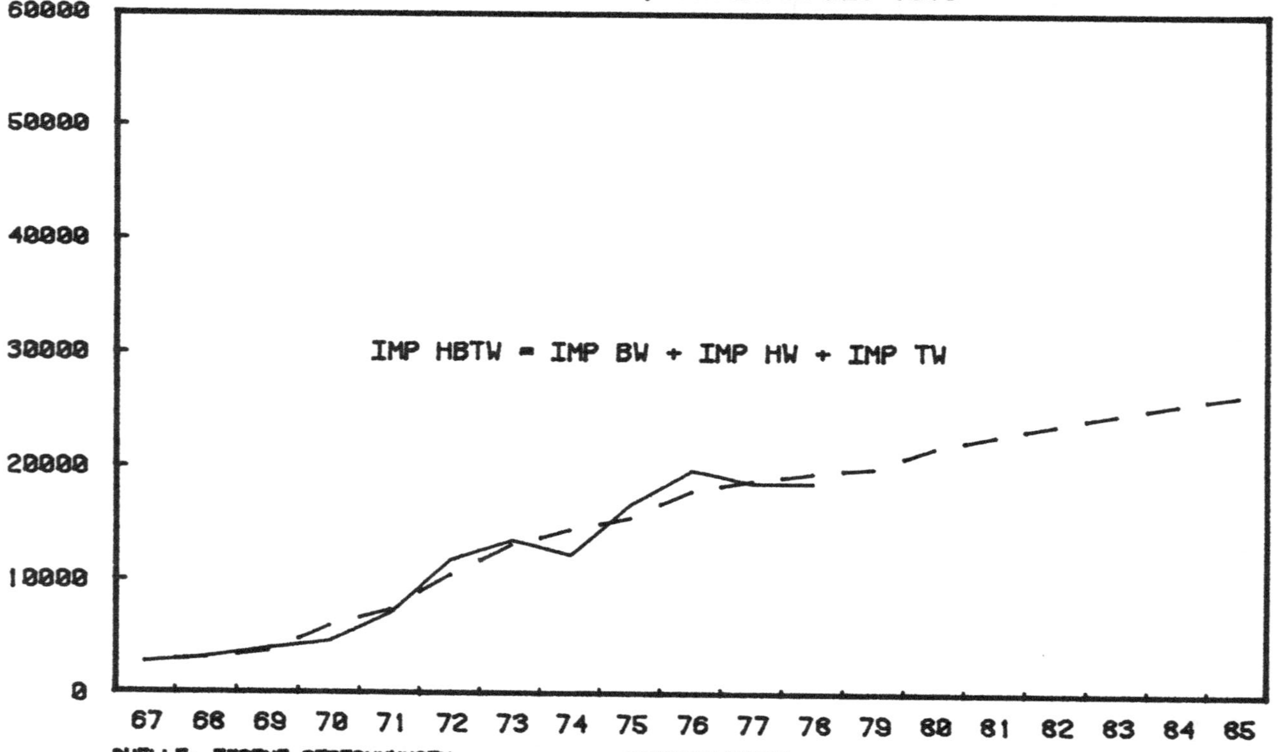

QUELLE: EIGENE BERECHNUNGEN — ORIGINALWERTE
ZAPS-PROGRAMMSYSTEM - - - SCHAETZWERTE

FATM

3.5.3 Exporte

Waren bislang "inländische" Determinanten zur Erklärung kausaler Zusammenhänge zwischen Einzelhandelsabsatz und Importen benutzt worden, so erscheint es nicht sinnvoll, dieselben Variablen auch zur Erklärung der Exporte heranzuziehen.

Es scheint dagegen angebracht, die Determinanten der Lieferungen an das Ausland auch eben dort zu suchen.

Angenommen wird, daß die Exporte erklärt werden können durch:

- Gesamtexport der OECD-Länder (OECD-EXP)
- Nettoproduktion der OECD-Länder (OECD-NETPROD)
- Auftragseingang aus dem Ausland in der
  - -- Textilindustrie (AATEX)
  - -- Bekleidungsindustrie (AABKL)
- Zeit (t)

Diese Hypothesen können allgemein folgendermaßen dargestellt werden:

$$\left.\begin{matrix} \text{EXP BW} \\ \text{EXP HW} \\ \text{EXP TW} \end{matrix}\right\} = f\ (\text{OECD-EXP, OECD-NETPROD, AATEX, AABKL, } t)$$

Die Ergebnisse der ökonometrischen Überprüfung dieser Annahmen werden in den folgenden vier Kapiteln beschrieben.

3.5.3.1 Export von Bettwäsche

Gemessen an den gesetzten Prüfkriterien führte die rechnerische Überprüfung der o.a. Kombinationsmöglichkeiten für den Bettwäsche-Export (EXP BW) zur folgenden besten Anpassung:

$$\text{EXP BW} = f\ (\text{OECD-EXP, AABKL})$$

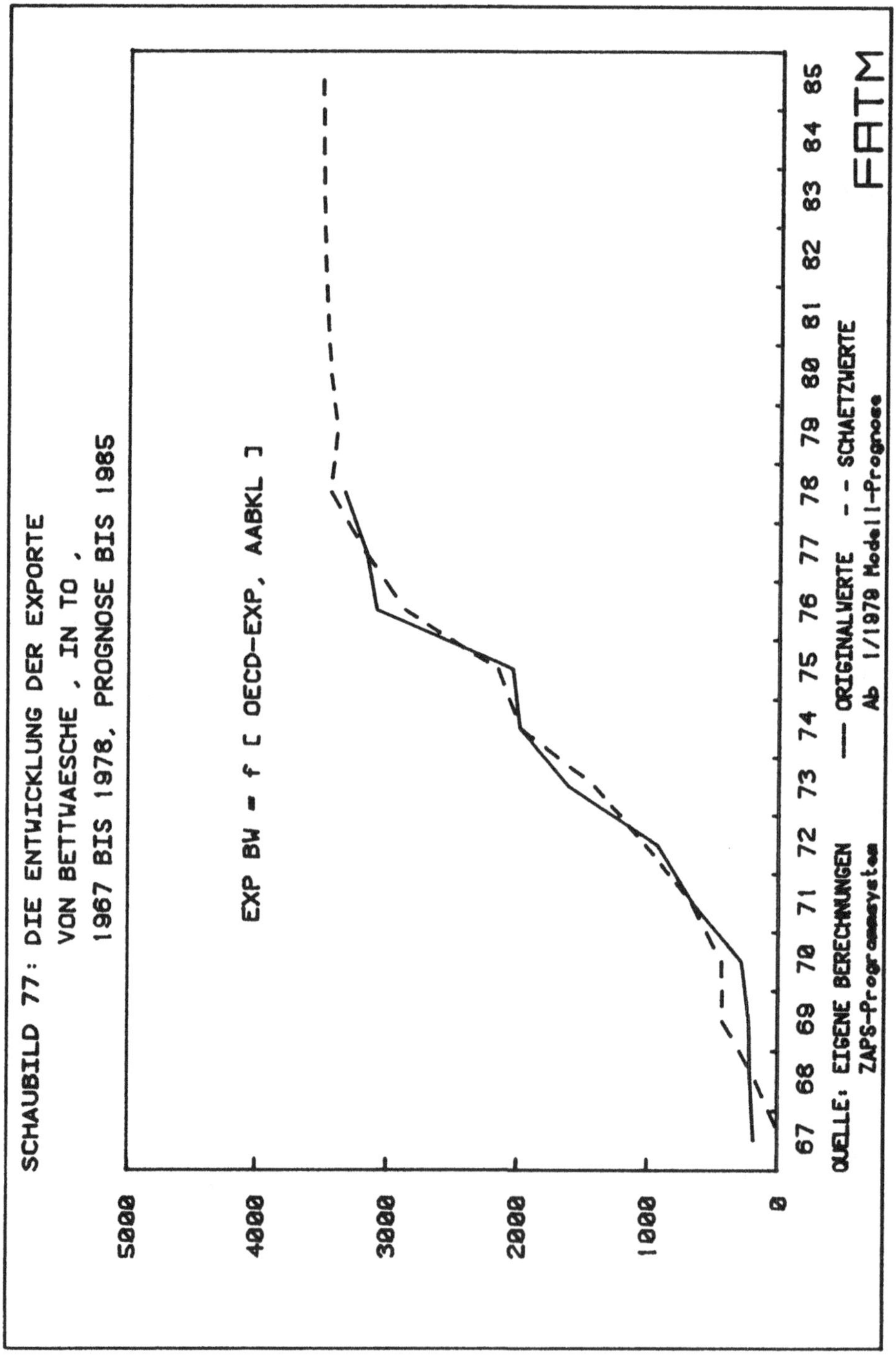
SCHAUBILD 77: DIE ENTWICKLUNG DER EXPORTE
VON BETTWAESCHE , IN TO ,
1967 BIS 1978, PROGNOSE BIS 1985
EXP BW = f [OECD-EXP, AABKL]
5000
4000
3000
2000
1000
0
67 68 69 70 71 72 73 74 75 76 77 78 79 80 81 82 83 84 85
QUELLE: EIGENE BERECHNUNGEN
ZAPS-Programmsystem
— ORIGINALWERTE - - SCHAETZWERTE
Ab 1/1979 Modell-Prognose
FATM

oder

$$EXP\ BW = -1.16o{,}2917 + 7{,}783o\ OECD\text{-}EXP\ (4{,}76) + 8{,}2ooo\ AABKL\ (2{,}49)$$

R^2 = o,9861; F = 16o,57; DW = 1,85

Die Erklärung der Entwicklung der Ausfuhren an Bettwäsche durch die Gesamtexporte der OECD-Länder (OECD-EXP) und den ausländischen Auftragseingang bei der deutschen Bekleidungsindustrie (AABKL) ergab bei den anschließenden Prognoseberechnungen folgende Werte:

Übersicht 38: Die Vorausschätzung der Bettwäsche-Exporte bis 1985, in to

Jahr	tatsächlich	geschätzt
1976	3.o89	2.877
1977	3.173	3.182
1978	3.336	3.445
1979		3.397
198o		3.45o

Jahr	geschätzt
1981	3.482
1982	3.5o1
1983	3.512
1984	3.518
1985	3.522

Quelle: Eigene Berechnungen.

Nach dieser Vorausschätzung wird der Bettwäsche-Export um o,78 % im Jahresdurchschnitt anwachsen, was insgesamt nur ein Plus von 5,58 % bis 1985 bedeutet.

3.5.3.2 Export von Hauswäsche

Die Zeitreihe der Exporte von Hauswäsche (EXP HW) ist durch einen starken konjunkturellen Einbruch in den Jahren 1974/75 gekennzeichnet. Sie konnte am besten durch die Entwicklung des Auftragseingangs des Auslandes in der Bekleidungsindustrie (AABKL) und durch sich selber in zeitverzögerter Form (EXP HW_{t-1}), als verzögerte Anpassung an die Entwicklung der Auslandsnachfrage erklärt werden.

$$\text{EXP HW}_t = f\ (\text{EXP HW}_{t-1},\ \text{AABKL}_t)$$

oder

$$\begin{aligned}\text{EXP HW}_t = & - 212{,}2297 \\ & - \ o{,}2o89\ \text{EXP HW}_{t-1} \qquad (1{,}62) \\ & + \ 15{,}57oo\ \text{AABKL}_t \qquad (6{,}96)\end{aligned}$$

R^2 = o,9383; F = 68,42; DW = 2,46

Die Prognoseberechnungen ergaben hierbei folgende Ergebnisse:

Übersicht 39: Die Vorausschätzung der Hauswäsche-Exporte bis 1985, in to

Jahr	tatsächlich	geschätzt
1976	2.987	2.868
1977	2.829	2.585
1978	2.483	2.735
1979		2.794
198o		2.753

Jahr	geschätzt
1981	2.775
1982	2.779
1983	2.782
1984	2.784
1985	2.785

Quelle: Eigene Berechnungen.

Auch die Erwartungen an steigende Ausfuhren für Hauswäsche erfüllen sich kaum: So resultiert aus den o.a. Berechnungen nur ein durchschnittliches Wachstum von 1,65 % p.a. resp. von insgesamt 12,16 % bis 1985.

SCHAUBILD 78: DIE ENTWICKLUNG DER EXPORTE
VON HAUSWAESCHE , IN TO,
1967 BIS 1978, PROGNOSE BIS 1985

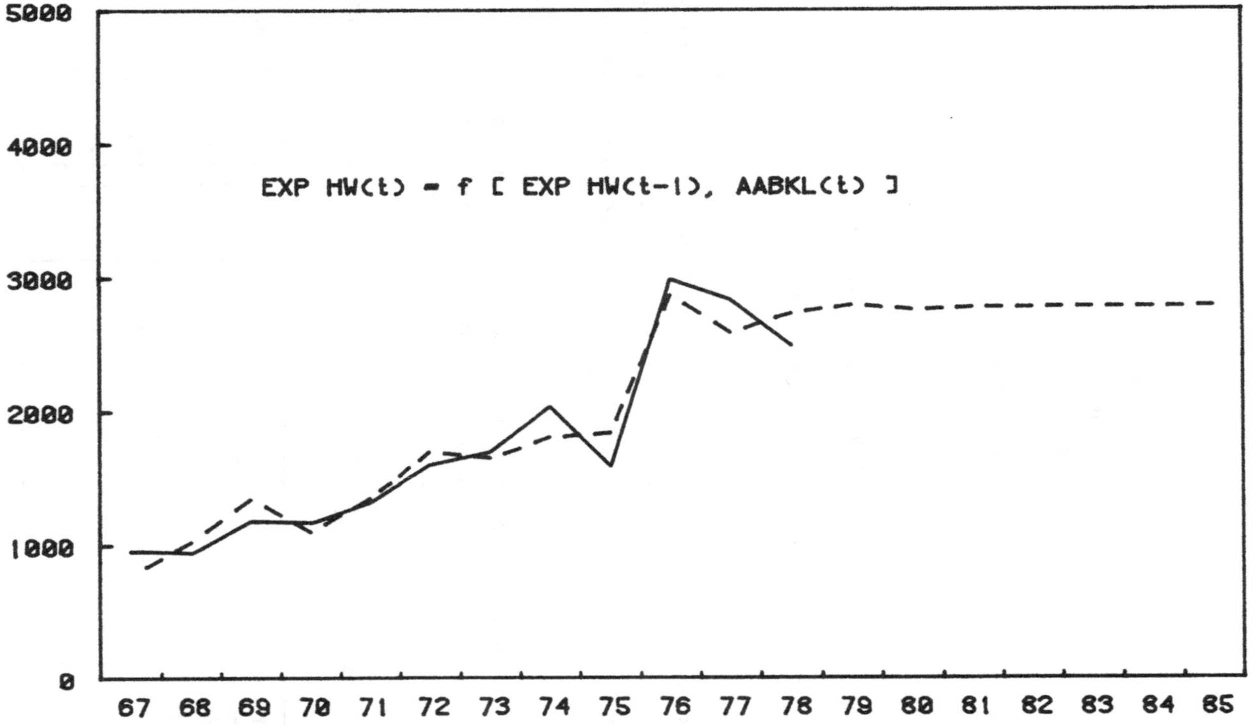

QUELLE: EIGENE BERECHNUNGEN — ORIGINALWERTE - - SCHAETZWERTE
ZAPS-Programmsystem Ab 1/1979 Modell-Prognose

FATM

3.5.3.3 Export von Tischwäsche

Von allen hypothetischen Kombinationen zur Erklärung der Ausfuhren von Tischwäsche (EXP TW) zeigte nur ein Schätzansatz mit den Wachstumsraten der Nettoproduktion der OECD-Länder (WaRa OECD-NETPROD) eine geeignete Anpassung:

EXP TW = f (WaRa OECD-NETPROD)

oder

EXP TW = + 954,41
+ 15,76 WaRA OECD-NETPROD (2,66)

R^2 = o,4148; F = 7,o9; DW = 1,35

Dieser Erklärungszusammenhang erscheint durchaus plausibel, da die Nettoproduktion der OECD-Länder als Indikator-Variable für das gesamte Nachfragevolumen der wichtigsten Abnehmer-Länder unserer bundesdeutschen Ausfuhren interpretiert werden kann.

Die anschließende Berechnung der Prognosewerte ergab ein Anwachsen der ausgeführten Tischwäsche von jährlich 1,43 % im Durchschnitt bzw. von insgesamt 1o,42 % bis 1985.

Übersicht 4o: Die Vorausschätzung der Tischwäsche-Exporte bis 1985, in to

Jahr	tatsächlich	geschätzt
1976	1.162	1.113
1977	1.111	1.o2o
1978	883	999
1979		985
198o		982

Jahr	geschätzt
1981	981
1982	979
1983	978
1984	976
1985	975

Quelle: Eigene Berechnungen.

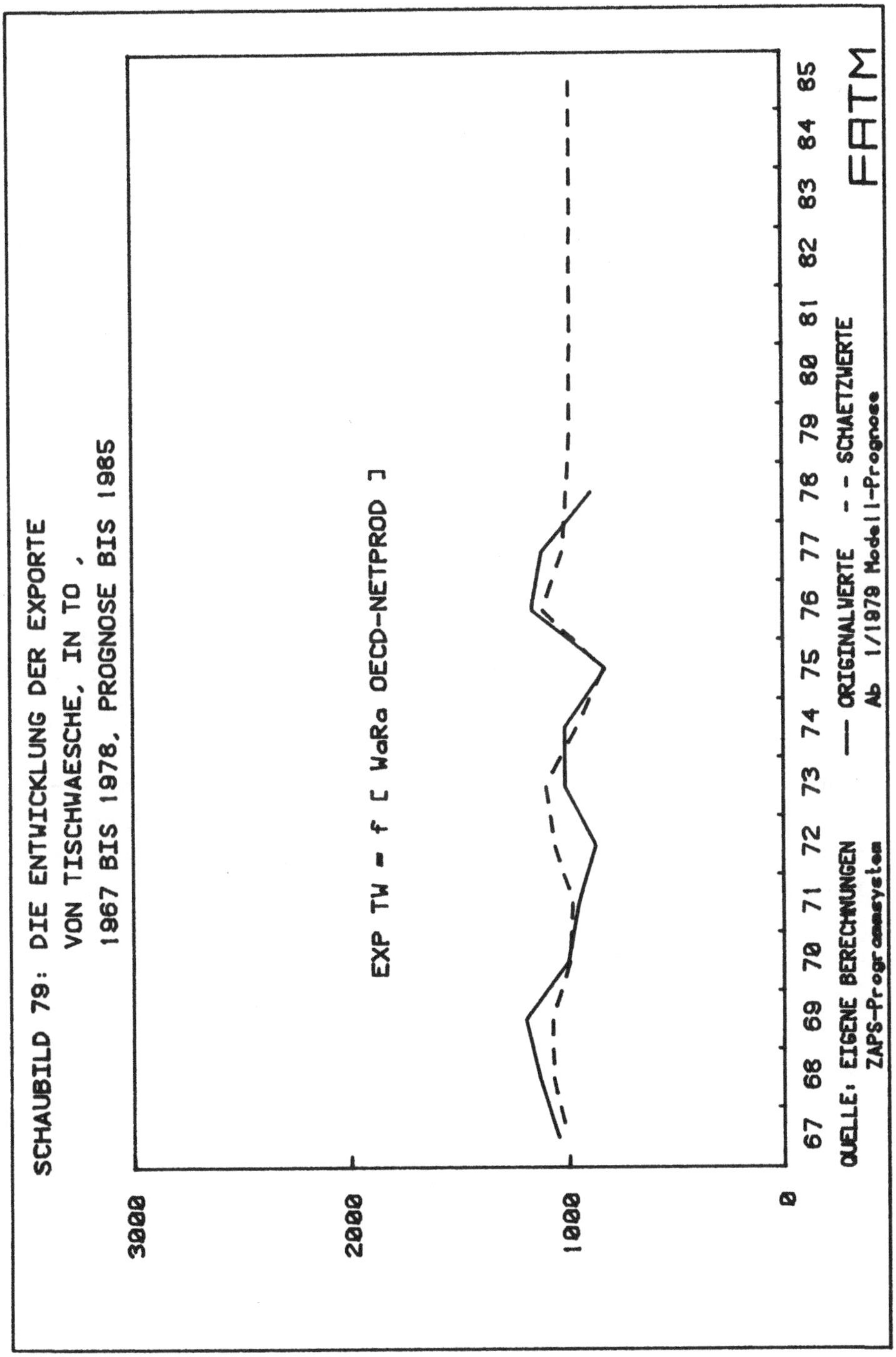
SCHAUBILD 79: DIE ENTWICKLUNG DER EXPORTE
VON TISCHWAESCHE, IN TO ,
1967 BIS 1978, PROGNOSE BIS 1985
EXP TW = f [WaRa OECD-NETPROD]
3000
2000
1000
0
67 68 69 70 71 72 73 74 75 76 77 78 79 80 81 82 83 84 85
QUELLE: EIGENE BERECHNUNGEN
ZAPS-Programmsystem
— ORIGINALWERTE - - SCHAETZWERTE
Ab 1/1979 Modell-Prognose
FATM

Betrachtet man die Übersicht 4o und das Schaubild 79 zur Prognose der Tischwäsche-Exporte, so ist ein Wachstum nicht zu erkennen. Dies ist auf die nicht sonderlich gute Anpassung dieser Schätzfunktion zurückzuführen.

Bei einem Vergleich des tatsächlichen Wertes von 1978 mit dem geschätzten Wert fällt auf, daß der geschätzte Wert (999 to) den letzten tatsächlichen Wert (883 to) um 13,1 % überschreitet. In den Jahren 1977 und 1976 dagegen wurde die reale Entwicklung um 8,1 % bzw. 3,2 % unterschätzt.

Bezieht man die Veränderungsraten der Vorausschätzung bis 1985 auf den tatsächlichen Ausgangswert von 1978, so wird ein Wachstum von insgesamt 1o,4 % prognostiziert. Auf der Basis des Schätzwertes von 1978 ergibt sich jedoch für den Prognosezeitraum eine Schrumpfung von insgesamt 2,4 %.

Die Ursache für diese Diskrepanzen ist in der nicht guten Anpassung sämtlicher getesteter Schätzfunktionen zu suchen, von denen die o. a. die beste war, obwohl das Bestimmtheitsmaß (R^2 = o,4148) sehr klein ist.
Von allen in dieser Untersuchung diskutierten Schätzfunktionen hat die o. a. Funktion zur Erklärung der Exporte von Tischwäsche das mit weitem Abstand niedrigste Bestimmtheitsmaß.

3.5.3.4 Export von Haus-, Bett- und Tischwäsche

Der gesamte Export an Haus-, Bett- und Tischwäsche (EXP HBTW) soll erklärt werden durch die einzelnen Export-Produktgruppen:

$$\text{EXP HBTW} = \text{EXP BW} + \text{EXP HW} + \text{EXP TW}$$

Es wurde hier keine ökonomische Schätzung vorgenommen, sondern eine definitorische Beziehung aufgestellt.
Dieses Vorgehen erschien gerechtfertigt, da in der Außenhandelsstatistik der Größe 'Export von Haus-, Bett- und Tischwäsche' ebenfalls eine Addition der einzelnen Exportwarengruppen Hauswäsche, Bettwäsche und Tischwäsche zugrunde liegt.

Die Prognosewerte sagen für den gesamten Export ein Anwachsen um 8,67 % bis 1985 resp. im Jahresdurchschnitt 1,19 % voraus.

Übersicht 41: Die Vorausschätzung der gesamten Exporte an Haus-, Bett- und Tischwäsche bis 1985, in to

Jahr	tatsächlich	geschätzt
1976	7.239	6.67o
1977	7.113	6.879
1978	6.7o1	7.2o7
1979		7.176
198o		7.185

Jahr	geschätzt
1981	7.238
1982	7.259
1983	7.272
1984	7.278
1985	7.282

Quelle: Eigene Berechnungen.

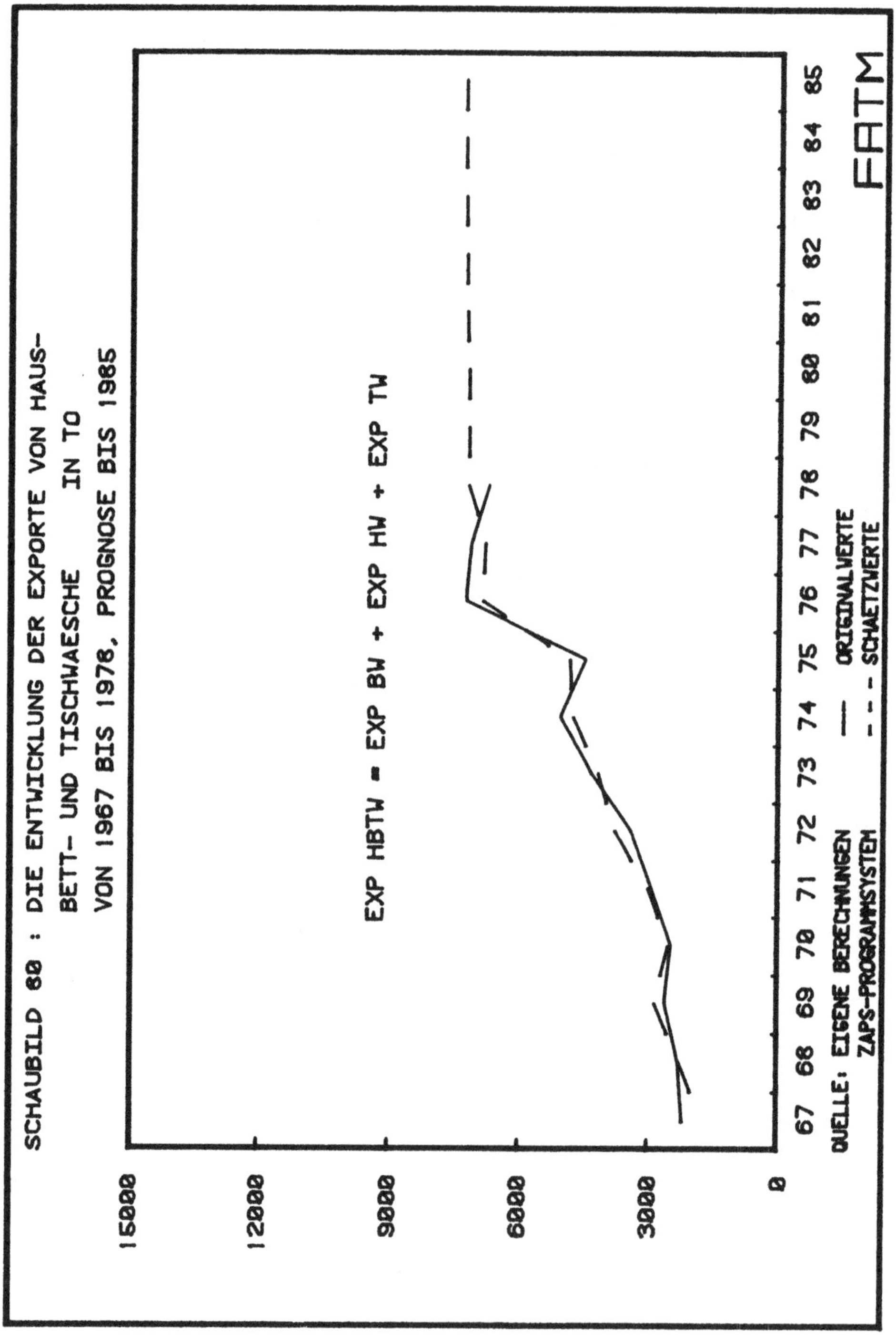
SCHAUBILD 60 : DIE ENTWICKLUNG DER EXPORTE VON HAUS-
BETT- UND TISCHWAESCHE IN TO
VON 1967 BIS 1978, PROGNOSE BIS 1985
EXP HBTW = EXP BW + EXP HW + EXP TW
15000
12000
9000
6000
3000
0
67 68 69 70 71 72 73 74 75 76 77 78 79 80 81 82 83 84 85
QUELLE: EIGENE BERECHNUNGEN
ZAPS-PROGRAMMSYSTEM
— ORIGINALWERTE
- - - SCHAETZWERTE
FATM

3.5.4 Produktion von Haus-, Bett- und Tischwäsche

Bisher wurden Spezifizierungen, ökonometrische Schätzungen und Prognoseberechnungen für den betreffenden Textileinzelhandelsabsatz (TEHA) sowie für die Importe (IMP) und Exporte (EXP) durchgeführt.

Es wird nun die Hypothese aufgestellt, daß die inländische Produktion von Haus-, Bett- und Tischwäsche (PROD HBTW)[1] durch das Zusammenwirken des Außenhandels und des inländischen Textileinzelhandelsabsatzes erklärt werden kann.

Aus dieser Hypothese müßte man folgern, daß es sich hier um einen definitorischen Zusammenhang handeln könnte.
Diese Annahme ist grundsätzlich nicht abzulehnen, jedoch mußte wegen unterschiedlicher Dimensionen ein regressionsanalytischer Schätzansatz benutzt werden.

Diese Hypothese lautet in Gleichungsform:

$$\text{PROD HBTW} = f\left(\text{TEHA}, \left\{\frac{\begin{bmatrix}\text{IMP BW}\\ \text{IMP HW}\\ \text{IMP TW}\end{bmatrix}}{\text{IMP HBTW}}\right\}, \left\{\frac{\begin{bmatrix}\text{EXP BW}\\ \text{EXP HW}\\ \text{EXP TW}\end{bmatrix}}{\text{EXP HBTW}}\right\}, t\right)$$

---

1 Im analytischen Teil dieser Arbeit wurde bereits darauf hingewiesen, daß die Betrachtung der Zeitreihe 'Produktion von Haus-, Bett- und Tischwäsche' nur wertmäßig (in DM) möglich war. Wegen der physischen Heterogenität der in diese Gesamtreihe eingehenden Produkte war deswegen die Erstellung einer mengenmäßigen Gesamtreihe nicht möglich. Um nun aus der nominalen Reihe der Produktionswerte eine reale Reihe entwickeln zu können, wurde die Zeitreihe der Produktionswerte mit Hilfe der Erzeugerpreisindizes der Bekleidungsindustrie für die Wäscheherstellung deflationiert. Somit entstand eine reale Größe, das 'Produktionsvolumen preisbereinigt', die mit den übrigen Variablen der Prognoserechnung kompatibel ist.
Vgl. hierzu auch Tabellen 25, 59, 6o sowie die folgenden Schaubilder.

SCHAUBILD 81: DAS PRODUKTIONSVOLUMEN VON HBTW (——), VON BETTWAESCHE PRODUKTIONSWERT PREISBEREINIGT (— —) UND HAUS- UND TISCHWAESCHE PRODUKTIONSWERT PREISBEREINIGT (-----)

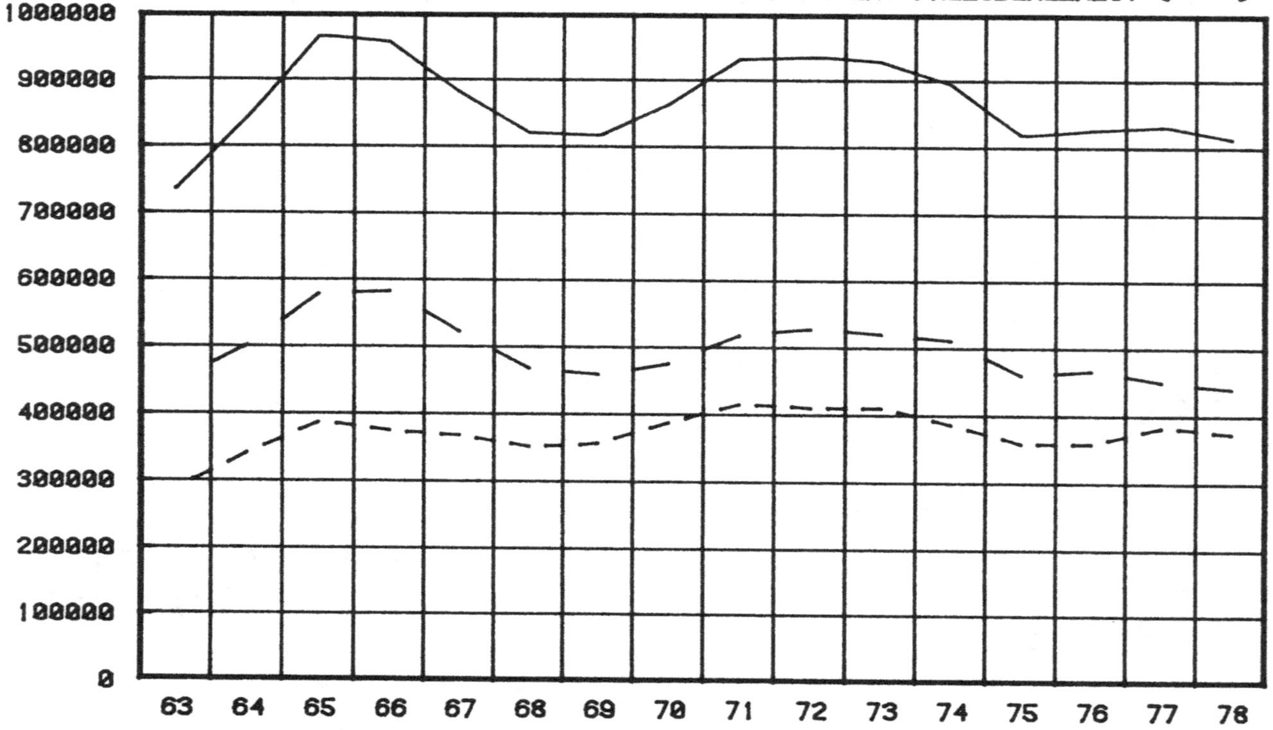

QUELLE: EIGENE BERECHNUNGEN

FATM

SCHAUBILD 82: DIE ERZEUGERPREISINDIZES DER TEXTILINDUSTRIE MIT METER-WAREN INSG.(———), HBTW, MOEBEL- UND DEKOSTOFF(– – –) UND DER BEKLEIDUNGSIND. MIT WAESCHE ALLG.(- - - -); 1970=100

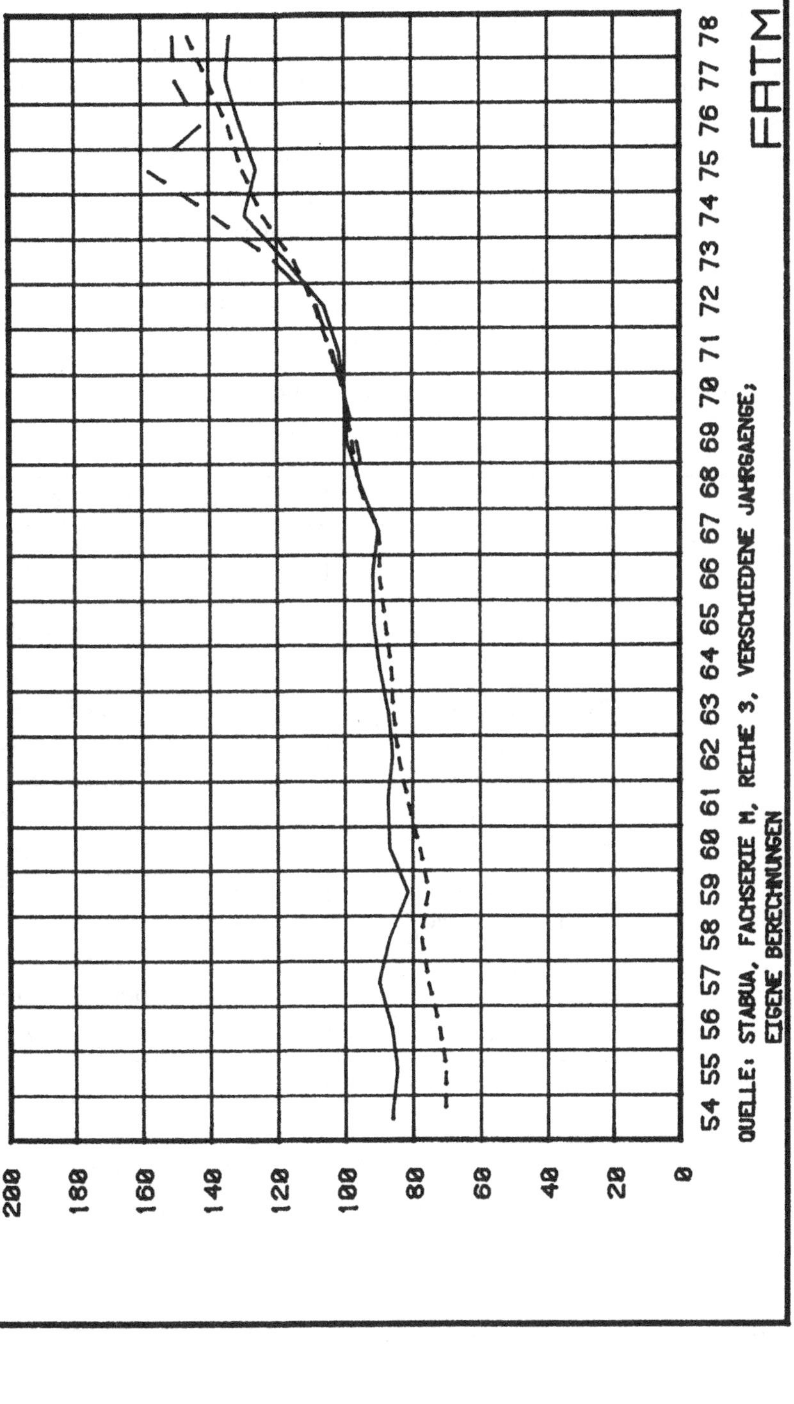

QUELLE: STABUA, FACHSERIE M, REIHE 3, VERSCHIEDENE JAHRGAENGE; EIGENE BERECHNUNGEN

Unter der Voraussetzung, daß die Variablen Handel (TEHA), Import (IMP) und Export (EXP), jeweils alternativ als Gesamt-Variable (IMP HBTW, EXP HBTW) oder als drei einzelne Produktgruppen-Variablen (IMP BW, IMP HW, IMP TW und EXP BW, EXP HW, EXP TW), zur Erklärung der Kausalbeziehung in der Funktionsgleichung vorhanden sein sollen, existieren vier Kombinationsmöglichkeiten. Berücksichtigt man noch die Zeitvariable (t) unter dem Aspekt 'eingezogen/abgelehnt', so entstehen acht Kombinationsmöglichkeiten der Variablenauswahl. Weitere Schätzansätze ergaben sich mit time-lag-Strukturen, Veränderungsraten, Differenzrechnungen.

Bei der ökonometrischen Überprüfung der Kausalhypothesen erwiesen sich folgende Funktionsgleichungen als die besten:

Gleichung I	Gleichung II
$PROD\ HBTW_t =$	$PROD\ HBTW_t =$
+ 45.o6o,26	- 124.o61,25
+ o,45 $PROD\ HBTW_{t-1}$ (3,25)	+ o,53 $PROD\ HBTW_{t-1}$ (2,12)
- 43,66 $IMP\ BW_t$ (3,37)	- 15,28 $IMP\ BW_t$ (1,34)
- 45,o4 $IMP\ HW_t$ (2,31)	- 5,24 $IMP\ HW_t$ (2,o4)
- 1o5,4o $IMP\ TW_t$ (2,37)	- 26,o9 $IMP\ TW_t$ (o,36)
+ 15,11 $EXP\ HBTW_t$ (1,34)	+ 1o,37 $EXP\ HBTW_t$ (3,11)
+ 4.454,oo $TEHA_t$ (4,21)	+ 5.865,oo $TEHA_t$ (2,49)
R^2 = o,9312	R^2 = o,8525
F = 11,28	F = 4,82
DW = 2,19	DW = 2,o9

Es zeigt sich, daß die inländische Produktion in beiden Gleichungen erklärt wird durch sich selber in zeitverzögerter Form, durch den Import und Export, sowie durch die inländische Nachfrage nach Haushaltstextilien in Form des Textileinzelhandelsabsatzes.

Der Unterschied zwischen Gleichung I und II liegt in dem unterschiedlichen Datenmaterial, mit dem die beiden Regressionen und die Prognoseberechnungen durchgeführt wurden: In Gleichung I gehen als endogene Variablen die Originalwerte in die Berechnungen ein (vgl. Schaubild 83), während in Gleichung II die geschätzten endogenen Werte benutzt werden (vgl. Schaubild 84).[1]

Durch dieses Vorgehen erhalten wir für den Prognosebereich nicht Prognose-Schätzpunkte sondern einen Prognoseraum, wie in Schaubild 85 zu sehen ist. Dadurch ist es möglich, die Vorausschätzung der inländischen Produktion von Haus-, Bett- und Tischwäsche innerhalb einer (optimistischen) Obergrenze und einer (pessimistischen) Untergrenze anzugeben.

Diese beiden Vorausschätzungen ergaben folgende Werte:

<u>Übersicht 42</u>: Die Vorausschätzung des Produktionsvolumens von Haus-, Bett- und Tischwäsche bis 1985; Produktionswert preisbereinigt

Jahr	tatsächlich	geschätzt Gleichung I	geschätzt Gleichung II
1976	825.864	8o9.861	796.492
1977	831.6o8	846.o74	829.oo3
1978	811.751	8o9.471	823.657
1979		811.6o3	82o.771
198o		765.o39	818.692
1981		728.469	8o6.872
1982		691.2o7	794.258
1983		65o.o59	781.o51
1984		6o6.137	768.o48
1985		56o.464	755.714

<u>Quelle</u>: Eigene Berechnungen.

Die Schätzergebnisse der Prognoserechnungen sagen für die inländische Produktion ein weiteres Schrumpfen des Produktionsvolumens von -6,9o bis -3o,96 % insgesamt bzw. -1,o2 bis -5,15% p.a. voraus.

1 Vgl. hierzu <u>G. Tintner</u>, Handbuch der Ökonometrie, Berlin-Göttingen-Heidelberg 196o, S. 211 f und S. 225 ff.

DIE ENTWICKLUNG DER PRODUKTION VON HAUS-, BETT- UND TISCHWAESCHE VON 1967 BIS 1976, SOWIE DIE VORAUSSCHAETZUNG BIS ZUM JAHRE 1985

SCHAUBILD 83 : AUF BASIS DER ORIGINALWERTE

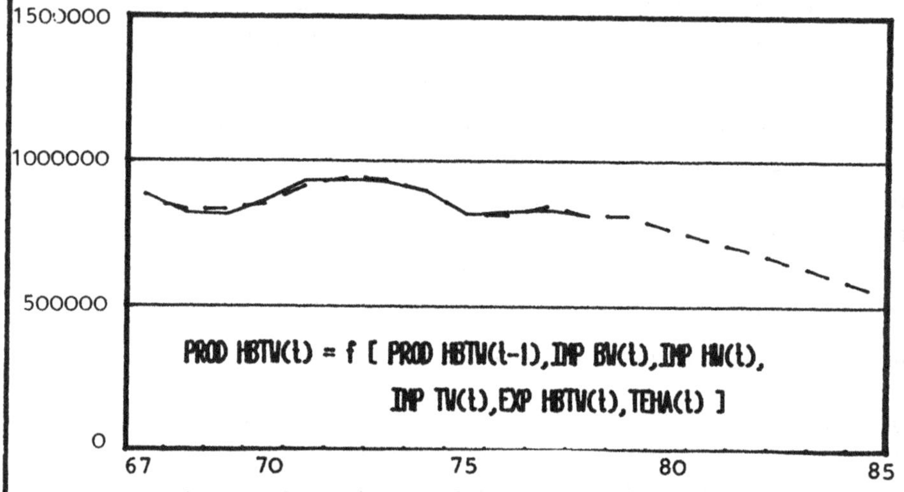

Quelle: Siehe Schaubild 65

FATM

SCHAUBILD 84 : AUF BASIS DER SCHAETZWERTE

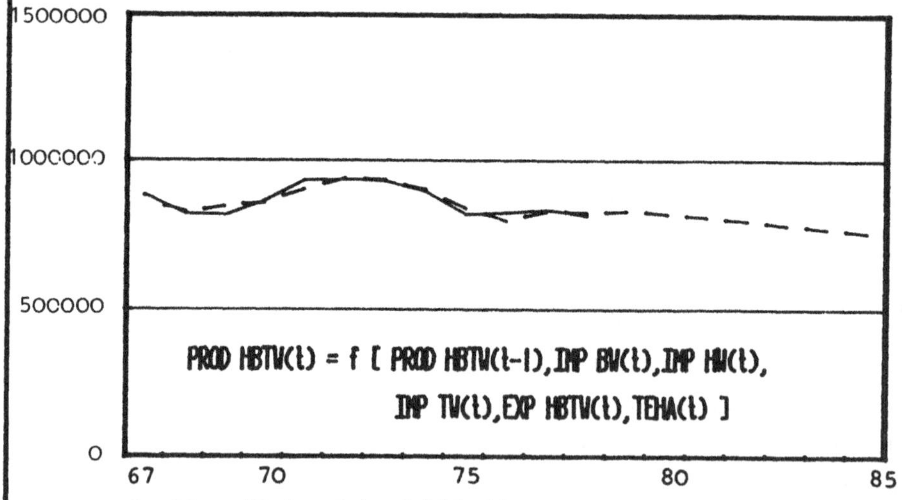

Quelle: Siehe Schaubild 65

FATM

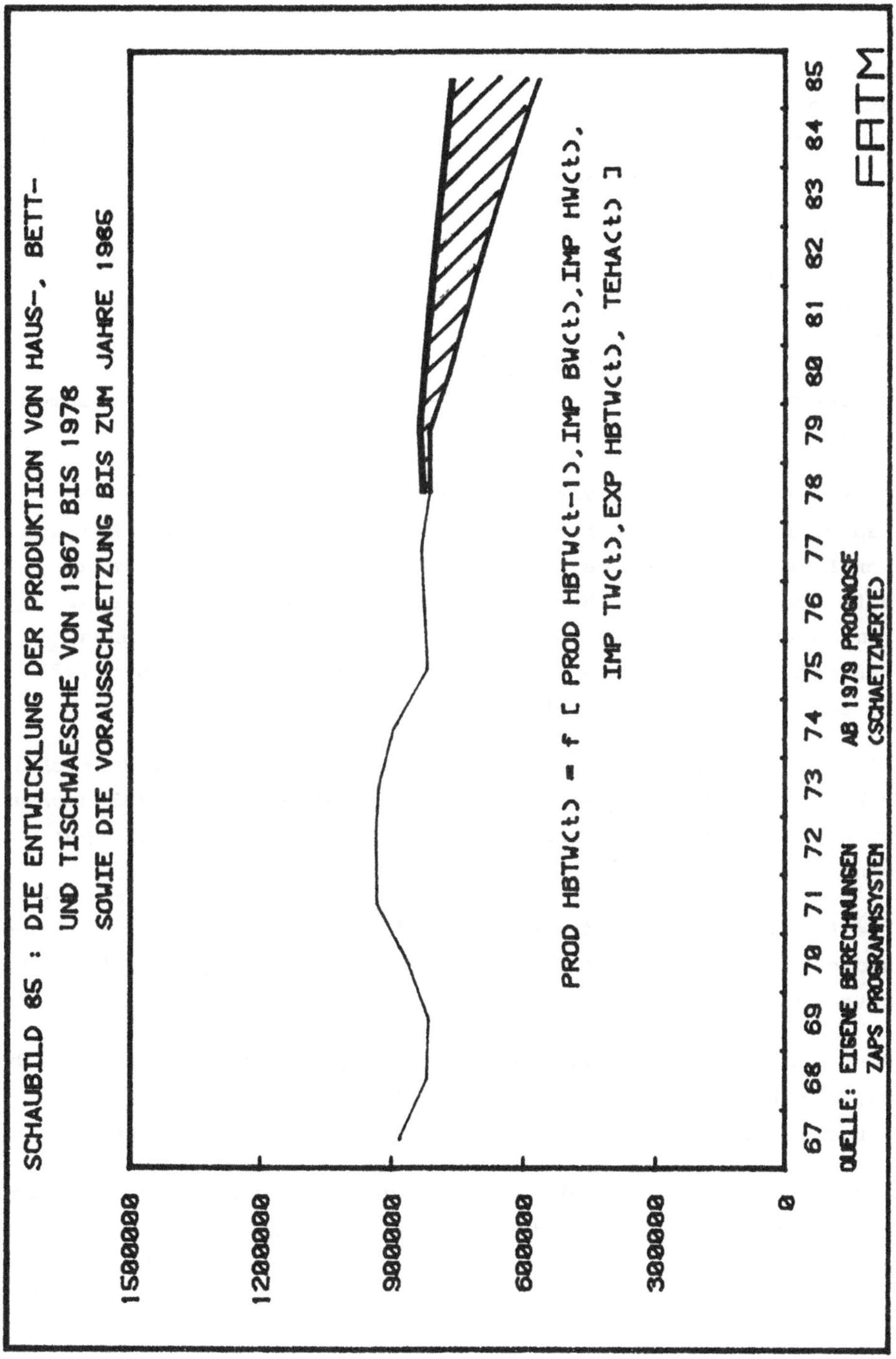

SCHAUBILD 85 : DIE ENTWICKLUNG DER PRODUKTION VON HAUS-, BETT- UND TISCHWAESCHE VON 1967 BIS 1978 SOWIE DIE VORAUSSCHAETZUNG BIS ZUM JAHRE 1985

3.6 Zusammenfassung der Prognoseergebnisse

Das Ziel einer Langfristprognose ist, längerfristige Entwicklungen struktureller Art vorauszuschätzen, wobei konjunkturelle Beeinflussungen nicht berücksichtigt werden sollen und auch nicht berücksichtigt werden können.

Unter diesem Aspekt sind auch die bisher gemachten Vorausschätzungen zum Markt der Haus-, Bett- und Tischwäsche zu sehen.

Wie auch aus den folgenden drei zusammenfassenden und vergleichenden Übersichten zu ersehen ist, wird das Marktvolumen weiter anwachsen.

Betrachtet man unter Vernachlässigung anderer Anbieter von Haus-, Bett- und Tischwäsche und unter Nicht-Berücksichtigung von Lagerbewegungen bei Produzenten und beim Handel den Absatz des Textileinzelhandels mit Haushaltstextilien als Gesamt-Nachfrage dieses Marktes, so kann man davon ausgehen, daß die Nachfrage nach Haus-, Bett- und Tischwäsche bis 1985 um real jahresdurchschnittlich 1,4 % wachsen wird.

Hierbei werden die Importe ihren Druck auf den bundesdeutschen Markt weiter verstärken, indem sie ihr Angebot bis 1985 nochmals um über 4o % erhöhen, und zwar um 5,1 % im Durchschnitt per annum.

Die Ausfuhren können dieses ausländische Angebot nicht kompensieren, da für sie nur ein Wachstum von + 1,2 % jährlich vorausgeschätzt wurde.

Betrug die Relation von Importen zu Exporten im Jahr 197o noch ca. 2 : 1, so veränderte sich das Verhältnis bis 1978 schon auf ca. 3 : 1 und wird 1985 bereits fast 4 : 1 erreichen.

Aus diesem Grunde ist ein Rückgang der inländischen Produktion zu erwarten, der insgesamt zwischen - 7 % und - 31 % betragen wird; i.e. - 1,o2 % bis - 5,15 % im Jahresdurchschnitt.

Übersicht 43: Die Analyse und Prognose der Importe von Bettwäsche (IMP BW), Hauswäsche (IMP HW), Tischwäsche (IMP TW) und der gesamten Haus-, Bett- und Tischwäsche (IMP HBTW) von 197o bis 1985 in to sowie ihre Veränderungsraten

Jahr	IMP BW	IMP HW	IMP TW	IMP HBTW
197o	1.846	2.234	598	4.678
1971	2.818	3.593	699	7.11o
1972	5.336	5.688	86o	11.884
1973	6.571	6.125	856	13.552
1974	6.367	5.124	811	12.3o2
1975	8.657	7.o51	1.o72	16.78o
1976	9.81o	8.568	1.4o2	19.78o
1977	8.761	8.238	1.621	18.619
1978	8.695	8.o61	1.877	18.632
1979	9.111	8.715	2.133	19.599
198o	1o.16o	9.232	2.383	21.775
1981	1o.514	9.656	2.632	22.8o2
1982	1o.895	1o.oo9	2.88o	23.784
1983	11.298	1o.3o9	3.129	24.736
1984	11.679	1o.565	3.377	25.621
1985	12.o36	1o.785	3.624	26.445
Veränderungsraten von 1978 bis 1985 in v.H.				
insgesamt	38,42	33,79	93,o7	41,93
Ø p.a.	4,75	4,25	9,85	5,13

Anm.: Ab 1979 Modell-Prognose.

Quelle: Vgl. Tabellen 42-45, sowie eigene Berechnungen.

Übersicht 44: Die Analyse und Prognose der Exporte von Bettwäsche (EXP BW), Hauswäsche (EXP HW), Tischwäsche (EXP TW) und der gesamten Haus-, Bett- und Tischwäsche (EXP HBTW) von 197o bis 1985 in to sowie ihre Veränderungsraten

Jahr	EXP BW	EXP HW	EXP TW	EXP HBTW
197o	288	1.169	998	2.454
1971	663	1.318	946	2.928
1972	932	1.6o3	869	3.4o4
1973	1.618	1.699	1.o13	4.33o
1974	1.992	2.o34	1.o14	5.o4o
1975	2.o43	1.586	823	4.451
1976	3.o89	2.987	1.162	7.239
1977	3.173	2.829	1.111	7.113
1978	3.336	2.483	883	6.7o1
1979	3.397	2.794	985	7.176
198o	3.45o	2.753	982	7.185
1981	3.482	2.775	981	7.238
1982	3.5o1	2.779	979	7.259
1983	3.512	2.782	978	7.272
1984	3.518	2.784	976	7.278
1985	3.522	2.785	975	7.282
Veränderungsraten von 1978 bis 1985 in v.H.				
insgesamt	5,58	12,16	1o,42	8,67
Ø p.a.	o,78	1,65	1,43	1,19

Anm.: Ab 1979 Modell-Prognose.

Quelle: Vgl. Tabellen 42-45 , sowie eigene Berechnungen.

Übersicht 45: Die Analyse und Prognose des Absatzes im Textileinzelhandel mit Haus- und Bettwäsche (TEHA), der gesamten Importe (IMP HBTW), Exporte (EXP HBTW) an Haus-, Bett- und Tischwäsche und der inländischen Produktion von Haus-, Bett- und Tischwäsche (PROD HBTW) 197o bis 1985 sowie ihre Veränderungsraten

Jahr	TEHA 197o=1oo	IMP HBTW in to	EXP HBTW in to	PROD HBTW Prod.-Volumen	
197o	1oo,o	4.678	2.454	863.744	
1971	1o5,4	7.11o	2.928	932.774	
1972	11o,8	11.884	3.4o4	935.171	
1973	112,9	13.552	4.33o	927.847	
1974	1o9,8	12.3o2	5.o4o	894.123	
1975	1o6,5	16.78o	4.451	817.o12	
1976	1o7,1	19.78o	7.239	825.864	
1977	113,o	18.619	7.113	831.6o8	
1978	112,8	18.632	6.7o1	811.751	
1979	117,2	19.599	7.176	82o.771	811.6o3
198o	117,7	21.775	7.185	818.692	765.o39
1981	119,1	22.8o2	7.238	8o6.872	728.469
1982	12o,4	23.784	7.259	794.258	691.2o7
1983	121,7	24.736	7.272	781.o51	65o.o59
1984	123,o	25.621	7.278	768.o48	6o6.137
1985	124,3	26.445	7.282	755.714	56o.464
	Veränderungsraten von 1978 bis 1985 in v.H.				
insgesamt	1o,2o	41,93	8,67	- 6,9o	- 3o,96
Ø p.a.	1,4o	5,13	1,19	- 1,o2	- 5,15

Anm.: Ab 1979 Modell-Prognose.

Quelle: Vgl. Tabellen 42, 48 und 59 sowie eigene Berechnungen.

4. Zusammenfassung der Ergebnisse und Resumée

Aufgabe und Ziel der vorliegenden Arbeit war es, den Markt für Haushaltstextilien in seiner vergangenen Entwicklung seit 195o zu untersuchen und seine Zukunftserwartungen abzuschätzen.

Die Untersuchung führte zu folgenden Ergebnissen:

Es zeigte sich, daß es in der amtlichen Statistik keine 'Haushaltstextilien-Industrie' im engeren Sinne gibt.

Daher wurden die Baumwollwebereien und die Leinenwebereien zur Herstellung von Meterware sowie die Wäscheherstellung in der Bekleidungsindustrie zur Produktion von Haus-, Bett- und Tischwäsche untersucht. Somit konnte die Analyse der Branchenstruktur nur annähernde Aussagen treffen.

Die Anzahl der Betriebe sank in allen drei betrachteten Sparten. Die Baumwolweber verringerten sich von 195o bis 1978 um mehr als 6o %, die Zahl der Leinenweber ging bis 1975 um fast 7o % zurück (nach 1975 werden sie nicht mehr einzeln ausgewiesen), und die Anzahl der Wäschehersteller schrumpfte um annähernd 8o %.
Gleichzeitig sank der Maschinenbestand, während der Automationsgrad auf nahezu 1oo % anstieg.
Ebenso verhielt sich die Entwicklung der Anzahl der Beschäftigten: 1978 gab es 6o % weniger Arbeitsplätze in der Baumwollweberei und ca. 7o % weniger in der Wäscheherstellung, während die Leinenweber bis 1975 ca. 77 % ihrer Stellen eingebüßt hatten, jeweils gemessen am Jahr 195o.

Bei der Betrachtung der Betriebsgrößenklassen stellte sich heraus, daß die Struktur der Baumwollwebereien von mittelgroßen (1oo-5oo Besch.) und großen (über 5oo Besch.) Betrieben charakterisiert wird. Leinenwebereien existierten 1975 nur noch 16, und diese hatten jeweils weniger als 1oo Beschäftigte.

In der Wäscheherstellung betrug 1978 das Verhältnis von Klein- zu mittelgroßen Betrieben 6o % zu 4o %, Großbetriebe existierten keine mehr.

Ähnlich wie in der übrigen Textilwirtschaft ist die Entwicklung der Arbeitsproduktivität im Beobachtungszeitraum kräftig gestiegen. Der Zuwachs betrug von 195o bis 1978 in der Baumwollweberei ca. 155 %, in der Leinenweberei (bis 1975) ca. 8o % und bei der Wäscheherstellung über 35o %.

Die letztgenannten Zahlen verdeutlichen, wie sehr diese drei Branchen technischen Fortschritt und Rationalisierung verwirklichen konnten.

Die Analyse der Produktion wurde in Herstellung von Meterware und Wäsche-Produktion, jeweils wiederum in wert- und mengenmäßiger Hinsicht, unterteilt.

Es stellte sich heraus, daß die Herstellung von Haus-, Bett- und Tischwäschestoff von 195o bis 1974 in der Menge um 4o % und im Wert um fast 1oo % anstieg. Seit 1975 sind beide Grössen rückläufig.

Die Produktion von Haus-, Bett- und Tischwäsche ist durch einen enormen Strukturbruch im amtlichen Ausweis des Jahres 1963 gekennzeichnet; hier stieg die Produktion von 1962 auf 1963 abrupt um das Fünffache an, so daß eine Analyse der Entwicklung dieser Zeitreihe erst ab 1963 sinnvoll erschien.

Der Produktionswert nahm bis 1978 um fast 1oo % zu. Über die Entwicklung der Menge war dagegen keine Aussage möglich, da die einzelnen Produkte wegen ihrer physischen Heterogenität nicht addierbar sind. Betrachtet man jedoch diesen Produktionswert als erzeugerpreisbereinigt, so hat das Produktionsvolumen von 1963 bis 1972 nur etwa 1o % zugenommen, aber bis 1978 wieder um gut 12 % verloren, so daß von Stagnation bis Rückläufigkeit gesprochen werden kann.

Die Herstellung von Bettwäsche zeigt ein ähnliches Bild. Von 1963 bis 1978 stieg der Produktionswert um fast zwei Drittel an, das preisbereinigte Produktionsvolumen ist jedoch, von kleineren Auf- und Ab-Bewegungen abgesehen, stagnierend bis rückläufig. Einzig die gesamte Produktion von Haus- und Tischwäsche stieg auch real an. Der Produktionswert erhöhte sich von 1963 bis 1978 um 12o %, das Produktionsvolumen um fast 3o %.

Allen drei Produktgruppen macht ein Substitutionseffekt durch enorm gestiegene Produktionen von Krepp-Papier für Haus-, Bett- und Tischwäsche zu schaffen. Von 1968 bis 1978 verdreifachte sich die hergestellte Menge dieses Substitutionsproduktes. Außerdem kann aus einer Tonne Papier sicherlich eine bedeutend höhere Zahl von (Papier-)Handtüchern angefertigt werden als aus einer Tonne Baumwolle. Ein weiteres Problem für die Hersteller von Hauswäsche bedeutet die ständig steigende Zahl von Geschirrspülmaschinen in privaten wie gewerblichen Küchen.

Bemerkenswert bei der Betrachtung der Textilveredlung ist eine Zunahme der bedruckten Bettwäsche um das fast Neunfache in nur 1o Jahren seit 1968.

Die Untersuchung der Rohstoffsituation ergab, daß Haus-, Bett- und Tischwäsche im 29-jährigen Beobachtungszeitraum eine Domäne der Baumwolle war und noch ist. In diesem Zeitraum betrug der Baumwollanteil um 9o %.

Der Außenhandel zeigte deutlich, daß die inländischen Produzenten zu Recht über den Importdruck klagen. Betrug das Mengenverhältnis von Importen zu Exporten im Jahre 197o noch 2 : 1, so war diese Relation 1978 schon bei 3 : 1 angelangt. Der Anteil der Importe an der Inlandsverfügbarkeit belief sich im Jahre 1966 bei Bettwäsche noch auf knapp 3 % und bei Haus- und Tischwäsche auf knapp 9 %, 1978 hatte er bereits auf fast 16 % resp. fast 28 % zugenommen.

Einer genaueren Analyse der Nachfrageseite dieser textilen Teilmärkte setzte die amtliche Statistik enge Grenzen, da hierüber kaum Datenmaterial in genügend disaggregierter Form vorliegt. Daher konnte der Textileinzelhandel für diese textilen Warengruppen nur anhand der Einzelhandelsuntersuchungen des Kölner Instituts für Handelsforschung untersucht werden.

Danach verdreifachte sich der reale Absatz im Textileinzelhandel von 1954 bis 1978.

Um die Entwicklungen der Nachfrage untersuchen zu können, wurde wegen des fehlenden Datenmaterials versucht, die Nachfrage anhand ihrer Determinanten zu ermitteln. Diese Nachfrage-Determinanten waren:

- Bevölerungsentwicklung
- Anzahl der Eheschließungen
- Anzahl der privaten Haushalte
- Einkommensgrößen (Volkseinkommen, Pro-Kopf-Einkommen, verfügbares Einkommen, Privater Verbrauch)
- Baugewerbe (Anzahl der Wohngebäude, Anzahl der Wohnungen)
- Gesundheitswesen (Anzahl der Krankenhäuser, Anzahl der Krankenhausbetten)
- Beherbergungsgewerbe (Anzahl der Beherbergungsbetriebe, Anzahl der Fremdenbetten, Anzahl der Fremdenübernachtungen)
- Erwerbstätigkeit (Anzahl der Erwerbstätigen, Anzahl der Erwerbspersonen)
- Auslandseinflüsse auf den deutschen Export (Exporte der OECD-Länder, ausländischer Auftragseingang in der deutschen Textilindustrie und Bekleidungsindustrie, Nettoproduktion der OECD-Länder)

Unter der Annahme, daß alle o.a. Größen den Markt für Haus-, Bett- und Tischwäsche beeinflussen können, wurde ein ökonometrisches Modell erstellt.

Die hierbei ermittelten ökonometrischen Schätzungen zur Feststellung und Erklärbarkeit kausaler ökonomischer Zusammenhänge ergaben bei den abschließend durchgeführten Prognose-Berechnungen folgende zukünftige Marktentwicklung:

Der Absatz des Textileinzelhandels mit Haustextilien resp. die Nachfrage nach Haus-, BEtt- und Tischwäsche wird bis 1985 real um 1,4 % im Jahresdurchschnitt anwachsen.

Der Außenhandel wird weiterhin durch Importüberschüsse gekennzeichnet sein. Bis 1985 steigt der gesamte Import an Haus-, Bett- und Tischwäsche real um 5,1 % im Jahresdurchschnitt, während der gesamte Export nur um 1,2 % zunehmen wird.

Betrug die Relation von Importen zu Exporten dieser Produktgruppen 197o noch 2 : 1, so war sie 1978 bei 3 : 1 angelangt und wird 1985 bereits 4 : 1 erreicht haben.

Somit ist für die inländische Produktion von Haus-, Bett- und Tischwäsche bis 1985 ein Rückgang zu erwarten, der im Jahresdurchschnitt zwischen - 1 % und - 5 % liegen wird.

Als Resumée bleibt festzuhalten, daß der Markt für Haushaltstextilien durch unterschiedliche, teilweise gegenläufige Entwicklungen seiner einzelnen Komponenten gekennzeichnet ist.

Die Expansion seit Ende der 6oer Jahre war nur von vorübergehender Dauer.

Die Inlandsproduzenten von Haus-, Bett- und Tischwäsche werden in Zukunft von wachsender Auslandskonkurrenz bedrängt, was sie durch nur schwach steigende Exporte nicht kompensieren können.
Dadurch bedingt wird die inländische Herstellung von einer nur maßvoll wachsenden Inlandsnachfrage nicht mehr erreicht, was zu Einbußen bei den deutschen Produzenten führen wird.

A N H A N G

A. Das benutzte statistische Quellenmaterial

Wie aus der bisherigen Darstellung ersichtlich ist, wurde die vorliegende Untersuchung in einen analysierenden Teil für die Jahre 195o bis 1978 und in einen prognostizierenden Teil von 1979 bis 1985 untergliedert.

Das umfangreiche Datenmaterial des analysierenden resp. deskriptiven Teils zur Erstellung langer Zeitreihen basiert auf amtlichen Statistiken, nicht-amtlichen Statistiken von (textilen Fach-)Verbänden und Verlagen sowie auf Quellen in (textilen Fach-)Zeitschriften.

Im folgenden soll vor allem auf die amtlichen Statistiken eingegangen werden:

Zunächst muß darauf hingewiesen werden, daß im Jahre 1977 vom StaBuA eine Änderung der Veröffentlichungssystematik durchgeführt wurde: Bis zum Dezember 1976 wurden die veröffentlichten Fachserien durch Buchstaben von A bis N und die darunter gegliederten Reihen durch Ziffern gekennzeichnet. Ab Januar 1977 erfolgte eine Ziffernkennzeichnung für Fachserien und Reihen. Gleichzeitig wurden auch verschiedene Titel geändert.

Beispiel: Die sog. Produktionsstatistik[1]

alte Version (bis 12/76):

Fachserie D, Industrie und Handwerk, Reihe 3, Industrielle Produktion

neue Version (ab 1/77):

Fachserie 4, Produzierendes Gewerbe, Reihe 3, Produktion im produzierenden Gewerbe

1 Vgl. StaBuA, Veröffentlichungsverzeichnis des Statistischen Bundesamtes, Ausgabe vom 1. Januar 1976 und Ausgabe vom 1. Januar 1977.

Da der analysierende resp. deskriptive Teil dieser Arbeit den Zeitraum 1950 bis 1978 umfaßte, wurde im vorhergehenden Text und bei den nachfolgenden Tabellen und Schaubildern die alte Version der Veröffentlichungssystematik bei der Zitierung und als Quellenangabe bewußt beibehalten, um ein schnelleres Auffinden der originalen Quellen zu ermöglichen.

Wenn im folgenden ein kurzer Überblick darüber gegeben wird, welche Quelle für welchen Themenbereich benutzt wurde, so wird jeweils die Quellenangabe in alter Version dargestellt und die neue Version in Klammern hinzugefügt.

Branchenstruktur:

Zu diesem Titel findet sich in keiner Statistik ein spezieller Ausweis für die Haushaltstextilien-Industrie. Stellvertretend wurden die Baumwoll- und Leinenwebereien sowie die Wäsche-Industrie betrachtet. Das Datenmaterial hierzu fand sich in:

- StaBuA, Fachserie D (4), Industrie und Handwerk (Produzierendes Gewerbe), Reihe 4, Sonderbeiträge zur Industriestatistik, Betriebe und Beschäftigte und Umsatz nach Beschäftigtengrößenklassen
- Bundesverband der Bekleidungsindustrie, Die Bekleidungsindustrie in der Bundesrepublik Deutschland im Jahre 19..

Produktivität:

Zusätzlich zu den o.a. Quellen der Branchenstruktur wurde noch die Produktionsstatistik herangezogen, die weiter unten erläutert wird.

Haushaltstextilienindustrie im Vergleich mit anderen Industriezweigen:
Zur vergleichenden Betrachtung der Entwicklung der indizierten Nettoproduktion dienten:
- StaBuA, Statistisches Jahrbuch für die Bundesrepublik Deutschland 19..
- StaBuA, Fachserie D (4), Industrie und Handwerk (Produzierendes Gewerbe), Reihe 2, Indices der industriellen Nettoproduktion (Indices im produzierenden Gewerbe)
- Bundesverband der Bekleidungsindustrie, Die Bekleidungsindustrie in der Bundesrepublik Deutschland im Jahre 19..

Produktion:
Der größte Teil des deskriptiven Teils dieser Arbeit befaßt sich mit der Darstellung der Produktionsentwicklung von Meterware und Fertigware an Haushaltstextilien. Die Quellen waren:
- StaBuA, Fachserie D (4), Industrie und Handwerk (Produzierendes Gewerbe), Reihe 3, Industrielle Produktion (Produktion im produzierenden Gewerbe), sog. 'Produktionsstatistik'
- Textilfachstatistik, Heft ..., 19.., Hrsg.: StaBuA, bearbeitet vom Bundesamt für gewerbliche Wirtschaft, Eschborn/Ts., sog. 'Fachstatistik'
- Gesamtverband der Textilindustrie in der Bundesrepublik Deutschland - Gesamttextil -, Die Textilindustrie der Bundesrepublik Deutschland im Jahr 19..
- Bundesverband der Bekleidungsindustrie, Die Bekleidungsindustrie in der Bundesrepublik Deutschland im Jahr 19..

Die letzten beiden (Verbands-)Statistiken gelten als nichtamtlich, obwohl ihr Datenausweis überwiegend auf Material des StaBuA beruht. Es sei darauf hingewiesen, daß jedoch die vom Bundesamt für gewerbliche Wirtschaft bearbeitete sog. '(Textil-)Fachstatistik' als amtlich gilt, wobei das StaBuA nur als Herausgeber fungiert.

In der Produktions- und in der Fachstatistik wurden bis 1976 ausschließlich Industriebetriebe ab 1o Beschäftigte erfaßt, während seit 1977 Industrie- und Handwerksbetriebe ab 2o Beschäftigte einbezogen werden.

Somit ist seit 1977 gewährleistet, daß die Erfassungs- und Ausweisquote erhöht wurde. Da in der Bundesrepublik Deutschland das produzierende Gewerbe in Industriebetriebe - geführt bei den zuständigen Industrie- und Handelskammern - und in Handwerksbetriebe - geführt bei den zuständigen Handwerkskammern - unterteilt wird, kann bei ausschließlicher Betrachtung der Industriebetriebe eine Verzerrung der Produktionsdaten nicht ausgeschlossen werden. Gerade im Konfektionsbereich der Textilindustrie, in dem relativ zahlreich kleine und mittelgroße Betriebe vertreten sind, wurde durch die Nicht-Erhebung bei Handwerksbetrieben mancher, gemessen an seinem Produktionsvolumen, bedeutende Betrieb einfach 'vergessen'.

Der Ausweis der Produktion wird in den meisten Fällen nach Wert und Menge differenziert, die zum Absatz bestimmt ist.

Die Mengenausweise werden dargestellt in Quadratmetern (qm) - bei der Stoffherstellung - und in Kilogramm (kg), Tonnen (t) oder Stück (Stck) - bei der Produktion von Fertigprodukten.

Dem Ausweis des Produktionswertes - in Deutscher Mark (DM) - liegen die für den Absatz erzielten Verkaufspreise zugrunde. Hierin eingeschlossen sind bis 1967 Umsatzsteuer, danach ausschließlich Umsatz- bzw. Mehrwertsteuer und ebenfalls ab 1968 vermindert um gewährte Rabatte. Weiterhin differenzieren die Produktionsstatistiken vielfach nach Eigenproduktion und Lohnproduktion bzw. nach Produktion "für eigene Rechnung" und "für fremde Rechnung".

Die dieser Arbeit zugrunde liegenden Produktionsdaten sind - wenn nicht besonders vermerkt - nach Produktion "für eigene Rechnung" ausgewiesen, da der oftmals fehlende oder aus Geheimhaltungsgründen nicht veröffentlichte Ausweis für die Produktion "für fremde Rechnung" zu Schwankungen der kontinuierlichen Entwicklung der Zeitreihen geführt hätte.

Aus Gründen der Wahrung des Betriebsgeheimnisses werden jedoch nur die Angaben von Erzeugnissen ausgewiesen, an denen mindestens drei Industriebetriebe im Bundesgebiet beteiligt sind. Um zu verhindern, daß durch Differenzierung die Geheimhaltung durchbrochen wird, ist im allgemeinen innerhalb einer Warenklasse eine zusätzliche Position gesperrt. In den Summen der Warenklassen sind diese Daten jedoch wieder enthalten.

Zeitreihen dieser Arbeit, bei denen aus den o.a. Geheimhaltungsgründen Daten nicht ausgewiesen sind, sind im einzelnen besonders gekennzeichnet, falls es nicht möglich war, durch Differenzenrechnungen die fehlenden Daten zu erstellen.

Der Produktionsausweis der amtlichen Statistik basiert auf einem 6-stelligen (Melde-)Nummernsystem, das seinerseits nach einem 4-stelligen Warenklassenverzeichnis und einem 3-stelligen Warenzweigsystem unterteilt ist. Als gröbstes Raster ist diesem wiederum eine 2-stellige Warengruppen-Klassifikation übergeordnet.

Im folgenden je ein Beispiel aus der Textil- und der Bekleidungsindustrie:

<u>Beispiel Textilindustrie</u>:

Warengruppe	63	Textilien
Warenzweig	63 8	Haus-, Bett- und Tischwäschestoff, Frottiergewebe, Inlett, Matratzendrell
Warenklasse	63 82	Haus-, Bett- und Tischwäschestoff
Warenart	63 82 11	Haus-, Bett- und Tischwäschestoff ganz oder überwiegend aus Baumwolle

Beispiel Bekleidungsindustrie:

Warengruppe	64	Bekleidung
Warenzweig	64 8	Bettfedern, Haus-, Bett- und Tischwäsche und sonstige Bettwaren
Warenklasse	64 85	Haus- und Tischwäsche
Warenart	64 85 1o	Hand- und Badetücher aus Frottiergewebe

Dieses System der Meldenummern zur Erfassung und zum Ausweis der Produktionsdaten ist im Ablauf der Zeit immer wieder Änderungen unterzogen worden, die es oftmals schwierig werden lassen, die Vergleichbarkeit der Zeitreihenwerte über einen langen Zeitraum zu gewährleisten.

In dieser Arbeit wird aus Vereinfachungsgründen bei der Darstellung der Zeitreihen darauf verzichtet, in jedem Einzelfall erneut darauf hinzuweisen, daß die Daten zu verstehen sind einschließlich Saarland (ab 196o), einschließlich Berlin-West (ab 1964) und ausschließlich Umsatz- bzw. Mehrwertsteuer (ab 1968).

In unregelmäßigen Zeitabständen werden Änderungen im Erhebungs- und Ausweissystem des StaBuA vorgenommen, wenn dies auf Benutzer- oder Produktionsseite erforderlich erscheint. Denn die Aufgabe der amtlichen Statistik besteht u.a. darin, umfassendes, aktuelles und zuverlässiges Zahlenmaterial für Parlament, Bundesregierung, Bundesverwaltung, Wirtschaft, Wissenschaft und interessierte Öffentlichkeit bereitzustellen. Dieses Zahlenmaterial, das Entscheidungsfindungs-, Entscheidungsvorbereitungs-, Kontrollaufgaben- und Beobachtungsfunktion besitzt,[1] muß in einer Volkswirtschaft, deren ökonomische und soziale Gegebenheiten in einem ständigen Wandlungs- und Anpassungsprozeß begriffen sind, diesen sich wandelnden Anforderungen angepaßt werden.

1 Vgl. StaBuA, Das Arbeitsgebiet der amtlichen Statistik, Stuttgart/Mainz 1976, S. 1 ff.

So entstehen z.B. Produkte völlig neu und andere verschwinden gänzlich von einem Markt; es treten Substitutionseffekte zwischen verschiedenen Produkten auf oder bestimmte Produkte erscheinen in anderer Rohstoffzusammensetzung auf dem Markt. Gebräuchliche Beispiele aus dem textilen Sektor in diesem Zusammenhang sind die Substitution der Naturfasern Wolle und Baumwolle durch chemische oder synthetische Fasern/Fäden in den 6oer Jahren und die Veränderung des Verhältnisses von weißer zu bedruckter Bettwäsche. Aufgrund derartiger Änderungen in der Erhebungs- und Ausweis-Systematik der amtlichen Statistik kann es dann bei der Erstellung langer Zeitreihen zu abrupten Bewegungen innerhalb einer Zeitreihe kommen, die als Strukturbruch bezeichnet und in dieser Arbeit auch als solchergekennzeichnet werden.[1]

In einigen Fällen, die in den Tabellen besonders vermerkt sind, wurden in den Produktionsstatistiken zwar Jahresdaten ausgewiesen aber keine Quartalswerte. Um für die späteren Rechenverfahren den Stichprobenumfang nicht unnötig zu verringern, wurden die fehlenden Quartalswerte anhand der Jahreswerte und eines Stützzeitraums der folgenden sechs Jahre nach folgenden zwei alternativ eingesetzten Verfahren geschätzt:

$$(1) \quad \bar{x}_{i_1}\,\% = \frac{1}{n} \sum_{j=1}^{n} \left(\frac{x_{i_j}}{z_j} \cdot 100\right) \quad \text{für } i = 1,\ldots,4$$

$$(2) \quad \bar{x}_{i_2}\,\% = \left(\frac{\sum_{j=1}^{n} x_{i_j}}{\sum_{j=1}^{n} z_j} \cdot 100\right) \quad \text{für } i = 1,\ldots,4$$

1 Vgl. hierzu Kapitel 3.1 dieser Arbeit (Strukturbruchtest) sowie zur beispielhaften graphischen Veranschaulichung von Strukturbrüchen die Schaubilder 24 oder 26.

wobei x = Quartalswerte des Stützzeitraums
z = Jahreswerte des Stützzeitraums
j = Jahresindex des Stützzeitraums
i = Quartalsindex des Stützzeitraums
$\bar{x}_{i_1}$ = Ø Anteil der Quartalswerte nach Gleichung (1)
$\bar{x}_{i_2}$ = Ø Anteil der Quartalswerte nach Verfahren (2)

Hiermit wurde bestimmt, welche Produktionsmengen bzw. -werte des Stützzeitraums gemessen an den Jahreswerten anteilig auf die vier Quartale fallen. Mit Hilfe dieser durchschnittlichen Quartalsanteile wurde danach die entsprechende (fehlende) vierteljährliche Aufteilung des (vorhandenen) Jahreswertes durchgeführt. Dieser Rechenaufwand schien notwendig, um nicht durch einfaches Vierteln des betreffenden Jahreswertes die typische Saisonbewegung zu vernachlässigen.

Derartige Schätzwerte sind stets in den Tabellen als solche gekennzeichnet.

Außenhandel:
Die Außenhandelstatistik
- StaBuA, Fachserie G (7), Spezialhandel nach Waren und Ländern (Außenhandel nach Waren und Ländern - Spezialhandel -)

beginnt erst 1955 mit dem Ausweis von Haus-, Bett- und Tischwäsche, wobei bis 1965 auch Vorhänge, Gardinen u.ä. Heimtextilienprodukte enthalten sind. Erst ab 1966 wird Hauswäsche, Bettwäsche und Tischwäsche einzeln, jedoch nur als Warengruppe ohne Produktunterteilung ausgewiesen.

Eine Betrachtung des Außenhandels mit Meterwaren für Haus-, Bett- und Tischwäsche war nicht möglich, weil bei der Gewebeein- und -ausfuhr nicht nach Verwendungszwecken, sondern nur nach Rohstoffen unterteilt wird.

Rohstoff:
Bis 1974 unterteilte die Produktionsstatistik nur nach den Rohstoffen

- Baumwolle
- Leinen und Halbleinen
- Zellulosisches Material
- Seide
- Reyon
- Sonstiges

Erst ab 1975 werden in einigen Fällen noch synthetische Fasern oder Fäden in die Betrachtung aufgenommen, während Seide und Reyon hier nicht mehr erscheinen.

Da sich in der vorliegenden Untersuchung der Haushaltstextilien nach Rohstoffarten gezeigt hat, daß Baumwolle und Leinen bei Haus-, Bett- und Tischwäsche einen derartig starken Anteil besitzen, wurde für diese Arbeit nach 1975 auch der nun ausgewiesene Rohstoff 'synthetische Fasern/Fäden' nicht mehr gesondert rubrifiziert, sondern der Position 'sonstige Rohstoffe' zugeordnet.

Handel:
Zum Thema Handel mit Haushaltstextilien war kein bzw. nur spärliches amtliches Datenmaterial vorhanden.

Die Veröffentlichung

- StaBuA, Fachserie F (6), Groß- und Einzelhandel, Gastgewerbe, Reiseverkehr (Handel, Gastgewerbe, Reiseverkehr), Reihe 3, Einzelhandel, I, (3.1), Umsätze und Beschäftigte (Beschäftigte und Umsatz im Einzelhandel)

weist seit 1967 eine Umsatzreihe des Einzelhandels mit Haushaltswäsche aus.

Im Gegensatz zur Auskunftspflicht der Befragten bei der amtlichen Statistik sind nicht-amtliche Statistiken i.d.R. auf die freiwillige Beteiligung der Befragten angewiesen, die vom Verband oder von Forschungsinstituten zur Teilnahme motiviert werden.

Eine solche nicht-amtliche Quelle sind die sog. 'Kölner Zahlen':

- Institut für Handelsforschung an der Universität zu Köln, Absatz- und Beschaffungsentwicklung des Einzelhandels

Dieses Institut weist monatlich eine Reihe von Meßzahlen aus dem Einzelhandel aus; u.a. auch die hier gebrauchten Zeitreihen der Warenbeschaffung und des Warenabsatzes im Textileinzelhandel überwiegend mit Haus- und Bettwäsche sowie Bettwaren.

Preis-Indices und Nachfragedeterminanten:

- StaBuA, Statistisches Jahrbuch für die Bundesrepublik Deutschland 19..

Dieser umfassendsten aber auch am stärksten aggregierten Veröffentlichung des Statistischen Bundesamtes wurden die Daten für sämtliche Nachfragedeterminanten sowie für die Preis-Index-Reihen entnommen.

Wie aus dem Literaturverzeichnis dieser Arbeit zu ersehen ist, wurden noch weitere Quellen benutzt, die aber an dieser Stelle im einzelnen nicht aufgeführt werden sollen.

Zusammengefaßt kann gesagt werden, daß die Erhebung von Datenmaterial zur Erstellung langer Zeitreihen für den Markt der Haushaltstextilien auf große Schwierigkeiten gestoßen ist, da die Ausweise in der amtlichen Statistik (noch) nicht disaggregiert genug sind, um Daten ausschließlich für den Haushaltstextilienbereich zu erhalten.

Die einzige Ausnahme bildet hier die Produktionsstatistik.

B. Tabellenanhang

TABELLE 1 : DIE ANZAHL DER BAUMWOLLWEBEREIEN(BW),LEINENWEBEREIEN (L) UND BETRIEBE DER WAESCHEINDUSTRIE (W)

JAHR	BW	L	W
1950	513	57	
1951	571	68	
1952	566	73	
1953	562	70	
1954	546	68	
1955	530	70	
1956	513	63	
1957	521	59	726
1958	507	55	765
1959	492	51	817
1960	490	50	804
1961	444	45	786
1962	425	44	848
1963	393	42	895
1964	372	42	884
1965	369	45	862
1966	341	39	861
1967	324	38	793
1968	306	37	777
1969	294	38	771
1970	274	34	739
1971	257	29	677
1972	242	29	651
1973	231	28	617
1974	221	24	566
1975	209	23	513
1976	252		319
1977	217		248
1978	218		201

QUELLE : GESAMTVERBAND TEXTIL,DIE TEXTILINDUSTRIE IN DER BUNDESREPUBLIK DEUTSCHLAND IM JAHRE 19..,VERSCH.JAHRG.; STABUA, FACHSERIE D,INDUSTRIE U.HANDWERK,REIHE 4, BETRIEBE,BESCHAEFTIGTE U. UMSAETZE NACH BESCHAEFTIGTEN-GROESSENKLASSEN

ANM.: BAUMWOLLWEBEREIEN AB 1976 INCL.LEINENWEBEREIEN,GROBGARN- U. SCHWERWBEREIEN

ANM.: LEINENWEBEREIEN AB 1976 IN BAUMWOLLWEBEREIEN ENTHALTEN

FATM

TABELLE 2 : BETRIEBE UND BESCHAEFTIGTE NACH GROESSENKLASSEN DER BAUMWOLLWEBEREIEN

	GROESSENKLASSEN NACH ANZAHL DER BESCHAEFTIGTEN					
	10-99		100-499		500 U.MEHR	
	BETR.	BESCH.	BETR.	BESCH.	BETR.	BESCH.
1954	305	11863	193	43782	48	48426
1955	293	11362	189	44130	48	48556
1956	272	10692	191	43831	50	51014
1957	263	9895	202	46449	57	55706
1958	275	10567	184	44110	48	50625
1959	259	10052	182	42852	51	52786
1960	248	9680	193	45730	49	51135
1961	204	8620	190	42278	50	50117
1962	195	8146	185	40097	45	46200
1963	178	7166	174	38588	41	43279
1964	167	6737	165	36701	40	40802
1965	172	7020	160	36394	37	39596
1966	0	0	150	33843	0	0
1967	157	6850	132	28787	35	34319
1968	142	6268	128	27770	36	35467
1969	135	5879	122	26507	37	34819
1970	119	5248	122	26910	33	32023
1971	109	4926	118	26037	30	29324
1972	102	4659	114	25462	26	27290
1973	92	4128	113	24821	26	25313
1974	93	4391	104	22840	24	22749
1975	89	4280	98	21311	22	20161
1976	120	5446	111	24533	21	19907
1977	87	4647	107	22848	23	20234
1978	100	4979	96	21256	22	17881

QUELLE : GESAMTVERBAND TEXTIL, DIE TEXTILINDUSTRIE IN DER BRD

ANM.: AB 1977 BETRIEBE MIT MEHR ALS 20 BESCHAEFTIGTEN ERFASST, VORHER AB 10 BESCHAEFTIGTEN
ANM.: AB 1976 INCL. LEINEN-, SCHWER- UND GROBGARNWEBEREIEN
ANM.: NULL - ANGABEN BEDEUTEN NICHTAUSWEIS IN DER STATISTIK

FATM

TABELLE 3: BETRIEBE UND BESCHAEFTIGTE NACH GROESSENKLASSEN DER LEINENWEBEREIEN (AB 1976 ZU BAUMWOLLWEB. GEHOERIG);

	GROESSENKLASSEN NACH ANZAHL DER BESCHAEFTIGTEN					
	10-99		100-499		500 U.MEHR	
	BETR.	BESCH.	BETR.	BESCH.	BETR.	BESCH.
1954	45	1453	21	4247	2	1578
1955	46	1424	22	4403	2	1540
1956	42	1447	19	4106	2	1599
1957	37	1198	20	4213	2	1517
1958	35	1263	19	4095	1	927
1959	32	1236	19	4117		
1960	31	1149	19	4129		
1961	26	1197	19	4215		
1962	25	1199	19	4217		
1963	23	1088	19	4013		
1964	24	1150	18	3748		
1965	28	1131	17	3366		
1966	24	1026	15	3066		
1967	23	918	15	2847		
1968	24	1028	13	2654		
1969	25	956	13	2637		
1970	23	1031	11	2299		
1971	21	978	8	1630		
1972	21	957	8	1621		
1973	20	996	0	0		
1974	18	893	0	0		
1975	16	703	0	0		

QUELLE : GESAMTVERBAND TEXTIL, DIE TEXTILINDUSTRIE IN DER BRD

ANM.: IN DEN JAHREN 1965, 1969, 1970 - 1974 SIND AUCH LEINENWEBEREIEN MIT 1-9 BESCHAEFTIGTEN ENTHALTEN; NULL-ANGABEN BEDEUTEN NICHTAUSWEIS IN DER STATISTIK

FATM

TABELLE 4 : BETRIEBE UND BESCHAEFTIGTE NACH GROESSENKLASSEN DER WAESCHEINDUSTRIE

	GROESSENKLASSEN NACH ANZAHL DER BESCHAEFTIGTEN					
	10-99		100-499		500 U.MEHR	
	BETR.	BESCH.	BETR.	BESCH.	BETR.	BESCH.
1957	559	21042	154	29858	13	9160
1958	601	22711	153	30696	11	8054
1959	649	22366	156	32149	12	8912
1960	621	24497	168	32425	15	10803
1961	613	24177	159	30223	14	9424
1962	642	24725	194	34694	12	7611
1963	702	27267	182	32976	11	7056
1964	699	27541	178	33874	7	4745
1965	684	27602	171	32595	7	4368
1966	688	27396	165	30828	8	4670
1967	644	25036	143	26974	6	3486
1968	627	24805	145	26848	5	2917
1969	620	24811	146	27019	5	2936
1970	604	23801	131	24497	4	2383
1971	549	21692	125	23262	3	1847
1972	535	21533	114	21589	2	1126
1973	498	19598	118	22834	1	542
1974	469	18270	97	18757		
1975	424	16310	89	15939		
1976	252	10164	67	11708		
1977	177	8673	71	12027		
1978*	121	5946	80	13582		

QUELLE : STABUA, FACHSERIE D, INDUSTRIE UND HANDWERK, REIHE 4, BETRIEBE, BESCHAEFTIGTE UND UMSAETZE NACH BESCHAEFTIGTEN-GROESSENKLASSEN

ANM.: AB 1977 BETRIEBE MIT MEHR ALS 20 BESCHAEFTIGTEN ERFASST, VORHER AB 10 BESCHAEFTIGTEN

ANM.: * = VORLAEUFIGES ERGEBNIS

FATM

TABELLE 5 : BETRIEBSBEREITER MASCHINENBESTAND IN DER BAUMWOLL-WEBEREI SOWIE AUTOMATIONSGRAD

	INSGESAMT	DAVON AUTOMATEN	
		INSGESAMT	IN %
1952	138150		
1953	138370		
1954	131485	46782	35.6
1955	128100	50190	39.2
1956	127500	53500	42.0
1957	124617	58132	46.6
1958	121734	62765	51.6
1959	116300	65060	56.0
1960	112757	67149	60.0
1961	104406	66696	63.9
1962	96660	66679	69.0
1963	87825	64383	73 3
1964	81173	62453	76.9
1965	78248	62053	79.3
1966	73519	60903	82.8
1967	64798	56075	86.5
1968	60816	54176	89.1
1969	58257	53520	91.9
1970	53625	50842	94.8
1971	50194	48147	95.9
1972	47596	45890	96.4
1973	46226	44900	97.1
1974	42820	42010	98.1
1975	40349	39679	98.3
1976	41724	40898	98.0
1977	38419	37942	98 8
1978	36520	36141	99.0

Quelle: Gesamttextil, Die Textilindustrie der Bundesrepublik Deutschland im Jahre 19.., Frankfurt, versch. Jahrg.

Anm.: Bis 1960 Automaten = Voll- und Anbauautomaten
Ab 1976 Baumwollwebereien einschl. Leinen-, Grobgarn- und Schwerweberei

FATM

TABELLE 6 : BETRIEBSBEREITER MASCHINENBESTAND IN DER LEINENWEBEREI SOWIE AUTOMATIONSGRAD

	INSGESAMT	DAVON AUTOMATEN	
		INSGESAMT	IN %
1954	6950	1445	21.0
1955	6900	1614	23.4
1956	6487	1832	28.2
1957	5572	1706	30.6
1958	4657	1581	34.0
1959	4500	1610	36.0
1960	4400	1686	38.3
1961	4237	1930	45.6
1962	4023	1920	47.7
1963	3723	2060	55.3
1964	3575	2034	56.9
1965	3308	2036	61.6
1966	3094	1985	64.2
1967	2895	1981	68.4
1968	2860	2060	72.0
1969	2685	2002	74.6
1970	2292	1705	74.4
1971	1623	1193	73.5
1972	1624	1273	78.4
1973	1405	1126	80.1
1974	1283	1082	84 3
1975	1185	1038	87.6

Quelle: Gesamttextil, Die Textilindustrie der Bundesrepublik Deutschland im Jahre 19.., Frankfurt, versch. Jahrg.
Anm.: Bis 1960 Automaten = Voll- und Anbauautomaten
Ab 1976 Baumwollweberei einschl. Leinen-, Grobgarn- und Schwerweberei

FATM

TABELLE 7: DIE ARBEITSPRODUKTIVITAET IN DER BAUMWOLLWEBEREI
(AB 1976 INCL. LEINEN-, SCHWER- U. GROBGARNWEBEREI);

	ANZAHL DER BESCH.	PRODUKTION IN 1000 QM	PRODUKTIVITAET 1000 QM/ BESCH.	PRODUKTIVITAET INDEX 1970 = 100
1950	100289	1101287	10.9	53.7
1951	104596	1317856	12.6	62.1
1952	102005	1191848	11.7	57.6
1953	106959	1379168	12.9	63.5
1954	107695	1442367	13.4	66.0
1955	108086	1436275	13.3	65.5
1956	110418	1541322	14.0	69.0
1957	112050	1594275	14.2	70.0
1958	105302	1485270	14.1	69.5
1959	105690	1526976	14.4	70.9
1960	106545	1614391	15.2	74.9
1961	101145	1554799	15.4	75.9
1962	94580	1460199	15.4	75.9
1963	89145	1376300	15.4	75.9
1964	84324	1391399	16.5	81.3
1965	83082	1409200	17.0	83.7
1966	80113	1315300	16.4	80.8
1967	70058	1203996	17.2	84.7
1968	69560	1293325	18.6	91.6
1969	67254	1361555	20.2	99.5
1970	64247	1304867	20.3	100.0
1971	60348	1292151	21.4	105.4
1972	57466	1306090	22.7	111.8
1973	54333	1337876	24.6	121.2
1974	50044	1293870	25.9	127.6
1975	45795	1113073	24.3	119.7
1976	49946	1350395	27.0	133.0
1977	47867	1277323	26.7	131.5
1978	44116	1224370	27.8	136.9

QUELLE : STABUA, FACHSERIE D, INDUSTRIE UND HANDWERK, REIHE 4, BETRIEBE UND BESCHAEFTIGTE SOWIE UMSATZ NACH BESCHAEFTIGTENGROESSENKLASSEN; SOWIE EIGENE BERECHNUNGEN

FATM

TABELLE 8 : DIE ARBEITSPRODUKTIVITAET IN DER LEINENWEBEREI (AB 1976 ZU BAUMWOLLWEBEREI GEHOERIG)

	ANZAHL DER BESCH.	PRODUKTION IN 1000 QM	PRODUKTIVITAET 1000 QM/ BESCH.	PRODUKTIVITAET INDEX 1970 = 100
1950	7105	32960	4.6	48.4
1951	7435	40675	5.5	57.9
1952	7579	35810	4.7	49.5
1953	7519	39782	5.3	55.8
1954	7278	41352	5.7	60.0
1955	7367	48381	6.6	69.5
1956	7152	47981	6.7	70.5
1957	6928	46386	6.7	70.5
1958	6285	43158	6.9	72.6
1959	5393	34809	6.5	68.4
1960	5278	36798	7.0	73.7
1961	5451	37020	6.8	71.6
1962	5435	37990	7.0	73.7
1963	5121	34670	6.8	71.6
1964	4913	33640	6.8	71.6
1965	4497	36400	8.1	85.3
1966	4109	35770	8.7	91.6
1967	3782	31482	8.3	87.4
1968	3693	31151	8.4	88.4
1969	3593	33608	9.4	98.9
1970	3330	31738	9.5	100.0
1971	2608	25470	9.8	103.2
1972	2578	27903	10.8	113.7
1973	2393	25479	10.6	111.6
1974	1986	18257	9.2	96.8
1975	1750	14656	8.4	88.4

QUELLE : STABUA, FACHSERIE D, INDUSTRIE UND HANDWERK, REIHE 4, BETRIEBE, BESCHAEFTIGTE UND UMSAETZE NACH BESCHAEFTIGTEN-GROESSENKLASSEN; SOWIE EIGENE BERECHNUNGEN

FATM

TABELLE 9 : DIE ARBEITSPRODUKTIVITAET IN DER WAESCHEINDUSTRIE; INDEX 1970 = 100

	ANZAHL DER BESCH.	UMSATZ IN 1000 DM ZU LFD. PREISEN	UMSATZ IN 1000 DM ZU PREISEN VON 1970	ERZEUGERPREIS-INDEX	PRODUKTIVITAET DM/BESCH.	PRODUKTIVITAET INDEX
1957	60060	967260	1154248	83.8	19220	57.0
1958	61461	987974	1152828	85.7	18760	55.6
1959	63427	1043583	1230593	84.8	19400	57.5
1960	67725	1179459	1369824	86.1	20230	60.0
1961	63824	1298232	1442466	90.0	22600	67.0
1962	67030	1486464	1589733	93.5	23720	70.3
1963	67299	1554224	1630847	95.3	24230	71.8
1964	66160	1627696	1695571	96.0	25630	76.0
1965	64565	1686742	1738862	97.0	26930	79.8
1966	62894	1745788	1751025	99.7	27840	82.5
1967	55496	1570505	1572076	99.9	28330	84.0
1968	54570	1602577	1710027	93.7	31340	92.9
1969	54766	1643130	1706226	96.3	31160	92.4
1970	50681	1709802	1709802	100.0	33740	100.0
1971	46801	1824428	1645087	104.2	37410	110.9
1972	44248	1948255	1789083	108.9	40430	119.8
1973	42974	2001766	1742137	114.9	40540	120.2
1974	37027	2114848	1704145	124.1	46020	136.4
1975	32249	1962577	1509674	130.0	46810	138.7
1976	21872	2244576	1672560	134.2	76470	226.6
1977	20700	2409740	1717562	140.3	82970	245.9
1978*	19528	2652796	1762564	145.4	89470	265.2

QUELLE : BUNDESVERBAND DER BEKLEIDUNGSINDUSTRIE, DIE BEKLEIDUNGSINDUSTRIE IN DER BUNDESREPUBLIK DEUTSCHLAND; SOWIE EIGENE BERECHNUNGEN

ANM.: VGL. HIERZU KAPITEL 2.1.2.2.2.
ANM.: AB 1977 BETRIEBE MIT MEHR ALS 20 BESCHAEFTIGTEN ERFASST, VORHER AB 10 BESCHAEFTIGTEN
ANM.: * = VORLAEUFIGES ERGEBNIS

FATM

TABELLE 10 : INDEX DER INDUSTRIELLEN NETTOPRODUKTION DER GESAMTEN INDUSTRIE (OHNE BAU U. ENERGIE) [IND], DER TEXTILINDUSTRIE [TEX], DER BEKLEIDUNGSINDUSTRIE [BEK], UND DER IN DER WAESCHEINDUSTRIE HERGESTELLTEN HAUS-, BETT- UND TISCHWAESCHE [HBTW] ;
1950 BIS 1978 ; INDEX 1970 = 100

JAHR	IND	TEX	BEK	HBTW
1950	23.0	37.7	26.4	
1951	27.5	45.9	30.2	6.6
1952	29.4	44.2	37.7	5.6
1953	31.9	49.2	40.9	5.6
1954	35.7	52.6	43.3	5.6
1955	41.3	57.0	52.3	6.7
1956	44.6	60.7	58.7	8.9
1957	46.9	63.0	63.7	12.6
1958	48.2	57.6	60.5	12.8
1959	51.8	61.5	64.0	12.0
1960	58.2	65.3	68.2	12.6
1961	61.6	65.3	74.0	14.1
1962	63.9	80.0	78.4	14.9
1963	65.6	81.6	79.9	73.0
1964	71.7	84.7	81.3	84.3
1965	75.9	87.8	88.5	98.3
1966	76.8	86.7	92.9	99.3
1967	74.6	79.3	83.5	92.4
1968	83.4	90.5	93.4	90.7
1969	94.2	99.6	102.7	92.4
1970	100.0	100.0	100.0	100.0
1971	101.6	105.4	102.1	112.5
1972	104.9	108.3	107.4	117.9
1973	111.7	108.1	100.1	123.4
1974	109.4	101.8	91.5	128.5
1975	102.1	98.6	93.2	123.0
1976	110.5	108.6	93.4	128.3
1977	116.5	106.2	89.2	135.1
1978	118.9	105.1	87.1	137.5

QUELLE : STABUA, STATISTISCHES JAHRBUCH FUER DIE BUNDESREPUBLIK DEUTSCHLAND,VERSCH.JAHRG., SOWIE FACHSERIE D, INDUSTRIE UND HANDWERK, REIHE 2 (INDICES DER INDUSTRIELLEN NETTOPRODUKTION) UND REIHE 3,(INDUSTRIELLE PRODUKTION), SOWIE EIGENE BERECHNUNGEN;
BUNDESVERBAND DER BEKLEIDUNGSINDUSTRIE, DIE BEKLEIDUNGSINDUSTRIE IN DER BUNDESREPUBLIK DEUTSCHLAND,VERSCH. JAHRG., SOWIE EIGENE BERECHNUNGEN

ANM. : IND 1977, INCL.ENERGIEWIRTSCHAFT AUSGEWIESEN

FATM

TABELLE 11 : DIE PRODUKTION VON HAUS-, BETT- UND TISCHWAESCHESTOFF 1950 BIS 1978 ; IN 1.000 QM

JAHR	1.VJ	2.VJ	3.VJ	4.VJ	SU
1950	47236	36113	39081	48469	170899
1951	51038	49265	43124	52019	195446
1952	42452	33824	43949	57452	177677
1953	44633	40305	52787	94229	231954
1954	51368	46029	51527	59238	208162
1955	54101	48632	57943	64843	225519
1956	54247	52324	56994	65648	229213
1957	76178	66366	75402	79917	297863
1958	75128	66654	75263	79407	296452
1959	71734	68097	73540	84052	297423
1960	81207	70427	75327	85878	312839
1961	81125	71674	74618	86897	314314
1962	84504	74783	74451	85128	318866
1963	80069	66274	66940	73858	287141
1964	67025	63503	58654	71570	260752
1965	71744	67774	65706	81196	286420
1966	76646	69994	62209	68861	277710
1967	63058	55511	55225	67208	241002
1968	67506	57488	54662	64121	243777
1969	62289	58676	51277	60540	232782
1970	58052	62132	54617	69618	244419
1971	66651	62693	51270	66056	246670
1972	66494	63034	52295	65144	246967
1973	63719	60251	50524	58288	232782
1974	60873	58163	50607	59970	229613
1975	55389	52979	46291	61190	215849
1976	58564	58741	49499	58588	225392
1977	52621	49586	40281	48949	191437
1978	48171	45396	35953	46039	175559

QUELLE : STABUA, FACHSERIE D,INDUSTRIE U. HANDWERK, REIHE 3, INDUSTRIELLE PRODUKTION

FATM

TABELLE 12 : DIE PRODUKTION VON HAUS-, BETT- UND TISCHWAESCHESTOFF 1950 BIS 1978 ; IN 1.000 DM

JAHR	1.VJ	2.VJ	3.VJ	4.VJ	SU
1950	87611	75205	90415	131397	384628
1951	146769	141730	122682	146661	557842
1952	118093	86552	105356	135738	445739
1953	95899	85277	110802	265864	557842
1954	104186	97333	111095	128460	441074
1955	111817	102881	121606	141361	477665
1956	106324	102031	111709	135235	455299
1957	129865	140681	160369	177448	608363
1958	161043	143303	164670	175991	645007
1959	151990	136871	147056	178165	614082
1960	172105	149693	166592	197363	685753
1961	181305	158070	171130	204110	714615
1962	193472	171518	176314	205739	747043
1963	181065	147899	146784	168149	643897
1964	148798	135634	131798	161489	577719
1965	166144	154438	157214	196082	673878
1966	182557	161786	146881	169007	660231
1967	155180	136846	134662	163066	589754
1968	154560	130582	125708	150568	561418
1969	139762	136180	125340	150287	551569
1970	140168	147724	130477	167669	586038
1971	159851	152451	129458	171696	613456
1972	177702	170491	147135	176485	671813
1973	182296	167822	146407	175439	671964
1974	186381	185092	163902	196159	731534
1975	185412	172718	150587	189318	698035
1976	189735	191949	169263	196990	747937
1977	188475	174638	146071	173811	682995
1978	177108	165501	132205	161649	636463

QUELLE : STABUA, FACHSERIE D, INDUSTRIE UND HANDWERK, REIHE 3, INDUSTRIELLE PRODUKTION

FATM

TABELLE 13 : DIE PRODUKTION VON FROTTIERGEWEBE
(SCHLINGENGEWEBE)
1953 BIS 1978 ; IN 1.000 QM

JAHR	1.VJ	2.VJ	3.VJ	4.VJ	SU
1953	5590	5088	5052	5812	21542
1954	5852	5472	5617	6633	23574
1955	6966	6091	6396	7927	27380
1956	7752	7414	7284	8256	30706
1957	9424	8498	8329	9099	35350
1958	9584	8552	8129	9231	35496
1959	9355	8973	9468	10437	38233
1960	10524	10014	9950	11613	42101
1961	10961	10088	9066	10762	40877
1962	11457	10677	10057	11613	43804
1963	11529	11296	10241	12328	45394
1964	12895	12915	11645	13929	51384
1965	13810	13522	12323	14469	54124
1966	14443	13766	11871	14176	54256
1967	13636	12634	10828	14603	51701
1968	15355	13974	12777	15203	57309
1969	16861	14516	13519	15642	60538
1970	14993	14130	12121	15272	56516
1971	15710	14978	12133	15350	58171
1972	16288	15766	12879	15409	60342
1973	15749	14626	11967	14365	56707
1974	13007	13599	11791	14221	52618
1975	13640	12435	10202	12787	49064
1976	14582	12316	10240	12505	49643
1977	12352	11244	8837	12902	45335
1978	12253	12613	10801	13832	49499

QUELLE : STABUA, FACHSERIE D, INDUSTRIE U. HANDWERK,
REIHE 3, INDUSTRIELLE PRODUKTION

FATM

TABELLE 14 : DIE PRODUKTION VON FROTTIERGEWEBE (SCHLINGENGEWEBE) 1953 BIS 1978 ; IN 1.000 DM

JAHR	1.VJ	2.VJ	3.VJ	4.VJ	SU
1953	25258	24391	23018	28288	100955
1954	27555	27465	26432	32348	113800
1955	31833	30027	29295	36702	127857
1956	34343	35068	32416	40209	142036
1957	45939	43382	39200	48849	177370
1958	48417	44865	42844	50724	186850
1959	47286	47908	46288	54274	195756
1960	51265	51993	48182	59335	210775
1961	58583	53097	47905	60265	219850
1962	61986	56981	51175	66477	236619
1963	55912	51691	48097	60627	216327
1964	60445	61034	54232	66067	241778
1965	65995	63248	57366	69506	256115
1966	68000	66544	57612	70689	262845
1967	66349	59068	51208	69018	245643
1968	68163	61520	56900	68693	255276
1969	74117	61975	58426	68146	262664
1970	64916	62281	56332	72439	255968
1971	73282	68392	56449	74332	272455
1972	76991	74062	65511	78791	295355
1973	76178	74363	62723	82697	295961
1974	77368	77857	72099	92143	319467
1975	89508	79151	65061	84013	317733
1976	93343	80714	72921	91532	338510
1977	90036	83368	70523	95902	339829
1978	92675	94849	84113	113001	384638

QUELLE : STABUA, FACHSERIE D, INDUSTRIE U. HANDWERK, REIHE 3, INDUSTRIELLE PRDUKTION
ANM.: 1953 VIERTELJAHRESWERTE GESCHAETZT

FATM

TABELLE 15 : DIE PRODUKTION VON INLETT,
1950 BIS 1978 ; IN 1.000 QM

JAHR	1.VJ	2.VJ	3.VJ	4.VJ	SU
1950	9633	10339	11708	13865	45545
1951	13402	12119	13157	15691	54369
1952	5608	3154	3426	5406	17594
1953	4944	4654	4921	5664	20183
1954	5171	4617	4868	5450	20106
1955	5592	5214	5467	5841	22114
1956	5862	5297	5749	6304	23212
1957	6629	5808	6086	6554	25077
1958	6513	5514	5542	6337	23906
1959	5786	5475	5925	6781	23967
1960	6687	6106	5853	7152	25798
1961	7148	6552	6284	7372	27356
1962	7742	6833	6549	7499	28623
1963	7319	5592	6073	5723	24707
1964	6322	6189	5845	6893	25249
1965	6762	6552	6368	7686	27368
1966	7903	7114	6591	7170	28778
1967	6369	5364	5323	6844	23900
1968	7025	6434	5847	6586	25892
1969	6802	6052	4988	6336	24178
1970	6506	6494	6045	6826	25871
1971	7134	6459	5588	6344	25525
1972	7161	7679	6472	7364	28676
1973	7995	7380	6199	7402	28976
1974	7738	7269	6215	7631	28853
1975	7705	7083	5685	6661	27134
1976	7084	6978	6163	7707	27932
1977	7524	6314	5519	6250	25607
1978	6201	5182	5149	5178	21710

QUELLE : STABUA, FACHSERIE D, INDUSTRIE UND HANDWERK,
REIHE 3, INDUSTRIELLE PRODUKTION

ANM. : 1950 - 1951 INCL. MATRATZENDRELL UND MARKISENSTOFF

ANM. : 1950 VIERTELJAHRESWERTE GESCHAETZT

FATM

TABELLE 16 : DIE PRODUKTION VON INLETT,
1950 BIS 1978 ; IN 1.000 DM

JAHR	1.VJ	2.VJ	3.VJ	4.VJ	SU
1950	42131	35385	35338	41868	154722
1951	54308	57057	47284	47997	206646
1952	22953	12181	12238	19274	66646
1953	17263	15828	16946	20257	70294
1954	18965	16647	17785	20737	74134
1955	20299	18873	19954	21201	80327
1956	21102	19122	21445	23640	85309
1957	24812	21889	23101	24997	94799
1958	25673	21087	20910	23342	91012
1959	20699	18504	20234	22719	82156
1960	23331	21679	20579	25506	91095
1961	25782	23364	23034	26920	99100
1962	29273	26381	24563	28537	108754
1963	25882	19322	19459	19245	83908
1964	20748	21332	19042	23097	84219
1965	21605	20102	19743	23535	84985
1966	22996	20701	19764	21922	85383
1967	18595	15209	15599	19757	69160
1968	18870	16608	15464	17120	68062
1969	17796	15379	13267	16622	63064
1970	17365	16536	15587	18037	67525
1971	18340	16587	14648	17147	66722
1972	18824	19865	18577	25036	82302
1973	26368	23969	20760	25274	96371
1974	26733	25728	26737	31997	111195
1975	32800	29839	24883	29800	117322
1976	28613	28765	26659	31935	115972
1977	30611	25860	26854	27001	110326
1978	26961	22698	20033	24960	94652

QUELLE : STABUA, FACHSERIE D, INDUSTRIE UND HANDWERK,
REIHE 3, INDUSTRIELLE PRODUKTION

ANM. : 1950-51 INCL.MATRATZENDRELL UND MARKISENSTOFF

ANM. : 1950 VIERTELJAHRESWERTE GESCHAETZT

FATM

TABELLE 17 : DIE PRODUKTION VON MATRATZENDRELL,
1952 BIS 1978 ; IN 1.000 QM

JAHR	1.VJ	2.VJ	3.VJ	4.VJ	SU
1952	5382	4214	5410	5838	20844
1953	5252	6482	7293	8581	27608
1954	7706	6337	6647	7582	28272
1955	7216	6730	7596	7745	29287
1956	6848	7337	7992	8055	30232
1957	7745	6781	7508	7542	29576
1958	7891	7114	7106	7578	29689
1959	6745	7233	7624	8386	29988
1960	7605	7004	7465	9314	31388
1961	9410	8118	7332	9034	33894
1962	8340	6709	6952	7528	29529
1963	5820	5748	5832	7400	24800
1964	6892	6695	6393	7623	27603
1965	7814	7292	6381	7146	28633
1966	7596	6503	5026	6206	25331
1967	5952	5688	5164	6038	22842
1968	5920	5524	5061	6380	22885
1969	5195	4633	4578	5978	20384
1970	5313	5135	4005	4742	19195
1971	4275	4110	3951	4938	17274
1972	4722	4270	3746	4518	17256
1973	4450	4264	3601	4900	17215
1974	4654	4352	3704	4477	17187
1975	3527	3681	2803	3679	13690
1976	3502	3411	2809	4010	13732
1977	3680	3361	2813	3620	13474
1978	3507	3875	2808	3207	13397

QUELLE : STABUA, FACHSERIE D, INDUSTRIE UND HANDWERK,
REIHE 3, INDUSTRIELLE PRODUKTION

FATM

TABELLE 18 : DIE PRODUKTION VON MATRATZENDRELL,
1952 BIS 1978 ; IN 1.000 DM

JAHR	1.VJ	2.VJ	3.VJ	4.VJ	SU
1952	16623	11513	13051	14299	55486
1953	12298	15930	17900	20114	66242
1954	18873	16268	16523	18147	69811
1955	17828	16719	18176	17727	70450
1956	16518	18459	19578	19716	74271
1957	19504	18311	19129	18347	75291
1958	19908	19205	17858	16670	73641
1959	16234	17608	17290	18509	69641
1960	18074	17518	17423	20985	74000
1961	21394	18851	17126	20038	77409
1962	19157	16552	15790	16904	68403
1963	12985	13829	13288	16591	56693
1964	15398	15503	14405	18040	63346
1965	19318	17843	14952	17097	69210
1966	17894	16248	12471	14892	61505
1967	13892	13484	11841	14142	53359
1968	13589	13401	11890	14585	53465
1969	17985	14265	13658	16661	62569
1970	11228	10666	8286	10229	40409
1971	9188	8572	8453	10691	36904
1972	10405	9566	8376	10215	38562
1973	10442	10084	8400	11909	40835
1974	11722	10829	10214	12859	45624
1975	10662	10466	8501	11027	40656
1976	10273	9780	7698	10528	38279
1977	10634	9856	8374	10845	39709
1978	10691	12133	9253	10286	42363

QUELLE : STABUA, FACHSERIE D, INDUSTRIE UND HANDWERK,
REIHE 3, INDUSTRIELLE PRODUKTION

FATM

TABELLE 19 : DIE PRODUKTION VON SCHLAF- UND REISEDECKENSTOFF , 1951 BIS 1978 ; IN 1.000 QM

JAHR	1.VJ	2.VJ	3.VJ	4.VJ	SU
1951	3061	2508	3765	4223	13557
1952	3072	2517	3778	4238	13605
1953	4869	3990	5989	6717	21565
1954	3429	3046	4850	5453	16778
1955	3111	2148	3768	4976	14003
1956	3024	2900	4072	4336	14332
1957	3730	2767	3708	3917	14122
1958	3135	2598	3802	3981	13516
1959	3305	2788	3394	3741	13228
1960	3536	2952	3844	4096	14428
1961	3418	2736	3460	4083	13697
1962	3975	4072	3786	4392	16225
1963	4315	3170	3885	3829	15199
1964	3249	2992	3040	3906	13187
1965	3421	3123	3274	3753	13571
1966	3479	2959	2995	3179	12612
1967	2406	1915	2426	3112	9859
1968	2885	2446	2477	3397	11205
1969	2774	2008	2539	3317	10638
1970	2906	2379	2787	3783	11855
1971	3080	2966	2731	3705	12482
1972	3242	2951	3081	3700	12974
1973	3154	2880	2791	3470	12295
1974	3554	2950	3057	3562	13123
1975	2490	2362	2220	3240	10312
1976	3181	2501	2285	2915	10882
1977	3574	3175	2789	4205	13743
1978	3837	3781	3293	4323	15234

QUELLE : STABUA, FACHSERIE D, INDUSTRIE UND HANDWERK, REIHE 3, INDUSTRIELLE PRODUKTION

ANM. : 1951-1953 VIERTELJAHRESWERTE GESCHAETZT

FATM

TABELLE 20 : DIE PRODUKTION VON SCHLAF- UND REISEDECKENSTOFF 1951 BIS 1978 ; IN 1.000 DM

JAHR	1.VJ	2.VJ	3.VJ	4.VJ	SU
1951	21996	18292	25875	31533	97696
1952	17837	14834	20983	25587	79241
1953	25265	21011	29721	36242	112239
1954	21072	18232	28215	34639	102158
1955	19369	13942	20942	29286	83539
1956	17251	18048	23592	29508	88399
1957	23216	18720	24094	27990	94020
1958	22226	16979	24828	26601	90634
1959	20219	17111	20930	24256	82516
1960	21361	18162	23993	27462	90978
1961	21220	17377	22138	28800	89535
1962	25862	22388	25238	32068	105556
1963	24685	21695	25567	28168	100115
1964	19427	16336	17535	23701	76999
1965	20307	19795	20709	25295	86106
1966	22429	19327	19484	22978	84218
1967	16003	11383	14846	21066	63298
1968	16442	14539	15452	22233	68666
1969	16866	16331	15993	22614	71804
1970	18903	18318	19067	26122	82410
1971	21312	18578	17549	26089	83528
1972	21222	20531	21213	25552	88518
1973	22839	19194	20429	25520	87982
1974	26966	24276	25122	31238	107602
1975	22067	20655	19766	26817	89305
1976	26232	21632	19793	25545	93202
1977	29214	26027	23103	33344	111688
1978	29765	30718	25247	34810	120540

QUELLE : STABUA, FACHSERIE D, INDUSTRIE UND HANDWERK, REIHE 3, INDUSTRIELLE PRODUKTION

ANM. : 1951-1953 VIERTELJAHRESWERTEGESCHAETZT

FATM

TABELLE 21 : DIE PRODUKTION VON STEPPDECKENOBERSTOFF , 1951 BIS 1978 ; IN 1.000 QM

JAHR	1.VJ	2.VJ	3.VJ	4.VJ	SU
1951	2633	2038	2591	2878	10140
1952	2783	2154	2738	3041	10716
1953	3681	2849	3622	4023	14175
1954	4105	3086	3982	4292	15465
1955	3386	2262	3133	3414	12195
1956	2820	2727	3050	3757	12354
1957	3123	2365	2875	3156	11519
1958	2467	1965	2600	2756	9788
1959	2228	1902	2176	2221	8527
1960	2195	1884	1954	2261	8294
1961	2187	1802	1631	1759	7379
1962	1613	1356	1239	1632	5840
1963	1654	1382	1307	1546	5889
1964	1317	1130	1066	1416	4929
1965	1428	1486	1291	1493	5698
1966	1446	1495	1335	1229	5505
1967	1310	1218	1066	1376	4970
1968	1651	1556	1380	1882	6469
1969	2104	2206	1234	1757	7301
1970	1907	1956	1231	1475	6569
1971	1561	1601	1385	1927	6474
1972	1980	1925	1503	1667	7075
1973	1820	1571	1389	1761	6541
1974	2341	2271	1567	1880	8059
1975	2436	1961	1297	1727	7421
1976	2155	2468	1972	2384	8979
1977	2190	2044	1488	1850	7572
1978	0	0	0	0	0

QUELLE : STABUA, FACHSERIE D, INDUSTRIE UND HANDWERK, REIHE 3, INDUSTRIELLE PRODUKTION

ANM. : 1951 BIS 1953 VIERTELJAHRESWERTE GESCHAETZT

ANM.: : 1978 KEIN AUSWEIS WEGEN GEHEIMHALTUNG

FATM

TABELLE 22 : DIE PRODUKTION VON STEPPDECKENOBERSTOFF , 1951 BIS 1978 ; IN 1.000DM

JAHR	1.VJ	2.VJ	3.VJ	4.VJ	SU
1951	9364	7255	9464	10495	36578
1952	6938	5375	7011	7775	27099
1953	8122	6292	8208	9102	31724
1954	8574	6374	8528	9509	32985
1955	6707	4581	6889	7168	25345
1956	5725	5530	6253	7741	25249
1957	6578	4976	6128	6655	24337
1958	5133	3878	5260	5582	19853
1959	4226	3838	4529	4356	16949
1960	4661	4184	4084	4762	17691
1961	4895	4086	3993	4354	17328
1962	3906	3418	3106	3891	14321
1963	4044	3322	3179	3784	14329
1964	3373	2815	2848	3906	12942
1965	3823	3903	3450	4303	15479
1966	4272	4458	4101	3873	16704
1967	4094	3571	3470	4000	15135
1968	4243	4010	3763	5023	17039
1969	5581	4813	3689	4677	18760
1970	5133	4221	3584	3891	16829
1971	4392	4675	4610	5562	19239
1972	6668	6699	4940	5323	23630
1973	6893	5431	4108	4680	21112
1974	5053	5086	4953	6795	21887
1975	8374	7029	4677	6030	26110
1976	7170	8427	6659	7839	30095
1977	7503	7272	5486	6624	26885
1978	0	0	0	0	0

QUELLE : STABUA, FACHSERIE D, INDUSTRIE UND HANDWERK, REIHE 3, INDUSTRIELLE PRODUKTION

ANM. : 1951 BIS 1953 VIERTELJAHRESWERTE GESCHAETZT

ANM. : 1978 KEIN AUSWEIS WEGEN GEHEIMHALTUNG

FATM

TABELLE 23 : DIE PRODUKTION VON HAUS-, BETT- UND TISCHWAESCHE-STOFF, FROTTIERGEWEBE, INLETT, MATRATZENDRELL, SCHLAF- UND REISEDECKENSTOFF, SOWIE STEPPDECKENOBERSTOFF ; 1950 BIS 1978 ; IN 1.000 QM

JAHR	1.VJ	2.VJ	3.VJ	4.VJ	SU
1950	60130	48957	54826	67510	231423
1951	68186	60993	68679	75653	273511
1952	59940	53617	60373	66504	240434
1953	84021	75157	84628	93222	337028
1954	77631	68587	77491	88648	312357
1955	80372	71077	84303	94746	330498
1956	80554	77999	85141	96357	340051
1957	106829	92585	103908	110185	413507
1958	104718	92297	102442	109290	408747
1959	99153	94468	102127	115618	411366
1960	111754	98386	104393	120314	434847
1961	114248	100970	102391	119908	437517
1962	117631	104430	103034	117792	442887
1963	110706	93462	94278	104684	403130
1964	97700	93424	86643	105337	383104
1965	104979	99749	95343	115743	415814
1966	111513	101831	90027	100821	404192
1967	92731	82330	80032	99181	354274
1968	100342	87422	82204	97569	367537
1969	96025	88091	78135	93570	355821
1970	89677	92226	80806	101716	364425
1971	98411	92707	77058	98320	366496
1972	99887	95625	79976	97802	373290
1973	96887	90972	76471	90186	354516
1974	92167	88604	76941	93741	351453
1975	85187	80501	68498	89284	323470
1976	89068	86415	72968	88109	336560
1977	81941	75724	61727	77776	297168
1978	73969	70847	58004	72579	275399

QUELLE : STABUA, FACHSERIE D, INDUSTRIE UND HANDWERK, REIHE 3, INDUSTRIELLE PRODUKTION

ANM. : 1950 BIS 1953 VIERTELJAHRESWERTE GESCHAETZT

FATM

TABELLE 24 : DIE PRODUKTION VON HAUS-, BETT- UND TISCHWAESCHE-STOFF, FROTTIERGEWEBE, INLETT, MATRATZENDRELL, SCHLAF- UND REISEDECKENSTOFF, SOWIE STEPPDECKENOBERSTOFF, 1950 BIS 1978 ; IN 1.000 DM

JAHR	1.VJ	2.VJ	3.VJ	4.VJ	SU
1950	146913	137119	153096	175010	612138
1951	215349	200992	224411	256534	897286
1952	161809	151022	168619	192755	674205
1953	225430	210401	234916	268543	939290
1954	199225	182319	208578	243840	833962
1955	207853	187023	216862	253445	865183
1956	201263	198258	214993	256048	870562
1957	249914	247959	272021	304285	1074179
1958	282400	249317	276370	300910	1108997
1959	260654	241840	256327	302279	1061100
1960	290798	263229	280853	335413	1170293
1961	313179	274845	285326	344487	1217837
1962	333657	297238	296186	353616	1280697
1963	304573	257758	256374	296564	1115269
1964	268189	252654	239860	296300	1057003
1965	297192	279329	273434	335818	1185773
1966	318184	289164	260313	303361	1171022
1967	274113	239561	231606	291049	1036329
1968	275867	240660	229177	278222	1023926
1969	272107	248943	230373	278507	1029930
1970	257713	259746	233333	298541	1049333
1971	286295	269255	231167	305517	1092234
1972	311812	301214	265752	321402	1200180
1973	325016	300863	262827	325519	1214225
1974	334223	328868	303028	371191	1337310
1975	348823	319858	273475	347005	1289161
1976	355366	341267	302993	364369	1363995
1977	356473	327021	280411	347527	1311432
1978	337200	325899	270851	344706	1278656

QUELLE : STABUA, FACHSERIE D, INDUSTRIE UND HANDWERK, REIHE 3, INDUSTRIELLE PRDUKTION

ANM. : 1950 BIS 1953 VIERTELJAHRESWERTE GESCHAETZT

FATM

TABELLE 25 : DIE PRODUKTION VON HAUS- ,BETT-
UND TISCHWAESCHE ,
1951 BIS 1978 ; IN 1.000 DM

JAHR	1.VJ	2.VJ	3.VJ	4.VJ	SU
1951	13501	13854	14356	14899	56610
1952	10475	9172	12408	16284	48339
1953	12248	9966	12028	14405	48647
1954	11791	10141	11825	14568	48325
1955	13577	12224	13634	18841	58276
1956	16529	15007	18054	26969	76559
1957	27740	24330	25928	31097	109095
1958	27776	24462	27613	30291	110142
1959	25573	22854	23928	31330	103685
1960	26309	24153	25558	32432	108452
1961	28870	26203	27956	38657	121686
1962	33429	29049	30986	34879	128343
1963	145681	131747	161464	191986	630878
1964	163699	142464	183002	238706	727871
1965	204567	181941	212448	250406	849362
1966	222912	180980	211003	243062	857957
1967	200187	167731	199425	230712	798055
1968	198675	163227	194910	226497	783309
1969	191051	165128	201273	240705	798157
1970	202161	189552	212245	259786	863744
1971	234800	218374	231542	287235	971951
1972	247039	230317	252549	288496	1018401
1973	257009	243153	267556	298378	1066096
1974	273565	255464	265732	314846	1109607
1975	248443	243563	255125	314984	1062115
1976	273809	247449	260808	326244	1108310
1977	281889	266121	289724	329012	1166746
1978	284288	277879	281320	344104	1187591

QUELLE : STABUA, FACHSERIE D, INDUSTRIE UND HANDWERK,
REIHE 3, INDUSTRIELLE PRODUKTION

FATM

TABELLE 26 : DIE PRODUKTION VON BETTWAESCHE , 1963 BIS 1978 ; IN 1.000 DM

JAHR	1.VJ	2.VJ	3.VJ	4.VJ	SU
1963	88862	80797	99441	114747	383847
1964	94168	79909	113706	145295	433078
1965	117996	106049	131793	152832	508670
1966	132526	107562	131752	150678	522518
1967	115661	99361	116999	136138	468159
1968	110645	92025	112851	131695	447216
1969	102997	91899	115669	137827	448392
1970	109952	100477	117396	147820	475645
1971	128751	118356	132324	160045	539476
1972	137014	126744	148761	161248	573767
1973	140852	132257	152187	169843	595139
1974	153540	138472	155795	184736	632543
1975	125386	130881	149502	191433	597202
1976	154070	131856	153054	188139	627119
1977	143286	138139	168593	180274	630292
1978	142314	142613	161534	195947	642408

QUELLE : STABUA, FACHSERIE D, INDUSTRIE UND HANDWERK, REIHE 3, INDUSTRIELLE PRODUKTION

FATM

TABELLE 27 : DIE PRODUKTION VON INLETTS FUER OBER- UND UNTERBETTEN SOWIE FUER KOPFKISSEN, 1962 BIS 1978 ; IN 1.000 STUECK

JAHR	1.VJ	2.VJ	3.VJ	4.VJ	SU
1962	78	42	105	107	332
1963	588	483	681	714	2466
1964	717	686	1007	1125	3535
1965	1142	1046	1285	1264	4737
1966	1254	1011	1263	1280	4808
1967	1223	1077	1367	1280	4947
1968	1221	1092	1364	1371	5048
1969	1208	1108	1333	1441	5090
1970	839	802	977	1068	3686
1971	980	832	975	983	3770
1972	1103	1420	1544	1807	5874
1973	1586	1526	1485	1788	6385
1974	1636	1345	1821	1696	6498
1975	1479	1407	1578	1695	6159
1976	1387	1120	1251	1583	5341
1977	1446	1291	1559	1432	5728
1978	1341	1197	1258	1364	5160

QUELLE : STABUA, FACHSERIE D, INDUSTRIE UND HANDWERK, REIHE 3, INDUSTRIELLE PRODUKTION

FATM

TABELLE 28 : DIE PRODUKTION VON INLETTS FUER OBER- UND UNTERBETTEN, SOWIE FUER KOPFKISSEN; 1962 BIS 1978 ; IN 1.000 DM

JAHR	1.VJ	2.VJ	3.VJ	4.VJ	SU
1962	606	588	949	1132	3275
1963	6255	5465	7954	8704	28378
1964	7941	7250	11317	13181	39689
1965	12249	11016	14592	15432	53289
1966	13533	10683	14617	15593	54426
1967	13526	12294	14375	15743	55938
1968	12927	11547	14182	15159	53815
1969	12452	11939	14902	16484	55777
1970	10497	9423	12444	13868	46232
1971	11958	10198	12869	13516	48541
1972	13673	15282	18788	21398	69141
1973	19403	18341	19753	23507	81004
1974	23229	18428	23290	26719	91666
1975	20898	20661	23545	26523	91627
1976	20929	14543	17438	25618	78528
1977	23322	17837	22515	23451	87125
1978	19807	15444	18866	22834	76951

QUELLE : STABUA, FACHSERIE D, INDUSTRIE UND HANDWERK, REIHE 3, INDUSTRIELLE PRODUKTION

FATM

TABELLE 29 : DIE PRODUKTION VON BEZUEGEN FUER OBERBETTEN (AUCH UEBERSCHLAGLAKEN) UND FUER KOPFKISSEN, 1951 BIS 1978 ; IN 1.000 STUECK

JAHR	1.VJ	2.VJ	3.VJ	4.VJ	SU
1951	774	757	797	942	3270
1952	1958	1685	2525	3492	9660
1953	2832	2465	2979	3200	11476
1954	2887	2250	2779	3444	11360
1955	3279	2832	3218	3935	13264
1956	3636	3402	3620	4654	15312
1957	5129	4227	4773	5432	19561
1958	5288	4663	4976	6006	20933
1959	5483	4807	5174	6152	21616
1960	5994	5174	5277	6317	22762
1961	6184	5244	5759	7083	24270
1962	7398	7239	7319	8366	30322
1963	4101	1208	3899	4185	13393
1964	2793	2451	3075	3948	12267
1965	3984	3945	4010	4748	16687
1966	4563	4100	4339	4585	17587
1967	4504	3995	4356	5066	17921
1968	4702	4401	4539	5042	18684
1969	4172	4109	1251	5040	14572
1970	11841	10767	10965	13321	46894
1971	13076	12429	12203	15290	52998
1972	14105	12392	12059	12841	51397
1973	12507	11612	10954	12437	47510
1974	11916	11058	10349	11442	44765
1975	9828	10447	9548	12543	42366
1976	11505	10881	9301	10524	42211
1977	9169	8896	8095	9352	35512
1978	9149	9627	8240	10388	37404

QUELLE : STABUA, FACHSERIE D, INDUSTRIE UND HANDWERK, REIHE 3, INDUSTRIELLE PRODUKTION

FATM

TABELLE 30 : DIE PRODUKTION VON BEZUEGEN FUER OBERBETTEN (AUCH UEBERSCHLAGLAKEN) UND FUER KOPFKISSEN, 1951 BIS 1978 ; IN 1.000 DM

JAHR	1.VJ	2.VJ	3.VJ	4.VJ	SU
1951	4721	5382	4832	5639	20574
1952	5400	4652	6251	7970	24273
1953	6621	4966	6224	7454	25265
1954	6443	5700	6675	8513	27331
1955	7180	6691	7522	9687	31080
1956	8542	7723	9266	13953	39484
1957	15035	13572	13793	17005	59405
1958	14778	13652	14850	16281	59561
1959	13110	12079	12433	17962	55584
1960	15473	14332	14622	19562	63989
1961	18260	16457	16464	21596	72777
1962	21873	19305	20226	22253	83657
1963	15849	15309	16341	18309	65808
1964	10822	10906	14745	23086	59559
1965	19244	18568	19568	24634	82014
1966	21928	19208	20636	24975	86747
1967	20900	18243	20395	23542	83080
1968	19653	17392	19477	23379	79901
1969	18081	17505	19318	23693	78597
1970	68075	64971	69228	90018	292292
1971	84631	79556	79645	100344	344176
1972	89480	82534	86154	88898	347066
1973	84144	79531	86447	88102	338224
1974	85721	80971	78129	92008	336829
1975	66845	72032	68122	90074	297073
1976	84006	80113	75572	83615	323306
1977	71945	76129	71472	78335	297881
1978	72767	79977	68539	85232	306515

QUELLE : STABUA, FACHSERIE D, INDUSTRIE UND HANDWERK, REIHE 3, INDUSTRIELLE PRODUKTION

FATM

TABELLE 31 : DIE PRODUKTION VON BETTUECHERN UND BETTLAKEN, 1951 BIS 1978 ; IN 1.000 STUECK

JAHR	1.VJ	2.VJ	3.VJ	4.VJ	SU
1951	219	277	323	374	1193
1952	404	272	607	826	2109
1953	498	415	558	640	2111
1954	463	360	496	608	1927
1955	458	408	567	822	2255
1956	680	591	635	850	2756
1957	688	562	866	753	2869
1958	721	657	736	901	3015
1959	808	667	857	1179	3511
1960	991	870	887	1088	3836
1961	935	776	871	975	3557
1962	957	1135	982	1345	4419
1963	0	0	0	0	0
1964	0	0	0	0	0
1965	0	0	0	0	0
1966	0	0	0	0	0
1967	3707	3053	4408	5564	16732
1968	4369	3082	4801	5751	18003
1969	3848	3179	4408	5466	16901
1970	4742	3823	5405	6641	20611
1971	4837	4077	5841	6683	21438
1972	4816	3957	5774	6743	21290
1973	4990	4545	6478	8739	24752
1974	5407	4470	6081	8325	24283
1975	4343	4813	8180	8660	25996
1976	5552	3822	7187	8428	24989
1977	4889	4212	7575	7694	24370
1978	4299	3803	6759	8371	23232

QUELLE : STABUA, FACHSERIE D, INDUSTRIE UND HANDWERK, REIHE 3, INDUSTRIELLE PRODUKTION

ANM. : 1963 BIS 1966 KEIN AUSWEIS

FATM

TABELLE 32 : DIE PRODUKTION VON BETTUECHERN UND BETTLAKEN ; 1951 BIS 1978 ; IN 1.000 DM

JAHR	1.VJ	2.VJ	3.VJ	4.VJ	SU
1951	2574	3434	3923	4305	14236
1952	2711	1892	3139	4650	12392
1953	2743	2490	3336	3998	12567
1954	2801	2182	2506	3203	10692
1955	2301	2434	2652	4542	11929
1956	3346	6395	3963	5123	18327
1957	4508	3927	4281	5050	17766
1958	4258	3793	3926	4680	16657
1959	3646	3576	3891	4941	16054
1960	3804	3333	3222	3966	14325
1961	4030	3722	4244	5042	17038
1962	4289	3658	4165	4815	16927
1963	0	0	0	0	0
1964	0	0	0	0	0
1965	0	0	0	0	0
1966	0	0	0	0	0
1967	22667	18241	26654	33134	100696
1968	24145	16921	27064	31878	100008
1969	19879	15587	23860	31437	90763
1970	31299	26031	35691	43843	136864
1971	32072	28543	39634	46075	146324
1972	33424	28549	42844	49681	154498
1973	36204	32834	44061	56278	169377
1974	42697	37434	52557	64122	196810
1975	33862	34938	53755	70602	193157
1976	46332	33876	55515	69153	204876
1977	39968	35476	65106	64514	205064
1978	37635	35077	61553	78968	213233

QUELLE : STABUA, FACHSERIE D, INDUSTRIE UND HANDWERK, REIHE 3, INDUSTRIELLE PRDUKTION

ANM. : 1963 BIS 1966 KEIN AUSWEIS

FATM

TABELLE 33 : DIE PRODUKTION VON HAUS- UND TISCHWAESCHE, 1963 BIS 1978 ; IN 1.000 DM

JAHR	1.VJ	2.VJ	3.VJ	4.VJ	SU
1963	56819	50950	62023	77239	247031
1964	69531	62555	69296	93411	294793
1965	86571	75892	80655	97574	340692
1966	90386	73418	79251	92384	335439
1967	84526	68370	82426	94574	329896
1968	88030	71202	82059	94802	336093
1969	88054	73229	85604	102878	349765
1970	92209	89075	94849	111966	388099
1971	106049	100018	99218	127190	432475
1972	110025	103573	103788	128248	445634
1973	116157	110896	115369	128535	470957
1974	120025	116992	109937	130110	477064
1975	123057	112682	105623	123551	464913
1976	119739	115593	107754	138105	481191
1977	138603	127982	121131	148738	536454
1978	141974	135266	119786	148157	545183

QUELLE : STABUA, FACHSERIE D, INDUSTRIE UND HANDWERK, REIHE 3, INDUSTRIELLE PRODUKTION

FATM

TABELLE 34 : DIE PRODUKTION VON TISCHTUECHERN UND TISCHDECKEN; 1951 BIS 1962 IN 1.000 STUECK, 1963 BIS 1978 IN TO

JAHR	1.VJ	2.VJ	3.VJ	4.VJ	SU
1951	230	75	47	97	449
1952	244	239	274	605	1362
1953	426	357	419	427	1629
1954	446	325	315	449	1535
1955	431	401	408	668	1908
1956	459	381	386	659	1885
1957	584	435	476	741	2236
1958	572	551	550	678	2351
1959	586	688	595	779	2648
1960	692	595	781	881	2949
1961	752	687	686	892	3017
1962	799	695	670	777	2941
1963	941	873	1232	1740	4786
1964	1473	1363	1537	1926	6349
1965	1523	1354	1454	1723	6054
1966	1419	1289	1384	1551	5643
1967	1277	1141	1285	1551	5254
1968	1519	1303	1432	1671	5925
1969	1627	1643	1779	1863	6912
1970	1254	1279	1264	1343	5140
1971	1347	1332	1093	1467	5239
1972	1321	1152	1188	1443	5104
1973	1342	1428	1442	1483	5695
1974	1365	1307	1210	1217	5099
1975	1203	1130	1299	1223	4855
1976	1357	1405	1304	1518	5584
1977	1387	1131	1019	1285	4822
1978	1219	1196	981	1138	4534

QUELLE : STABUA, FACHSERIE D, INDUSTRIE UND HANDWERK, REIHE 3, INDUSTRIELLE PRODUKTION

FATM

TABELLE 35 :DIE PRODUKTION VON TISCHTUECHERN
UND TISCHDECKEN;
1951 BIS 1978 ; IN 1.000 DM

JAHR	1.VJ	2.VJ	3.VJ	4.VJ	SU
1951	1746	643	376	815	3580
1952	873	898	630	1256	3707
1953	550	436	507	830	2323
1954	492	527	652	784	2455
1955	642	661	559	1102	2964
1956	384	694	805	2605	4988
1957	2104	1399	1567	2251	7321
1958	2074	1973	2497	3022	9566
1959	2759	2257	1934	1790	8740
1960	1838	1523	1836	2407	7604
1961	1838	1640	2039	2554	8071
1962	2404	1547	1665	2145	7761
1963	14701	13212	18229	24350	70492
1964	19501	16621	19827	26741	82690
1965	25588	22959	24504	30931	103982
1966	26359	22065	23825	29111	101360
1967	25477	20865	23831	29703	99876
1968	26777	21934	26929	29848	105488
1969	25693	26154	28377	30710	110934
1970	26395	25942	30002	34283	116622
1971	31856	30789	28372	38475	129492
1972	33632	30421	30950	37579	132582
1973	33324	32961	37557	37935	141777
1974	32425	33698	31268	34025	131416
1975	31424	28438	29172	31865	120899
1976	31443	29267	28874	37444	127028
1977	33038	27217	27806	33431	121492
1978	32292	30471	28188	33417	124368

QUELLE : STABUA, FACHSERIE D, INDUSTRIE UND HANDWERK,
REIHE 3, INDUSTRIELLE PRODUKTION
ANM. : AB 1963 AENDERUNG DER AUSWEISSYSTEMATIK

FATM

TABELLE 36 : DIE PRODUKTION VON HAND-, BADE- UND GAESTETUECHERN AUS FROTTIERGEWEBE, 1963 BIS 1978 ; IN TO

JAHR	1.VJ	2.VJ	3.VJ	4.VJ	SU
1963	2502	1771	2153	2389	8815
1964	2191	2268	2467	3232	10158
1965	2990	2695	2661	3124	11470
1966	2853	2435	2519	2698	10505
1967	2547	2113	2343	2895	9898
1968	2940	2489	2680	3101	11210
1969	3032	2396	2790	3503	11721
1970	3000	2907	2857	3325	12089
1971	3330	3111	3054	3697	13192
1972	3121	3077	2654	3256	12108
1973	3329	2994	2802	3079	12204
1974	2890	2498	2467	3089	10944
1975	2914	2802	2320	3087	11123
1976	3188	3073	2685	3446	12392
1977	3455	3115	2765	3164	12499
1978	3354	3081	2735	3360	12530

QUELLE : STABUA, FACHSERIE D, INDUSTRIE UND HANDWERK, REIHE 3, INDUSTRIELLE PRODUKTION

FATM

TABELLE 37 : DIE PRODUKTION VON HAND-, BADE- UND GAESTETUECHERN AUS FROTTIERGEWEBE, 1963 BIS 1978 ; IN 1.000 DM

JAHR	1.VJ	2.VJ	3.VJ	4.VJ	SU
1963	26503	23585	26455	32093	108636
1964	31191	29855	31593	43528	136167
1965	39536	34118	34650	40376	148680
1966	38385	32318	34930	38580	144213
1967	36010	28629	31491	40912	137042
1968	38856	31824	34263	39721	144664
1969	38328	29336	35648	45873	149185
1970	39646	39723	39245	48032	166646
1971	45738	43941	44127	55220	189026
1972	47491	46771	44262	56643	195167
1973	53799	50711	49651	57626	211787
1974	57340	55177	51942	64205	228664
1975	62689	57552	50122	63239	233602
1976	61334	61091	52403	66738	241566
1977	71016	67083	59560	75701	273360
1978	71377	71175	60381	77228	280161

QUELLE : STABUA, FACHSERIE D, INDUSTRIE UND HANDWERK, REIHE 3, INDUSTRIELLE PRODUKTION

FATM

TABELLE 38 : DIE PRODUKTION VON HAND-, BADE-, GESCHIRR- UND GLAESERTUECHERN AUS SONSTIGEM GEWEBE, 1963 BIS 1978 ; IN TO

JAHR	1.VJ	2.VJ	3.VJ	4.VJ	SU
1963	1147	965	1018	1119	4249
1964	1007	776	856	1114	3753
1965	998	933	1018	1235	4184
1966	1271	819	822	1027	3939
1967	1039	868	989	1018	3914
1968	981	754	837	963	3535
1969	949	709	786	903	3347
1970	987	819	777	918	3501
1971	847	732	760	916	3255
1972	759	676	679	786	2900
1973	690	656	667	662	2675
1974	577	548	468	530	2123
1975	499	410	451	485	1845
1976	470	450	361	463	1744
1977	383	354	396	428	1561
1978	393	381	350	411	1535

QUELLE : STABUA, FACHSERIE D, INDUSTRIE UND HANDWERK, REIHE 3, INDUSTRIELLE PRDUKTION

FATM

TABELLE 39 : DIE PRODUKTION VON HAND-, BADE-, GESCHIRR- UND GLAESERTUECHERN AUS SONSTIGEM GEWEBE, 1963 BIS 1978 ; IN 1.000 DM

JAHR	1.VJ	2.VJ	3.VJ	4.VJ	SU
1963	12068	10608	11471	13183	47330
1964	11215	9197	10008	13219	43639
1965	11785	11078	12815	16080	51758
1966	15416	10344	10398	12932	49090
1967	12550	10475	12151	12888	48064
1968	12172	9033	10315	12059	43579
1969	11759	8711	9532	11367	41369
1970	10064	9252	10031	12432	41779
1971	11530	9820	10262	14051	45663
1972	11661	9934	10736	12434	44765
1973	10869	10831	11370	11706	44776
1974	9915	9486	7995	9220	36616
1975	9242	7577	8118	9319	34256
1976	8691	8518	6866	9488	33563
1977	8038	7740	8692	9727	34197
1978	9021	8647	8200	9325	35193

QUELLE : STABUA, FACHSERIE D, INDUSTRIE UND HANDWERK, REIHE 3, INDUSTRIELLE PRODUKTION

FATM

TABELLE 40: DIE PRODUKTION VON HAUS-, BETT- UND TISCHWAESCHESTOFF NACH ROHSTOFFARTEN; 1950 BIS 1973 IN 1000 QM

	BAUM-WOLL-GESPINST	ZELL-WOLL-GESPINST	SEIDEN-& REYON-GESPINST	REIN-LEINEN	HALB-LEINEN	SONSTIGE
1950	147997	3626	1979	2226	12201	318
1951	169354	2703	2203	2562	13450	237
1952	155937	3631	2817	2193	12760	339
1953	170640	4555	2837	2774	15038	1131
1954	179104	4222	1854	3272	17854	1856
1955	192708	6232	1492	3092	20663	1332
1956	229213	6439	1514	3593	21459	1279
1957	257690	9030	2530	3571	23910	1132
1958	253792	9537	2439	3634	25672	1377
1959	255074	8206	2255	4313	25996	1579
1960	269885	6162	2795	5128	27137	1731
1961	272292	4810	0	4783	27994	4435
1962	275467	4737	0	5291	29667	4196
1963	249193	2081	0	4622	28304	2616
1964	226470	717	0	4333	26159	3074
1965	250036	573	0	4337	28134	3291
1966	245764	318	0	3582	25224	2822
1967	213593	251	0	2597	21119	3442
1968	215955	533	0	2008	19982	5298
1969	204582	732	0	1548	18462	7638
1970	220149	606	0	1062	15843	6760
1971	218032	628	0	999	16214	10798
1972	216616	531	0	1057	14306	14457
1973	207688	0	0	755	11859	16482
1974	203761	0	0	651	10195	15005
1975	192757	0	0	0	8520	14570
1976	196846	0	0	0	9730	13818
1977	164239	0	0	0	8980	18220
1978	147793	0	0	0	7892	19914

QUELLE : STABUA, FACHSERIE D, INDUSTRIE UND HANDWERK, REIHE 3, INDUSTRIELLE PRODUKTION
ANM.: AB 1975 WIRD REINLEINEN UNTER HALBLEINEN MITAUSGEWIESEN

FATH

TABELLE 41: DIE PRODUKTION VON HAUS-, BETT- UND TISCHWAESCHESTOFF NACH ROHSTOFFARTEN; 1950 BIS 1978 IN V.H.

	BAUM-WOLL-GESPINST	ZELL-WOLL-GESPINST	SEIDEN-& REYON-GESPINST	REIN-LEINEN	HALB-LEINEN	SONSTIGE
1950	87.9	2.2	1.2	1.3	7.2	0.2
1951	88.9	1.4	1.2	1.3	7.1	0.1
1952	87.8	2.0	1.6	1.2	7.2	0.2
1953	86.6	2.3	1.5	1.4	7.6	0.6
1954	86.0	2.0	0.9	1.6	8.6	0.9
1955	85.5	2.8	0.7	1.4	9.2	0.6
1956	87.0	2.4	0.6	1.4	8.1	0.5
1957	86.5	3.0	0.8	1.2	8.0	0.4
1958	85.6	3.2	0.8	1.2	8.7	0.5
1959	85.8	2.8	0.8	1.5	8.7	0.5
1960	86.3	2.0	0.9	1.6	8.7	0.6
1961	86.6	1.5	0.0	1.5	8.9	1.4
1962	86.3	1.5	0.0	1.7	9.3	1.3
1963	86.9	0.7	0.0	1.6	9.9	0.9
1964	86.9	0.3	0.0	1.7	10.0	1.2
1965	87.3	0.2	0.0	1.5	9.3	1.1
1966	88.5	0.1	0.0	1.3	9.1	1.0
1967	88.6	0.1	0.0	1.1	8.8	1.4
1968	88.6	0.2	0.0	0.8	8.2	2.2
1969	87.8	0.3	0.0	0.7	7.9	3.3
1970	90.1	0.2	0.0	0.4	6.5	2.8
1971	88.4	0.3	0.0	0.4	6.6	4.4
1972	87.7	0.2	0.0	0.4	5.8	5.9
1973	87.7	0.0	0.0	0.3	5.0	7.0
1974	88.7	0.0	0.0	0.3	4.4	6.5
1975	89.3	0.0	0.0	0.0	3.9	6.8
1976	87.3	0.0	0.0	0.0	4.3	8.3
1977	85.8	0.0	0.0	0.0	4.7	9.5
1978	84.2	0.0	0.0	0.0	4.5	11.3

QUELLE : STABUA, FACHSERIE D, INDUSTRIE UND HANDWERK, REIHE 3, INDUSTRIELLE PRODUKTION
ANM.: AB 1975 WIRD REINLEINEN UNTER HALBLEINEN MITAUSGEWIESEN

FATM

TABELLE 42: DIE EIN- UND AUSFUHR VON HAUS- BETT- UND TISCHWAESCHE; 1955 BIS 1978
MENGE IN T, WERT IN 1000 DM

	EINFUHR		AUSFUHR	
	MENGE	WERT	MENGE	WERT
1955	479	3163	1605	18575
1956	636	6702	1780	20729
1957	937	13439	1946	22984
1958	947	15583	1215	17788
1959	1258	18336	1433	19975
1960	1555	19352	1720	24563
1961	2000	25530	1670	24625
1962	2641	33420	1711	25893
1963	3098	39070	1916	29970
1964	2790	37669	2412	38532
1965	4185	55662	2307	39596
1966	4386	53738	2240	34427
1967	2771	36114	2196	34083
1968	3261	41859	2290	37082
1969	4052	49696	2607	42119
1970	4678	55652	2454	40135
1971	7110	85259	2928	48449
1972	11884	134303	3404	57469
1973	13552	155709	4330	73144
1974	12302	173526	5040	108391
1975	16780	225264	4451	93682
1976	19780	270401	7239	143729
1977	18619	275174	7113	149095
1978	18632	283317	6701	142972

QUELLE : STABUA, FACHSERIE G, AUSSENHANDEL, REIHE 2, SPEZIALHANDEL NACH WAREN UND LAENDERN

FATM

TABELLE 43 : DIE EIN- UND AUSFUHR VON BETTWAESCHE;
MENGE IN T, WERT IN 1000 DM

	EINFUHR		AUSFUHR	
	MENGE	WERT	MENGE	WERT
1966	1720	14726	240	3353
1967	853	7769	188	3095
1968	1107	9548	214	3892
1969	1549	13548	230	3843
1970	1846	17099	288	4494
1971	2818	27724	663	8690
1972	5336	55109	932	13384
1973	6571	67437	1618	19404
1974	6367	83823	1992	38941
1975	8657	108237	2043	34715
1976	9810	121826	3089	48897
1977	8761	110274	3173	52437
1978	8695	108883	3336	55008

TABELLE 44 : DIE EIN- UND AUSFUHR VON TISCHWAESCHE;
MENGE IN T, WERT IN 1000 DM

	EINFUHR		AUSFUHR	
	MENGE	WERT	MENGE	WERT
1966	602	16936	1049	16228
1967	429	12577	1051	16456
1968	463	13350	1131	18781
1969	518	14619	1194	20480
1970	598	14169	998	17663
1971	699	19374	946	18520
1972	860	21001	869	18372
1973	856	21884	1013	23054
1974	811	23483	1014	26478
1975	1072	29071	823	21806
1976	1402	39422	1162	32027
1977	1621	50833	1111	32553
1978	1877	61531	883	29387

QUELLE: STABUA, FACHSERIE G, AUSSENHANDEL, REIHE 2,
SPEZIALHANDEL NACH WAREN UND LAENDERN

FATM

TABELLE 45: DIE EIN- UND AUSFUHR VON HAUSWAESCHE;
MENGE IN T; WERT IN 1000 DM

	EINFUHR		AUSFUHR	
	MENGE	WERT	MENGE	WERT
1966	2065	22076	950	14846
1967	1489	15768	956	14532
1968	1691	18461	944	14409
1969	1985	21979	1183	17796
1970	2234	24384	1169	17978
1971	3593	38161	1318	21239
1972	5688	58193	1603	25713
1973	6125	66388	1699	30686
1974	5124	66220	2034	42972
1975	7051	87956	1586	37161
1976	8568	109153	2987	62805
1977	8238	114067	2829	64105
1978	8061	112903	2483	58577

QUELLE : STABUA, FACHSERIE G, AUSSENHANDEL, REIHE 2,
SPEZIALHANDEL NACH WAREN UND LAENDERN

FATM

TABELLE 46: DIE INLANDSVERFUEGBARKEIT VON BETTWAESCHE UND IHRE IMPORTANTEILE 1966 BIS 1978; INDEX 1970 = 100

	PROD. IN 1000 DM	EINFUHR IN 1000 DM	AUSFUHR IN 1000 DM	INLANDS-VERFUEG-BARKEIT IN 1000 DM	IMPORTANTEIL V.H.	IMPORTANTEIL INDEX
1966	522518	14726	3353	533891	2.76	78.9
1967	468159	7769	3095	472833	1.64	46.9
1968	447216	9548	3892	452872	2.11	60.3
1969	448392	13548	3843	458097	2.95	84.3
1970	475645	17099	4494	488250	3.50	100.0
1971	539476	27724	8690	558510	4.96	141.7
1972	573767	55109	13384	615492	8.95	255.7
1973	595139	67437	19404	643172	10.94	312.6
1974	632543	83823	38941	677425	12.37	353.4
1975	597202	108237	34715	670724	16.14	461.1
1976	627119	121826	48897	700048	17.40	497.1
1977	630292	110274	52437	688129	16.03	458.0
1978	642408	108883	55008	696283	15.64	446.9

QUELLE : STABUA, FACHSERIE G, AUSSENHANDEL, REIHE 2, SPEZIAL-HANDEL NACH WAREN UND LAENDERN; SOWIE EIGENE BERECHNUNGEN

FATM

TABELLE 47: DIE INLANDSVERFUEGBARKEIT VON HAUS- UND TISCHWAESCHE UND IHRE IMPORTANTEILE 1966 BIS 1978; INDEX 1970=100

	PROD. IN 1000 DM	EINFUHR IN 1000 DM	AUSFUHR IN 1000 DM	INLANDS-VERFUEG-BARKEIT IN 1000 DM	IMPORTANTEIL V.H.	IMPORTANTEIL INDEX
1966	335439	39012	31074	343377	11.4	115.2
1967	329896	28345	30988	327253	8.7	87.9
1968	336093	32311	33190	335214	9.6	97.0
1969	349765	36598	38276	348087	10.5	106.1
1970	388099	38553	35641	391011	9.9	100.0
1971	432475	57535	39759	450251	12.8	129.3
1972	444634	79194	44085	479743	16.5	166.7
1973	470957	88272	53740	505489	17.5	176.8
1974	477064	89703	69450	497317	18.0	181.8
1975	464913	117027	58967	522973	22.4	226.3
1976	481191	148575	94832	534934	27.8	280.8
1977	536454	164900	96658	604696	27.3	275.8
1978	545183	174434	87964	631653	27.6	278.8

QUELLE : STABUA, FACHSERIE G, AUSSENHANDEL, REIHE 2, SPEZIALHANDEL NACH WAREN UND LAENDERN

FATM

TABELLE 48: WARENABSATZ UND WARENBESCHAFFUNG IM TEXTILEINZELHANDEL MIT UEBERWIEGEND HAUS-, BETTWAESCHE UND BETTWAREN SOWIE DER INDEX DER EINZELHANDELSPREISE FUER HEIMTEXTILIEN UND HAUSHALTSWAESCHE 1950 BIS 1978; 1970=100

	WARENABSATZ		WARENBESCHAFFUNG		PREIS-INDEX
	NOM	REAL	NOM	REAL	
1950					100.5
1951					109.4
1952					97.8
1953					86.1
1954	52.0	62.3	33.8	40.5	83.5
1955	54.6	65.4	36.0	43.1	83.5
1956	60.5	71.7	41.6	49.3	84.4
1957	61.3	69.7	42.4	48.2	87.9
1958	61.5	68.6	40.4	45.0	89.7
1959	60.0	68.3	40.7	46.3	87.9
1960	64.2	73.0	45.3	51.5	87.9
1961	70.5	78.6	52.8	58.9	89.7
1962	74.5	80.6	56.9	61.6	92.4
1963	71.8	76.0	53.3	56.4	94.5
1964	74.9	78.1	58.3	60.8	95.9
1965	80.9	84.6	66.9	70.0	95.6
1966	84.8	88.1	70.1	72.8	96.3
1967	80.9	83.8	62.9	65.2	96.5
1968	81.3	84.2	82.7	85.6	96.6
1969	90.4	92.9	90.9	93.4	97.3
1970	100.0	100.0	100.0	100.0	100.0
1971	111.6	105.4	113.8	107.5	105.9
1972	120.2	110.8	125.8	115.9	108.5
1973	127.8	112.9	134.8	119.1	113.2
1974	135.0	109.8	145.5	118.3	123.0
1975	138.4	106.5	149.2	114.9	129.9
1976	140.9	107.1	155.8	118.5	131.5
1977	154.2	113.0	176.2	129.2	136.4
1978	160.8	112.8	178.9	125.5	142.6

QUELLE : INSTITUT FUER HANDELSFORSCHUNG AN DER UNIVERSITAET ZU KOELN, DIE ABSATZ- UND BESCHAFFUNGSENTWICKLUNG DES TEXTILEINZELHANDELS; SOWIE STABUA, STAT. JAHRBUCH F. D. BUNDESREPUBLIK DEUTSCHLAND, VERSCH. JAHRG.; EIG. BERECH.

ANM.: PREISINDIZES BIS 1963 NUR BETT-, HAUS- UND KUECHENWAESCHE

FATM

TABELLE 49 : DIE DURCHSCHNITTLICHE BEVOELKERUNGSENTWICKLUNG 1950 BIE 1978 SOWIE DIE AMTLICHE VORAUSSCHAETZUNG BIS 1985 IN 1000 UND DIE ANZAHL DER EHESCHLIESSUNGEN 1950 BIS 1978; ABSOLUT UND INDIZIERT; 1970 = 100

	BEVOELKERUNG		EHESCHLIESSUNGEN	
	ANZAHL	INDEX	ANZAHL	INDEX
1950	50809	83.8	535708	120.2
1951	50528	83.3	522946	117.4
1952	50859	83.9	483358	108.5
1953	51350	84.7	462101	103.7
1954	51880	85.5	452168	101.5
1955	52382	86.4	461818	103.7
1956	53008	87.4	478352	107.4
1957	53656	88.5	482590	108.3
1958	54292	89.5	494110	110.9
1959	54876	90.5	503981	113.1
1960	55433	91.4	521445	117.0
1961	56185	92.6	529901	118.9
1962	56837	93.7	530640	119.1
1963	57389	94.6	507644	113.9
1964	57971	95.6	506182	113.6
1965	58619	96.6	492128	110.5
1966	59148	97.5	484562	108.8
1967	59286	97.7	483101	108.4
1968	59500	98.1	444150	99.7
1969	60067	99.0	446586	100.2
1970	60651	100.0	445510	100.0
1971	61302	101.1	432030	97.0
1972	61672	101.7	414936	93.1
1973	61976	102.2	394603	88.6
1974	62054	102.3	377265	84.7
1975	61829	101.9	386681	86.8
1976	61531	101.5	365728	82.1
1977	61400	101.2	358347	80.4
1978	61327	101.1	341205	76.6
1979	61373	101.2		
1980	61270	101.0		
1981	61169	100.9		
1982	61069	100.7		
1983	60963	100.5		
1984	60862	100.3		
1985	60765	100.2		

QUELLE : STABUA,FACHSERIE A, BEVOELKERUNG UND KULTUR, REIHE 1, GEBIET UND BEVOELKERUNG UND FACHSERIE A, REIHE 1, SONDERBEITRAG: VORAUSSCHAETZ. BEVOELK. 1972 - 2000 (HIER VAR.II/WA-ALT.III); SOWIE STABUA, STATISTISCHES JAHRBUCH FUER DIE BUNDESREPUBLIK DEUTSCHLAND; EIGENE BERECHNUNGEN

FATM

TABELLE 5o : DIE ANZAHL DER PRIVATEN HAUSHALTE 1950 BIS 1978
IN 1000 SOWIE INDEX 1970 = 100

	ANZAHL	INDEX
1950	16650	72.8
1951	16740	73.2
1952	16831	73.6
1953	16923	74.0
1954	17014	74.4
1955	17107	74.8
1956	17200	75.2
1957	17293	75.6
1958	17811	77.9
1959	18345	80.2
1960	18894	82.6
1961	19460	85.1
1962	20179	88.3
1963	20269	88.7
1964	20720	90.6
1965	21039	92 0
1966	21362	93.4
1967	21670	94.8
1968	21976	96.1
1969	22414	98.0
1970	22861	100.0
1971	22852	100.0
1972	22994	100.6
1973	23320	102.0
1974	23651	103.5
1975	23722	103.8
1976	23943	104.7
1977	24165	105.7
1978	24221	105.9

QUELLE : STABUA, STATISTISCHES JAHRBUCH FUER DIE BUNDESREPUBLIK DEUTSCHLAND, VERSCH. JAHRGAENGE; EIGENE BERECHNUNGEN
ANM : 1951-56 U. 58-60 GESCHAETZT PER DURCHSCHN. WARA

FATM

TABELLE 51 : DIE ENTWICKLUNG DES VOLKSEINKOMMENS (NSP ZU FAKTOR-KOSTEN) UND DES PRO-KOPF EINKOMMENS: 1950 BIS 1978
IN MIO DM BZW. DM; NOMINAL UND REAL

	VOLKSEINKOMMEN		PRO-KOPF EINKOMMEN	
	NOM	REAL	NOM	REAL
1950	74510		1491	
1951	89856		1778	
1952	98075		1928	
1953	103745		2020	
1954	119700		2307	
1955	137520	196738	2625	3755
1956	152080	212106	2869	4001
1957	165760	226758	3089	4226
1958	177500	237299	3269	4370
1959	192180	254543	3502	4638
1960	235700	308105	4252	5558
1961	258000	329502	4593	5866
1962	277500	344293	4874	6047
1963	295800	356386	5137	6189
1964	324300	381529	5565	6547
1965	355300	405131	6020	6864
1966	377090	414840	6375	7013
1967	375990	406916	6342	6864
1968	416860	439262	7006	7383
1969	460650	476370	7669	7931
1970	529190	529190	8725	8725
1971	582800	553466	9510	9031
1972	634440	571053	10287	9259
1973	717200	603704	11572	9741
1974	764400	601416	12447	9793
1975	801940	595353	12970	9629
1976	876890	622791	14251	10121
1977	928230	634470	15118	10334
1978	1045790	696729	15990	10653

QUELLE : STABUA, STATISTISCHES JAHRBUCH FUER DIE BUNDESREPUBLIK DEUTSCHLAND, VERSCHIEDENE JAHRGAENGE; EIGENE BERECHNUNGEN

ANM.: 1978 = SCHAETZWERT

FATM

TABELLE 52 : DAS VERFUEGBARE EINKOMMEN UND DER VERBRAUCH DER PRIVATEN HAUSHALTE IN MIO DM; 1955 BIS 1978; NOMINAL UND REAL

	VERFUEGB. EINKOMMEN		PRIVATER VERBRAUCH	
	NOM	REAL	NOM	REAL
1955	120110	171831	103420	147954
1956	133090	185621	115120	160558
1957	146530	200451	125610	171833
1958	160910	215120	137710	184104
1959	170880	226331	146480	194013
1960	198380	259320	170030	222261
1961	215300	274968	186760	238519
1962	232330	288251	204030	253139
1963	245310	295554	215140	259205
1964	276160	324894	234950	276412
1965	307700	350855	258670	294949
1966	325570	358163	277850	305666
1967	330970	358193	285310	308777
1968	359730	379062	301770	317987
1969	390730	404064	333090	344457
1970	447730	447730	367550	367550
1971	482530	458243	408710	388139
1972	528600	475788	447750	403015
1973	568220	478300	491680	413872
1974	612160	481637	527550	415067
1975	671360	498411	576540	428018
1976	710480	504602	623130	442564
1977	758190	518243	666570	455619
1978	798200	531779	709480	472672

QUELLE : STABUA, STATISTISCHES JAHRBUCH FUER DIE BUNDESREPUBLIK DEUTSCHLAND, VERSCHIEDENE JAHRGAENGE; EIGENE BERECHNUNGEN

ANM.: 1978 = SCHAETZWERT

FATM

TABELLE 53: DIE ANZAHL DER ERWERBSTAETIGEN 1950 BIS 1978 SOWIE DIE ANZAHL DER ERWERBSPERSONEN 1950 BIS 1978 UND DIE AMTLICHE VORAUSSCHAETZUNG BIS 1985, JEWEILS IN 1000

	ERWERBSTETIGE	ERWERBSPERSONEN
1950	20376	21960
1951	20895	22330
1952	21300	22685
1953	21810	23075
1954	22395	23620
1955	23230	24165
1956	23830	24595
1957	24338	25006
1958	24524	25213
1959	24784	25264
1960	26247	26518
1961	26591	26772
1962	26783	26937
1963	26880	27066
1964	26979	27148
1965	27153	27159
1966	26801	27161
1967	26292	26688
1968	25968	26766
1969	26356	26686
1970	26668	26610
1971	26650	26802
1972	26655	27068
1973	26712	27151
1974	26215	27234
1975	25323	26878
1976	25088	26696
1977	25044	26855
1978	25209	26952
1979		27597
1980		27764
1981		27948
1982		28132
1983		28318
1984		28506
1985		28694

QUELLE : STABUA, STATISTISCHES JAHRBUCH FUER DIE BUNDESREPUBLIK DEUTSCHLAND, VERSCHIEDENE JAHRGAENGE; SOWIE WISTA, 9/1970, S. 459 FF.
EIGENE BERECHNUNGEN

FATM

TABELLE 54: DER BESTAND AN WOHNGEBAEUDEN UND WOHNUNGEN; ABSOLUT UND INDIZIERT; INDEX 1970 = 100

	WOHNGEBAEUDE		WOHNUNGEN	
	IN 1000	INDEX	IN 1000	INDEX
1950	5254	57.0	9376	45.1
1951	5432	58.9	9892	47.5
1952	5554	60.2	10276	49.4
1953	5741	62.3	10847	52.1
1954	5919	64.2	11378	54.7
1955	6121	66.4	12049	57.9
1956	6317	68.5	12727	61.2
1957	6502	70.5	13436	64.6
1958	6682	72.5	13924	66.9
1959	7029	76.2	15079	72.5
1960	7396	80.2	16139	77.6
1961	7536	81.7	16816	80.8
1962	7745	84.0	17358	83.4
1963	7959	86.3	17893	86.0
1964	8188	88.8	18476	88.8
1965	8411	91.2	19019	91.4
1966	8634	93.6	19574	94.1
1967	8839	95.8	19766	95.0
1968	8878	96.3	19882	95.6
1969	9053	98.2	20355	97.8
1970	9222	100.0	20807	100.0
1971	9416	102.1	21329	102.5
1972	9637	104.5	21954	105.5
1973	9873	107.1	22638	108.8
1974	10073	109.2	23212	111.6
1975	10238	111.0	23621	113.5
1976	10413	112.9	23986	115.3
1977	10606	115.0	24369	117.1
1978*	10810	117.2	25095	120.6

QUELLE : STABUA, STATISTISCHES JAHRBUCH FUER DIE BUNDESREPUBLIK DEUTSCHLAND SOWIE EIGENE BERECHNUNGEN

ANM.: * = VORLAEUFIGES ERGEBNIS

FATM

TABELLE 55: DIE ANZAHL DER KRANKENHAEUSER UND PLANMAESSIGEN BETTEN IN KRANKENHAEUSERN; ABSOLUT UND INDIZIERT; INDEX 1970 = 100

	KRANKENHAEUSER		BETTEN	
	ANZAHL	INDEX	ANZAHL	INDEX
1950	3271	91.2	510237	74.7
1951	3273	91.2	515946	75.5
1952	3288	91.7	512547	75.0
1953	3306	92.2	513104	75.1
1954	3325	92.7	524196	76.7
1955	3353	93.5	530096	77.6
1956	3360	93.7	537387	78.7
1957	3362	93.7	544424	79.7
1958	3440	95.9	558792	81.8
1959	3461	96.5	567266	83.0
1960	3451	96.2	553424	81.0
1961	3627	101.1	594642	87.0
1962	3651	101.8	604932	88.5
1963	3644	101.6	615685	90.1
1964	3639	101.4	619388	90.7
1965	3630	101.2	627488	91.8
1966	3635	101.3	640372	93.7
1967	3609	100.6	649590	95.1
1968	3618	100.9	665546	97.4
1969	3601	100.4	677695	99.2
1970	3587	100.0	683254	100.0
1971	3545	98.8	690236	101.0
1972	3519	98.1	701263	102.6
1973	3494	97.4	707460	103.5
1974	3483	97.1	716530	104.9
1975	3481	97.0	729791	106.8
1976	3436	95.8	726846	106.4
1977	3419	95.3	723900	105.9
1978*	3397	94.7	720956	105.5

QUELLE : STABUA, STATISTISCHES JAHRBUCH FUER DIE BUNDESREPUBLIK DEUTSCHLAND SOWIE EIGENE BERECHNUNGEN

ANM.: * = VORLAEUFIGES ERGEBNIS

FATM

TABELLE 56 : DIE ENTWICKLUNG DER BEHERBERGUNGSKAPAZITAET;

ANZAHL DER BEHERBERGUNGSBETRIEBE, DER FREMDENBETTEN UND DER FREMDENUEBERNACHTUNGEN;

1950 BIS 1978; ABSOLUT U. INDIZIERT (1970=100)

JAHR	BEHERBERGUNGSBETR. ANZAHL	INDEX	BETTEN IN 1.000	INDEX	FREMDENUEBERNACHT. ANZAHL	INDEX
1950	24608	52.7	373	37.2	37448	20.5
1951	26873	57.6	432	43.0	49112	26.8
1952	28001	60.0	454	45.2	57458	31.4
1953	29489	63.2	480	47.8	64853	35.5
1954	30729	65.8	507	50.5	70449	38.5
1955	31223	66.9	527	52.5	79302	43.4
1956	35004	75.0	595	59.3	92223	50.4
1957	36379	78.0	630	62.7	103915	56.8
1958	37182	79.7	654	65.1	110476	60.4
1959	37609	80.6	675	67.2	120587	65.9
1960	38931	83.4	708	70.5	125577	68.7
1961	39277	84.2	730	72.7	133979	73.2
1962	40186	86.1	764	76.1	140444	76.8
1963	40513	86.8	784	78.1	147031	80.4
1964	40995	87.8	805	80.2	152522	83.4
1965	41460	88.8	829	82.6	157546	86.1
1966	44412	95.2	897	89.3	165402	90.4
1967	45099	96.6	924	92.0	166885	91.2
1968	45029	96.5	946	94.2	168426	92.1
1969	46133	98.9	980	97.6	173907	95.1
1970	46666	100.0	1004	100.0	182914	100.0
1971	42265	90.6	1025	102.1	193647	105.9
1972	43768	93.8	1092	108.8	201582	110.2
1973	44941	96.3	1147	114.2	211917	115.9
1974	47253	101.3	1212	120.7	216012	118.1
1975	49479	106.0	1270	126.5	226233	123.7
1976	50963	109.2	1303	129.8	226929	124.1
1977	52796	113.1	1343	133.8	229933	125.7
1978	54912	117.7	1401	139.5	236289	129.2

QUELLE : STABUA, STATISTISCHES JAHRBUCH FUER DIE BUNDESREPUBLIK DEUTSCHLAND, VERSCHIEDENE JAHRGAENGE, SOWIE EIGENE BERECHNUNGEN;

ANM. : ZU BEHERBERGUNGSBETRIEBEN ZAEHLEN : HOTELS, HOTELS GARNI, GASTHOEFE, FREMDEN-, ERHOLUNGS- UND FERIENHEIME, HEILSTAETTEN UND SANATORIEN, APPARTEMENT-HAEUSER, FERIENHAEUSER UND -BUNGALOWS;

ANM. : 1978 VORLAEUFIGE ERGEBNISSE

FATM

TABELLE 57: INDEX DER GESAMTEN EXPORTE UND DER INDUSTRIELLEN NETTOPRODUKTION DER OECD VON 1965 BIS 1978
INDEX 1970 = 100

	OECD EXP	OECD NET PROD
1965	55.1	
1966	60.9	82 0
1967	65.0	84.8
1968	73.5	91.0
1969	85.0	97.8
1970	100.0	100.0
1971	112.4	101.5
1972	132.7	108.3
1973	182.2	118.3
1974	243.5	118.5
1975	259 2	109.0
1976	287.9	120.0
1977	326.4	125.0
1978	352.3	128.5

QUELLE: OECD, STATISTICS OF FOREIGN TRADE, VERSCH. JAHRGAENGE, SOWIE OECD/OCDE, INDUSTRIAL PRODUCTION, HISTORICAL STATISTICS, 1960 BIS 1975, AB 1975 VERSCH. JAHRGAENGE;
EIGENE BERECHNUNGEN

FATM

TABELLE 58: DIE ENTWICKLUNG DES AUFTRAGSEINGANGS AUS DEM AUSLAND IM TEXTILGEWERBE (AATEX) UND IM BEKLEIDUNGSGEWERBE (AABKL), INDEX 1970 = 100

	AA TEX	AA BKL
1966	60.6	72.0
1967	69.3	76.2
1968	77.8	92.7
1969	95.9	113.1
1970	100.0	100.0
1971	112.4	116.3
1972	108.0	140.4
1973	128.1	141.0
1974	109.0	152 7
1975	108.3	159.1
1976	137.6	219.1
1977	127.9	219.8
1978	135.4	227.3

QUELLE: STABUA, FACHSERIE D, INDUSTRIE UND HANDWERK, REIHE 2, VERSCHIEDENE JAHRGAENGE;
EIGENE BERECHNUNGEN

FATM

TABELLE 59 : DAS PRODUKTIONSVOLUMEN VON HAUS-, BETT- UND TISCHWAESCHE 1954 BIS 1978; PRODUKTIONSWERT PREISBEREINIGT

	HBTW.	BETTW.	HAUS.- U. TISCHW.
1954	68839		
1955	83014		
1956	106037		
1957	144688		
1958	142302		
1959	137696		
1960	139398		
1961	149491		
1962	152426		
1963	736147	447896	288251
1964	842443	501248	341196
1965	965184	578034	387150
1966	955409	581869	373540
1967	881172	520177	366551
1968	817650	466823	350828
1969	814466	457543	356903
1970	863744	475645	388099
1971	932774	517731	415043
1972	935171	526875	409214
1973	927847	517963	409884
1974	894123	509704	384419
1975	817012	459386	357625
1976	825864	467302	358563
1977	831608	449246	382362
1978	811751	439103	372647

EIGENE BERECHNUNGEN

FATM

TABELLE 60: DIE ERZEUGERPREISINDIZES DER TEXTIL- (TEX) UND DER BEKLEIDUNGSINDUSTRIE BEK) 1954 BIS 1978; 1970 = 100

	TEX METERWARE INSGESAMT	TEX HBTW, MOEBEL- U. DEKOSTOFF	BEK WAESCHE ALLGEMEIN
1954	86.1		70.2
1955	84.6		70.2
1956	86.3		72.2
1957	90.1		75.4
1958	86.8		77.4
1959	81.4		75.3
1960	87.0		77.8
1961	87.4		81.4
1962	86.0		84.2
1963	87.2		85.7
1964	89.9		86.4
1965	91.6		88.0
1966	91.9		89.8
1967	90.1		90.0
1968	95.4	93.8	95.8
1969	99.5	96.7	98.0
1970	100.0	100.0	100.0
1971	101.9	103.5	104.2
1972	106.2	108.4	108.9
1973	117.3	120.7	114.9
1974	129.4	138.7	124.1
1975	125.7	157.8	130.0
1976	130.7	142.4	134.2
1977	134.7	150.0	140.3
1978	133.6	150.7	146.3

QUELLE : STABUA, FACHSERIE M, REIHE 3, VERSCHIEDENE JAHRGAENGE; EIGENE BERECHNUNGEN

FATM

C. Literaturverzeichnis

I. Monographien und Sammelwerke

Beckmann, M.J. / Menges, G. / Selten, R. (Hrsg.) — Handwörterbuch der Mathematischen Wirtschaftswissenschaften, Bd. 2, Ökonometrie und Statistik, Wiesbaden 1979

Gerfin, H. — Langfristige Wirtschaftsprognose, Tübingen 1964

Giersch, R. — Einfache Verfahren zur Erfassung der Saisonbewegung, Münster 1974, unveröffentl. Manuskript zur Textilwirtschaftlichen Arbeitsgemeinschaft, SS 1974

Giersch, R. — Konsumfunktionen für textile Fertigprodukte, Forschungsbericht des Landes NRW, Nr. 2739, Opladen 1978

Gülicher, H. — Ökonometrie II, Skriptum zur Vorlesung, Münster WS 1973/74

Gülicher, H. — Ökonometrie für Volkswirte, Teil I, Skriptum zur Vorlesung, Münster WS 1978/79

Hannan, E.J. — Zeitreihenanalyse, in: Handwörterbuch der Mathematischen Wirtschaftswissenschaften, Bd. 2, Ökonometrie und Statistik, Hrsg. Beckmann, M.J., Menges, G., Selten, R., Wiesbaden 1979

Helmstädter, E. — Wirtschaftstheorie, Bd. I, München 1974

Helmstädter, E. / Kleine, E. / Thiele, W. — Entwicklung eines ökonometrischen Prognosemodells für die Textilwirtschaft der Bundesrepublik Deutschland; Schlußbericht des Forschungsvorhabens Nr. S 36; Hrsg. Forschungsstelle für allgemeine und textile Marktwirtschaft an der Universität Münster, Münster 198o, Veröffentlichung in Vorbereitung

Helmstädter, E. / Krupp, R. / Meyer, B. — Ein ökonometrisches Prognosemodell für die Textilwirtschaft der Bundesrepublik Deutschland, in: Schriften zur Textilwirtschaft, Bd. 19, Münster 1976

Jessen, J. — Die Bedeutung der Importkonkurrenz für ausgewählte Erzeugnisse der Textil- und Bekleidungsindustrie, Forschungsbericht des Landes NRW, Nr. 2o73, Opladen 1973

Johnston, J. — Econometric Methods, New York 1972, 2nd. Ed.

Kemmann, Ch. — Die Determinanten der Teppichnachfrage in der Bundesrepublik Deutschland, in: Schriften zur Textilwirtschaft, Bd. 22, Münster 1978

Kemmann, Ch. — Die Entwicklung der Heimtextilienmärkte in der Bundesrepublik Deutschland bis 1985; Forschungsberichte des Landes NRW, Nr. 2797, Opladen 1978

Kmenta, J. — Elements of Econometrics, New York 1971

Lepper, G. — Die Textilindustrie in der Bundesrepublik Deutschland, Münster 1974

Lösch, J. — Textilwörterbuch für die Praxis, Lexikon für die Textilindustrie, Frankfurt 1971

Menges, G. — Spezifikation, in: Beckmann, M.J., Menges, G., Selten, R. (Hrsg.), Handwörterbuch der Mathematischen Wirtschaftswissenschaften, Bd. 2, Ökonometrie und Statistik, Wiesbaden 1979

Ott, A. — Grundzüge der Preistheorie, Göttingen 1968

Pfanzagl, J. — Allgemeine Methodenlehre der Statistik I, Berlin 1972

Pfanzagl, J. — Allgemeine Methodenlehre der Statistik II, Berlin 1968

Rinne, H. — Ökonometrie, Stuttgart 1976

Rinne, H. — Multikollinearität, in: Beckmann, M.J., Menges, G., Selten, R. (Hrsg.), Handwörterbuch der Mathematischen Wirtschaftswissenschaften, Bd. 2, Ökonometrie und Statistik, Wiesbaden 1979

Schneeweiß, H. — Ökonometrie, 3. durchgesehene Auflage, Würzburg/Wien 1978

Schönfeld, P. — Methoden der Ökonometrie, Bd. I, Berlin/Frankfurt 1969

Schönfeld, P. — Methoden der Ökonometrie, Bd. II, München 1971

Steinau, G. — -ZAPS-, Das FATM-Zeitreihenanalyse-Programmsystem (Basic-Tektronix), unveröffentlichtes Arbeitspapier zum institutsinternen Gebrauch bei FATM, Forschungsstelle für allgemeine und textile Marktwirtschaft an der Universität Münster, Münster 1979

Stobbe, A. — Volkswirtschaftliches Rechnungswesen, Berlin/Heidelberg 1972, 3. Auflage

Tintner, G. — Handbuch der Ökonometrie, Berlin-Göttingen-Heidelberg, 196o

Weyer, P.W. — Absatz und Absatzorganisation, in: Seischab und Schwantag (Hrsg.), Handwörterbuch der Betriebswirtschaft, Bd. 1, Stuttgart 1965

Wittgen, R. — Prognosen mit der Delphi-Methode, unveröffentlichte Materialien zur Doktoranden-Arbeitsgemeinschaft; Leitung: Prof.Dr. E. Helmstädter, Münster 1978; (Diss. Münster 198o, Veröffentlichung in Vorbereitung)

II. Zeitschriftenaufsätze

Helmstädter, E. — Was leisten Prognosemodelle?, in: Zeitschrift für allgemeine und textile Marktwirtschaft, Heft 2/3, Jahrgang 1973, Münster 1973

Oppenländer, K.H. — Die langfristige Entwicklung des Textilverbrauchs, in: Zeitschrift für allgemeine und textile Marktwirtschaft, Heft 2, Münster 197o o.V. — Der Textilmarkt von Morgen, Sonderdruck aus: Textilwirtschaft vom 2. Juni 1971, Deutscher Fachverlag, Frankfurt 1971

o.V. — Die große Stunde der Polyester-Bettwäsche hätte jetzt schlagen können ..., aus: Textile Heimkultur, 4/1974, Frankfurt 1974

III. <u>Statistiken</u>

Bundesamt für gewerbliche Wirtschaft — Die Textilindustrie der Bundesrepublik Deutschland, Ergebnisse der Fachstatistik im Jahre 19.., Hrsg. Statistisches Bundesamt

Bundesamt für gewerbliche Wirtschaft — Die Bekleidungsindustrie der Bundesrepublik Deutschland im Jahre 19.., Hrsg. Statistisches Bundesamt

Bundesverband Bekleidungsindustrie e.V. — Die Bekleidungsindustrie in der Bundesrepublik Deutschland im Jahre 19.., Bonn/Bad Godesberg

Deutscher Fachverlag — Der Markt für Bettwäsche, Frankfurt 1971

Deutscher Fachverlag — Der Markt für Haus- und Tischwäsche, Frankfurt 1972

Deutscher Fachverlag — Textil-Fakten 19.., Frankfurt

Deutscher Fachverlag — Textile Heimkultur, Frankfurt (Zeitschrift, mtl.)

Deutscher Fachverlag — Textil-Wirtschaft, Frankfurt (Zeitschrift, wöchentl.)

FATM, Forschungsstelle für allgemeine und textile Marktwirtschaft an der Universität Münster — Der Verbrauch textiler Rohstoffe in der Bundesrepublik Deutschland im Jahre 19.., gegliedert nach Endprodukten, Münster 19..; unveröffentlichte, jährliche Auftragsforschung

Gesamtverband der Textilindustrie in der Bundesrepublik Deutschland - Gesamttextil - e.V. — Die Textilindustrie in der Bundesrepublik Deutschland im Jahre 19.., Frankfurt

Hauptverband der Baumwollweberei in der Bundesrepublik Deutschland e.V.	Arbeitskreis Statistik: Bett- und Tischwäsche, Haushaltswäsche, Inlett und Matratzendrell, 19.., Frankfurt
Hennessen-Verlag	Textil-Mitteilungen, Düsseldorf (Zeitschrift, 3 mal wöchentl.)
Industrieverband Gewebe aus Baumwolle und anderen Fasern e.V.	Arbeitskreis Statistik: Frottier, 19.., Frankfurt
Mandt, Th., et al.	Die Gewebeveredlung in der Bundesrepublik Deutschland, - Struktur- und Marktanalyse, 19..; Hrsg. Forschungsstelle für allgemeine und textile Marktwirtschaft an der Universität Münster, Münter 19.., unveröffentlichte, jährliche Auftragsforschung
Mandt, Th., et al.	Der Stoffdruck in der Bundesrepublik Deutschland, - Struktur- und Marktanalyse, 19..; Hrsg. Forschungsstelle für allgemeine und textile Marktwirtschaft an der Universität Münster, Münster 19.., unveröffentlichte, jährliche Auftragsforschung
OECD	Statistics of Foreign Trade, verschiedene Jahrgänge
OECD	Industrial Production, verschiedene Jahrgänge
OECD/OCDE	Industrial Production, verschiedene Jahrgänge
StaBuA Statistisches Bundesamt[1]	Fachserie A (1), Bevölkerung und Kultur (Bevölkerung und Erwerbstätigkeit), Reihe 1, Gebiet und Bevölkerung, I, Bevölkerungsstand und -entwicklung (1.1, Stand und Entwicklung der Bevölkerung)

1 Es sei daran erinnert, daß das StaBuA 1977 eine Neugliederung der Veröffentlichungssystematik durchgeführt hat. Es werden hier die 'alten' Titel aufgeführt (bis Dez. 1976) und die 'neuen' Bezeichnungen (ab Jan. 1977) in Klammern hinzugefügt.
Vgl. hierzu auch Kapitel A im Anhang dieser Arbeit.

StaBuA — Fachserie A (1), Reihe 1.S (1.S.1) Sonderbeiträge: Vorausschätzung der Bevölkerung für die Jahre 1972 bis 2ooo

StaBuA — Fachserie D (4), Industrie und Handwerk (Produzierendes Gewerbe), Reihe 2, Produktionsindices (Indices für das produzierende Gewerbe)

StaBuA — Fachserie D (4), Reihe 3, Industrielle Produktion (Produktion im produzierenden Gewerbe)

StaBuA — Fachserie D (4), Reihe 4, Sonderbeiträge zur Industriestatistik; Betriebe, Beschäftigte und Umsatz nach Beschäftigtengrößenklassen (4.1, Beschäftigung, Umsatz und Energieversorgung)

StaBuA — Fachserie F (6), Groß- und Einzelhandel, Gastgewerbe, Reiseverkehr (Handel, Gastgewerbe, Reiseverkehr), Reihe 1, Großhandel (dito), I (1.1), Umsätze und Beschäftigte (Beschäftigte und Umsatz)

StaBuA — Fachserie F (6), Reihe 3, Einzelhandel (dito), I (3.1), Umsätze und Beschäftigte (Beschäftigte und Umsatz)

StaBuA — Fachserie F (6), Reihe 6, Warenverkehr mit der Deutschen Demokratischen Republik und Berlin-Ost (dito)

StaBuA — Fachserie G (7), Außenhandel (dito), Reihe 2, Spezialhandel nach Waren und Ländern (Außenhandel nach Waren und Ländern (Spezialhandel))

StaBuA — Fachserie M (15), Preise, Löhne, Wirtschaftsrechnungen (Wirtschaftsrechnungen), Reihe 13 (1), Einnahmen und Ausgaben ausgewählter privater Haushalte (dito)

StaBuA   Statistisches Jahrbuch für die Bundesrepublik Deutschland 19.., Wiesbaden 19.., versch. Jahrgänge

StaBuA   Das Arbeitsgebiet der amtlichen Statistik, Stuttgart/Mainz 1976

StaBuA   Veröffentlichungsverzeichnis des Statistischen Bundesamtes 19.., Wiesbaden/Mainz 19.., versch. Jahrgänge

StaBuA   WiSta - Wirtschaft und Statistik -, Nr. 9/197o, Wiesbaden/Mainz 197o

FORSCHUNGSBERICHTE
des Landes Nordrhein-Westfalen

Herausgegeben
vom Minister für Wissenschaft und Forschung

Die ,,Forschungsberichte des Landes Nordrhein-Westfalen" sind in zwölf Fachgruppen gegliedert:

Geisteswissenschaften
Wirtschafts- und Sozialwissenschaften
Mathematik / Informatik
Physik / Chemie / Biologie
Medizin
Umwelt / Verkehr
Bau / Steine / Erden
Bergbau / Energie
Elektrotechnik / Optik
Maschinenbau / Verfahrenstechnik
Hüttenwesen / Werkstoffkunde
Textilforschung

SPRINGER FACHMEDIEN WIESBADEN GMBH